JOHN HENRY NEWMAN 1801–1890
LEBEN UND WERK

GÜNTER BIEMER

John Henry Newman

1801–1890

LEBEN UND WERK

MATTHIAS-GRÜNEWALD-VERLAG · MAINZ

CIP-Titelaufnahme der Deutschen Bibliothek

Biemer, Günter:
John Henry Newman 1801–1890: Leben und Werk / Günter Biemer. – Mainz: Matthias-Grünewald-Verl., 1989
ISBN 3-7867-1403-7

Umschlag:
Büste im Trinity College, Oxford. Foto: Chr. Grießhaber
Graphische Gestaltung: Harun Kloppe, Mainz
Gesamtherstellung:
Bercker, Graphischer Betrieb GmbH, Kevelaer
ISBN 3-7867-1403-7

INHALT

EINFÜHRUNG

> »Eine Schar hochbegnadeter Menschen wird die Welt retten für die kommenden Jahrhunderte.«

Bei dieser Aussage, die John Henry Newman als Einunddreißigjähriger in seiner Predigt über den »Persönlichen Einfluß als Mittel zur Verbreitung der Wahrheit« (1832) machte, hatte er große Lehrer der Kirche aus den Zeiten des kirchlichen Altertums vor Augen: Athanasius, Johannes Chrysostomus, Ambrosius, Augustinus u.a. Er hatte allerdings auch schon im eigenen Leben Erfahrung gesammelt mit der Einübung sittlicher Grundhaltungen. Er war selbst auf dem Weg, eine geistliche Autorität von großem Einfluß zu werden. An ihm sollte wahr werden, was er in jener Predigt formulierte: »Selbst wenn wir alles bedenken, wird es uns schwer fallen, die moralische Kraft einzuschätzen, die ein einzelner Mensch in seinem eigenen Umkreis im Verlauf der Jahre erwerben kann, der geübt ist, das, was er lehrt, auch zu tun.«
Newman gehört zu den größten Gestalten der Kirche Jesu Christi.

Er ist ein zuverlässiger Zeuge des christlichen Glaubens; denn er hat sich mit seiner eigenen Person um die Einsicht in die Wahrheit des Evangeliums bemüht und verfuhr dabei nach dem unkonventionellen Grundsatz: »Je mehr wir unsere Pflicht tun, desto besser werden wir sie erkennen.« Sein vielfältiges Beten um die Wahrheit: »Ich *sehne* mich wirklich nach der Wahrheit«; ich glaube, »ich würde sie umfangen, wo immer ich sie fände«, wurde erhört, und er selbst zögerte nicht, »von Stufe zu Stufe zur Fülle seiner ursprünglichen Bestimmung fortzuschreiten«. Er war sich dessen bewußt geworden, daß »nichts so leicht ist wie auf dem Papier religiös zu sein«, und daß im religiösen und sittlichen Leben der Grundsatz gilt: »Wissen ist nichts im Vergleich zum Handeln.« Für ihn war die Verkörperung der christlichen Wahrheit im eigenen Leben das beständig gleichbleibende Ziel im Umgang mit dem Evangelium.

Er ist ein Lehrer des Evangeliums; denn er hat seine Erfahrung, daß die Existenz Gottes von ebenso einleuchtender Gewißheit ist wie die eigene Existenz des Menschen, vom 15. Lebensjahr an sein ganzes Leben hindurch lebendig erhalten. Er hat von dieser Gotteserfahrung aus die vielfältigen Lehren des katholischen Glaubens als eine lebendige Botschaft erfaßt, die sich in der Geschichte der

Menschen, und zwar in der Gemeinschaft der Glaubenden (Kirche) ausgefaltet hat und weiter ausfalten wird unter der Führung des Heiligen Geistes. Er hat auch Merkmale zwischen richtiger und falscher Entwicklung des Glaubens erkannt. Er hatte diese Erkenntnis in Studium, Fasten und Beten überprüft und in strikter Konsequenz seine geistige Heimat in der anglikanischen Kirche verlassen und um Aufnahme in die römisch-katholische Kirche gebeten, die er als die allein wahre Fortsetzung der Kirche der Väter aus den ersten Jahrhunderten ausweisen konnte.

Er ist ein sicherer Führer in der Auseinandersetzung zwischen christlichem Glauben und modernen Wissenschaften, seien es Naturwissenschaften oder kritische Zugänge der Geschichtswissenschaft oder Anfänge der Psychologie und Vorformen der Soziologie. Sein Gottesglaube war so umfassend, daß er darauf vertraute, die Erkenntnis der Wahrheit in einzelnen Forschungsgebieten könne nicht auf Dauer den wirklichen Aussagen der Offenbarung widersprechen. »Die Wahrheit wird stärker sein«, war sein Wahlspruch (praevalebit veritas). Dort also, wo Widersprüche auftreten, gilt nach Newman: Entweder »wird sich schließlich herausstellen, daß dieser Punkt nicht bewiesen ist oder gar keinen Widerspruch enthält oder aber keinem wirklichen Offenbarungsinhalt widerspricht, sondern etwas anderem, was man mit Offenbarung verwechselt hatte«.

Kraft der Sprache, logische Schärfe der Gedankenführung, aber auch Einfühlungsgabe in die Leser und Zuhörer kennzeichnen seine Darstellung der Botschaft des Evangeliums und der Heilsabsichten Gottes. Deshalb veralten seine Texte nicht, und man kann seine Predigten, Gebete, seine in der Heiligen Schrift verankerten theologischen Abhandlungen und selbst seine Briefe mit ebenso großem Gewinn für den eigenen Glauben lesen wie die des heiligen Augustinus, nur daß sie unserem Kampf gegen den Zeitgeist viel näher sind.
Im Zeitalter vielfältiger Weltanschauungen und Wertsysteme erscheint das Evangelium Jesu Christi nur glaubwürdig, wenn glaubwürdige Menschen es vertreten. In diesem Sinne dürfen wir Newman als *eine besondere Gabe der Vorsehung Gottes an seine Kirche* in dieser unserer Zeit ansehen: Ein Mensch, dessen Leben kontinuierlich ohne Brüche in der Führung durch Gottes Licht und aus der Treue zum Evangelium gestaltet wurde, Jahr um Jahr, Schritt für Schritt, gewissenhaft und konsequent. Und ein Mensch, dessen Lebenswerk die konsequente Entwicklung der Gedanken unter der Führung des Geistes Gottes in innerer Übereinstimmung und Fol-

gerichtigkeit über neun Jahrzehnte aufweist, ohne Brüche oder wesentliche Widersprüche. Nicht, als hätte Newman ohne Schwächen, ohne Rückschläge, ohne Irrtümer gelebt und gedacht, sondern gerade in ihrer Überwindung erwies er seine je größere Zuversicht in die Kraft der Wahrheit; im Dienste dieser Wahrheit schrieb er z.B. seine »Retractations« (Widerrufe anglikanischer Anschuldigungen gegen die Kirche von Rom, die er als Anglikaner vorgebracht hatte).

Newman ist angesichts seines außergewöhnlich erfüllten Lebens, angesichts der vielen Leiden, die er zum Teil ungerechterweise und völlig unnötigerweise zu ertragen hatte und die heroisches Vertrauen und Durchhaltevermögen abverlangten, eine faszinierende Gestalt. Und angesichts der alles versöhnenden Anerkennung, die ihm im hohen Alter durch die Berufung ins Kardinalskollegium der Kirche zuteil wurde, wird sein Leben zu einem Geschenk Gottes an die Christen, das zweifellos heilsgeschichtliche Bedeutung hat. Wenn Newman heiliggesprochen wird – und die Wege dafür sind gebahnt –, dann kann man aufgrund der herausragenden Bedeutung seines Lebens und Werkes davon ausgehen, daß er zum Kirchenvater ernannt wird und daß sich so in der Zukunft der Kirchengeschichte erfüllt, was er vorausgesehen hat: »Ich schreibe für die künftige Zeit und die kommenden Generationen.« Es hat fraglos lange gedauert, bis man das ganze Werk Newmans in seiner geistigen und geistlichen Kraft und Bedeutsamkeit erkennen konnte, besonders die erst seit den 60er Jahren begonnene Ausgabe der 31 Bände »Briefe und Tagebücher« haben den Eindruck seiner Lauterkeit und Frömmigkeit, seines unermüdlichen Einsatzes für das Evangelium und seiner persönlichen Integrität vollends unter Beweis gestellt, und dies sozusagen Tag für Tag seines Lebens. Wieviele Menschen, ob Theologen oder andere Wissenschaftler, gibt es, die einer solchen Veröffentlichung von Texten bis hinein in ihr privates Leben mit dem gleichen Ergebnis standhalten könnten? »Scheint es nicht, als hätte die Vorsehung selbst dies in unsere Hände gegeben zu einem ganz besonderen Zweck?«, sagte Newman einst angesichts der Tagebücher seines jung verstorbenen besten Freundes Richard Hurrell Froude. Um wieviel mehr gilt das von ihm!

Die außergewöhnliche Frömmigkeit und die *Heiligmäßigkeit* Newmans wurden schon bei seinem Tod von verschiedensten Seiten betont. Die »Times« schrieb in ihrem Leitartikel: »Ob Rom ihn heiligspricht oder nicht, er wird in den Gedanken der frommen Leute vieler Glaubensbekenntnisse in England als Heiliger gelten.« – Der Bischof Clifford von Clifton predigte im Totengottesdienst über Newmans außergewöhnliche Heiligkeit. Kardinal Manning von London sagte bei der Trauerfeier im Brompton Oratory: »Wir haben unseren größten Glaubenszeugen verloren, und wir alle sind durch den Verlust ärmer geworden und sehr betroffen... Sein Tod schließt ein Kapitel, das im religiösen Leben dieses Jahrhunderts einzigartig dasteht... Er lehrte uns, daß Schönheit und Wahrheit unzertrennlich sind... Das englische Volk hat diese Gedanken aus seinen transparenten Worten gelesen und hat die Schönheit der ewigen Wahrheit gesehen.«

»Was die Leute zu Newman hingezogen hat und weiterhin an ihm fasziniert, sind nicht nur seine intellektuelle Brillanz, seine Einsichten, seine attraktive Persönlichkeit, seine Güte, seine Freundlichkeit und Sympathie andern gegenüber, seine bescheidene Einschätzung seiner eigenen Talente und Erkenntnis seiner eigenen Grenzen, seine völlige Hingabe an die Kirche, sei es zur anglikanischen oder katholischen Zeit seines Lebens. Es ist nicht nur die Tatsache, daß er in einer komplexen Charakterstruktur in harmonischer Weise in sich vereinigt, was normalerweise bei anderen als einander entgegengesetzte Fähigkeiten begegnet: heroische Aktivität und meditativer Geist, Freundesliebe und Liebe zur Einsamkeit, der Mut eines Soldaten und die Zärtlichkeit einer Frau, logischer Verstand in Verbindung mit großer Intuitionsgabe und lebendiger Vorstellungskraft, ein Mensch, der keine Angst davor hatte, in die Tiefen seiner eigenen Seele einzukehren, der durch seine Liebe und sein Interesse an den andern sowie durch seinen Opfergeist vor egozentrischer Haltung bewahrt blieb. – Letzten Endes ist es das Mysterium Newman, das die Leute immer wieder zu ihm zurückkehren und an ihm immer wieder neue Lichtseiten und Schatten entdecken läßt. Zweifellos ist er eine der größten Gestalten in der Geschichte der Kirche und – wie einige meinen – einer ihrer größten Heiligen« (V. F. Blehl).

I. KAPITEL
WACHSTUM – DER EINZIGE BEWEIS FÜR LEBEN
(1801–1833)

»Der ist weise, der seine Leidenschaften zügelt.«

KINDHEIT UND JUGENDJAHRE

Newman war sich von klein auf der Bedeutung des Zeitverlaufs und des Augenblicks bewußt. Das zeigt eine Niederschrift aus seiner Schulzeit. Er lebte in einer Internatsschule. Es war wenige Tage vor den Ferien: »John Newman schrieb dies nieder im Augenblick, da er am Dienstag, dem 10. Juni 1812, eben in die Griechisch-Stunde ging. Es war genau drei Tage vor seiner Abreise nach Hause und er gedachte der Zeit (zu Hause), da er sich beim Anblick dieses Eintrags des Augenblicks erinnern würde, da er ihn machte.« Die Aufzeichnung des Elfjährigen zeigt das Gewahrwerden der Kraft des Geistes in einem Kinde. Die Bedeutsamkeit des Augenblicks im Fluß der Zeit wird markiert. Das Spiel von Vorschau und Erinnerung wird zu einer Probe für die Selbstvergewisserung des Geistes, der in der Begegnung mit sich selbst die Erfahrung der Gewißheit macht. Es ist eine Denkbewegung, in der die Begegnung des Geistes mit sich selbst entsteht. Es ist die vorwegnehmende Erinnerung – »des Augenblicks, da er ihn (nämlich den Eintrag) machte«. Diese Vorschau auf die Erinnerung läßt die Wahrnehmung des Zusammenhangs von Zukunft in der Gegenwart und von Vergangenheit in der Zukunft erkennen: Hier zeigen sich Anfänge für geschichtliches Verstehen, die zu einem differenzierten Geschichtsverständnis führen werden.

Newman war damals seit vier Jahren Schüler in der Internatsschule von Dr. George Nicholas in Ealing bei London. Sie wurde nach den Prinzipien der berühmten Schule von Eton geführt. Seit seinem siebten Lebensjahr kam er nur noch in den Ferien nach Hause. Er hatte mit seinen elf Jahren schon in Latein bereits Ovid und Vergil kennengelernt, im Griechisch-Unterricht mit Homer begonnen, spielte seit einem Jahr Violine und führte ein Tagebuch, in dem man alle diese Einzelheiten nachlesen kann. Das Tagebuch weist zwischen den kurzen Einträgen über Schulereignisse und Freizeitgestaltung, über Krankheitstage und Familiennachrichten auch Sätze auf wie: »Der ist weise, der seine Leidenschaften zügelt.« Schon mit neun Jahren hatte er lateinische Einträge gemacht; mit zwölf schrieb er den üblichen Ankündigungsbrief über die bevorstehenden Ferien an die Eltern in Französisch. Mit vierzehn Jahren gründete Newman eine Schülerzeitschrift, den »Spion« (»The Spy«), zu der er eine Gegenzeitschrift herausgab (»The Anti-Spy«), und mit fünfzehn veröffentlichte er in einer weiteren Zeitschrift, die er »Der Betrachter« (»The Beholder«) nannte, eine scharfsinnige Phänomen-Analyse des menschlichen Ruhms. Er wies nach, daß es unsinnig sei, Ruhm direkt anzustreben, weil es einem dabei ergehe wie dem Hund in der Fabel, der nach dem Schatten des Knochens schnappte, den er in der Schnauze trug. – Er nahm mit großer Freude an Theateraufführungen von Stücken lateinischer Klassiker teil, bei denen mitunter auch seine beiden jüngeren Brüder Charles und Francis mitspielten, und rezitierte mit Erfolg griechische Texte bei Schulfeiern. Er war ein hervorragender Schüler und erreichte das Schulziel rascher als alle andern. Trotz all dem war er viel lieber zu Hause, begrüßte die nahenden Schulferien mit großer Erwartung und erfreute sich des Lebens im Familienkreis mit seinen Geschwistern.

John Henry Newman, geboren am 21. Februar 1801 in der City von London, war das älteste von sechs Kindern. Harriett, Charles und Francis sowie Jemima und Mary hießen sie in der Reihenfolge des Alters; die Jüngste kam 1809 auf die Welt. Sie erlebten eine glückliche und sonnige Kindheit in gesicherten finanziellen Verhältnissen mit einem Haus im King George-Stil (heute: 17 Southampton Square in London). Außerdem gab es ein eigenes Landhaus desselben Stils in Ham, dessen Innenstruktur, Gartenanlage und Lebensatmosphäre Newman zeit seines Lebens in Erinnerung blieb. Der Vater John Newman (1767–1824) war Bankier und entstammte einer Familie aus Cambridgeshire. Die Mutter, Jemima Fourdrinier (1772–1836), kam aus einer Hugenottenfamilie, die nach der Aufhebung des Edikts von Nantes aus Frankreich ausgewandert war. Die Eltern konnten es sich leisten, den Kindern zunächst eine sorglose Kindheit und eine gute Erziehung zuteil werden zu lassen. Obgleich John Henry als Ältester eine gewisse Vorreiterrolle hatte – beispielsweise schon als Vierzehnjähriger für die Geschwister eine komische Oper schrieb und für deren Gesangsteile auch noch die Musik komponierte –, waren doch Vitalität, Talente und Behauptungswille in der Geschwisterschar gut verteilt, so daß keiner die andern auf Dauer beherrschte.

Mit fünfzehn war Newman als Jugendlicher in der altersüblichen kritischen Phase seiner Entwicklung. Er las mit Neugierde und Interesse Bücher, die sich skeptisch mit der christlichen Tradition auseinandersetzten: Tom Paines Abhandlungen gegen das Alte Testament, David Humes Essays über die Wunder, Voltaires Argumente gegen die Unsterblichkeit der Seele. Die Spannung zwischen seiner bürgerlich-christlichen Erziehung und der logischen Kraft der Gegenargumente, denen er bei diesen Schriftstellern begegnete, kommentierte er treffend mit den Worten: »Wie schrecklich und doch wie plausibel!«

Newmans religiöse Erziehung war in den traditionellen Bahnen einer bürgerlichen Religion verlaufen. Er hatte gründliche Katechismuskenntnisse und war mit Texten der Heiligen Schrift vertraut. Sein Vater war religiös liberal; die Großmutter aber weist ihre praktisch orientierte Frömmigkeit aus in einem Briefwunsch vom Frühjahr 1816: »Daß der Allmächtige Gott mit Dir sein möge wie er mit Joseph war! Dann wirst Du jenen Frieden des Geistes besitzen, den die Welt weder geben noch nehmen kann.« Newman selbst hatte bis dahin keine eigenen religiösen Überzeugungen, wohl aber ethische und religiöse Ideale.

Die sorglosen Kinder- und Jugendjahre wurden jäh unterbrochen durch die Nachricht von der Zahlungsunfähigkeit der Bank »Newman and Ramsbottom«, die unter den wirtschaftlichen Auswirkungen der Napoleonischen Kriegswirren im Frühjahr 1816 in Konkurs ging. John mußte während der Sommerferien des Jahres 1816 im Internat bleiben, während die Familie in einfachere Verhältnisse umzog. Es war für ihn eine schwierige Zeit ohne seine Schulkameraden. Er wurde zudem krank, mußte für einige Zeit das Bett hüten und machte die Erfahrung der Verlassenheit in einem solchen Maße, daß er das zeitlebens nicht mehr vergaß.

In jenem Sommer und Herbst 1816, so schreibt er als Dreiundsechzigjähriger im Rückblick, »ging in meinem Denken eine große Änderung vor sich. Ich kam unter den Einfluß eines festen Glaubensbekenntnisses, und mein Geist nahm dogmatische Eindrücke in sich auf, die durch Gottes Güte nie mehr ausgelöscht und getrübt wurden.« Diese bewußte »innere Umkehr«, die Newman noch nach fast einem halben Jahrhundert deutlicher gewiß war, »als daß ich Hände und Füße habe«, war ein Prozeß, der im August des Jahres 1816 begann und bis zum Dezember dauerte. Von großem Einfluß war dabei ein junger anglikanischer Geistlicher, Walter Mayers, der an der Schule unterrichtete und dessen Predigten, Ge-

spräche und Buchempfehlungen dazu führten, daß Newman »tiefe religiöse Eindrücke damals in kalvinistischer Art empfing, die für ihn der Anbruch eines neuen Lebens waren«. Obgleich Mayers der evangelikalen Erneuerungsbewegung in der anglikanischen Kirche angehörte, – d.h. einer Bewegung, die das religiöse Leben stark von Gefühlselementen her gestaltete und vom Kontrast zwischen guten und bösen Mächten in der Welt –, war Newmans »erste Konversion« kein plötzliches Bekehrungserlebnis nach evangelikalem Schema. Er machte einen Umkehrvorgang persönlich eigener Art und von längerer Dauer durch, »eine Rückkehr zu den Prinzipien und eine in der Kraft des Heiligen Geistes erfolgte Erneuerung, wie ich sie schon in meiner Jugend empfunden und in etwa befolgt hatte«, schreibt er ein Jahrzehnt danach. Dabei gewann er einen festen Glauben. Er war derart, daß »er mich von den Dingen meiner Umgebung isolierte, mich in meinem Mißtrauen gegen die Wirklichkeit der materiellen Erscheinungen festigte und mich Ruhe finden ließ in dem Gedanken, daß es zwei und nur zwei Wesen gebe, die absolut und von einleuchtender Selbstverständlichkeit sind: ich selbst und mein Schöpfer«.
Später konnte Newman seine eigene Gotteserfahrung als ein allgemein gültiges Prinzip des Zugangs zur göttlichen Vorsehung aufweisen. Er sagt in einer Predigt: »Zu verstehen, daß wir eine Seele besitzen, heißt unseren Abstand empfinden von der sichtbaren Welt, unsere Unabhängigkeit von ihr, unser eigenes besonderes Dasein, unsere Individualität, unsere Macht, so oder anders zu handeln, unsere Verantwortung für unser Tun. Das sind die großen Wahrheiten, die auch schon in der Seele eines Kindes verborgen liegen. Durch Gottes Gnade können sie sich auch gegen den Einfluß der sozialen Umgebung entfalten, aber zunächst hat die Außenwelt das Übergewicht. Wir schauen von uns weg und blicken in die Umgebung, ja wir vergessen uns darüber. Wir verlassen uns auf die Stütze schwankender Rohre und übersehen unsere wahre Kraft. So sieht es bei uns aus, wenn Gott sein Werk anfängt und uns zur wahren Schau unseres Platzes im großen Plan seiner Vorsehung zurückruft. Sucht er uns heim, so regt sich in uns bald eine Unruhe. Mit Gewalt drängt sich unserem Geist die Nutzlosigkeit und Haltlosigkeit der irdischen Dinge auf. Sie machen große Versprechungen, aber sie erfüllen nichts und bringen Enttäuschung... Und kommt dann unverhofft, wie es nicht selten geschieht, ein Unglück über uns, so kommt uns die Nichtigkeit der Welt noch viel mehr zum Bewußtsein. Unser Mißtrauen ihr gegenüber steigert sich, und wir verlernen die Liebe zu ihr, bis sie schließlich nur noch wie ein vergeblicher Schleier vor unseren Augen flimmert, der bei

aller Farbenpracht uns die jenseitige Welt nicht mehr verbergen kann. So reift in uns allmählich die Erkenntnis, daß es in Wahrheit nur zwei Wesen im ganzen Weltall gibt: unsere eigene Seele und Gott, der sie geschaffen hat.«

Unter den Autoren, deren Bücher Newman auf Anregung von Walter Mayers um diese Zeit las, waren besonders vier von grundlegendem Einfluß auf seine Religiosität und sein theologisches Denken. Über Thomas Scott (1747–1821), Pfarrer und Verfasser eines weitverbreiteten Bibelkommentars, sagt er, aus seinen Schriften habe er erstmals bewußt die *Lehre von der Dreieinigkeit Gottes* gelernt und seinem geistlichen Einfluß verdanke er, »menschlich gesprochen«, fast sein Seelenheil; jahrelang habe er nach dessen Grundmaximen gelebt: »Heiligkeit geht vor dem Frieden«, und: »Wachstum ist der einzige Beweis für Leben«. – Aus der Lektüre von William Laws (1686–1761) »Ernster Ruf« (»Serious Call«) lernte Newman die christlich-dualistische Lehre vom Kampf zwischen den Anhängern des Lichts und den Mächten der Finsternis kennen. – Das Buch »Private Gedanken über ein christliches Leben« von William Beveridge (1637–1708) habe den stärksten Einfluß auf seine Frömmigkeit und seine Gedankenstruktur gehabt, so daß er eine Zeitlang beim Schreiben selbst dessen Stil nachgeahmt habe. – Und in Josef Milners (1744–1797) Kirchengeschichte begegnete Newman bereits Texten von Augustinus, Ambrosius und anderen *Kirchenvätern,* die ihn mit der Kirche der ersten christlichen Jahrhunderte bekannt machten und ihn faszinierten.

In seiner »Umkehr« von 1816 erfuhr Newman die Vermittlung von »dogmatischen Eindrücken«. Er meint damit, daß die Begegnung mit der Wirklichkeit der Existenz Gottes dem Menschen keine beliebigen Inhalte vermittelt. Gottes Konturen seien durch die Vorgänge und Inhalte seiner Offenbarungsgeschichte für den Glauben vorgegeben, so wie sie durch seine Schöpfung für das Gewissen auffindbar seien. Wenn Newman zeit seines Lebens *theologischen Liberalismus* für unvereinbar hält mit dem Ernst des Offenbarungsglaubens, dann liegt der Grund dafür in der ihm als Fünfzehnjährigem zuteil gewordenen Gotteserfahrung. – Im Zusammenhang jener Phase seiner ersten Begegnung mit dem lebendigen Gott schreibt Newman auch von einer ersten Vorstellung, daß er zum ehelosen Leben berufen sei.

Als Newman mit seinem Vater im Dezember 1816 nach Oxford fuhr, um im Trinity College zum Studium immatrikuliert zu werden, war er somit nicht nur geistig, sondern auch geistlich für den neuen Lebensabschnitt vorbereitet. »In allen Gefahren wird uns ›Ego eimi‹ (›Ich bin‹) befreien, wenn wir ihn anrufen«, notiert er sich am Jahresende 1816 in lateinischer Sprache unter Anspielung auf die Gotteserfahrung des Mose am Horeb (Ex 3, 14). Er fügt hinzu: »Da mir passieren kann, daß ich in den kommenden Tagen vom Feind angegriffen werde, bitte ich Dich, Gott, mich nicht zu verlassen.« In einem Brief dieser Zeit sagt er: »In der Tat finde ich, daß ich einen Mahner (Monitor) sehr nötig brauche, der mich leitet, und ich vertraue aufrichtig, daß mein Gewissen, erleuchtet durch die Bibel und durch den Einfluß des Heiligen Geistes, sich als treuer und aufmerksamer Wächter für die Grundsätze der Religion erweisen wird.«

Bevor er im Juni 1817 im Trinity College einziehen und sein Studium beginnen konnte, arbeitet er weiter intensiv an der Lektüre klassischer Autoren. Aber er bringt für sein Studium nicht nur ein reiches Wissen an klassisch-literarischen, historischen und mathematischen Kenntnissen mit, sondern auch ausgebildete musische Fähigkeiten aus musikalischer Praxis, dazu poetische Erfahrung aus der Abfassung zahlreicher (lateinischer) Gedichte und eine außergewöhnliche Qualifikation im religiösen Leben, verbunden mit ethischer Praxis.

Das Studium an einer Universität wie Oxford, die aus Colleges besteht, hat seine eigenen Regeln. Zu den Besonderheiten, die damals noch in Geltung waren, gehörte es, daß jeder Student bei der Immatrikulation die 39 Glaubensartikel der anglikanischen Kirche unterzeichnen und somit zu Studienbeginn eine Art Glaubensbekenntnis ablegen mußte. Hauptinhalt des Studiums bis zum Erwerb des Bakkalaureats war nach der Art der Oxforder Universität die Erarbeitung von Autoren des klassischen Altertums. Dies geschah durch Lektüre, Essays und Kolloquien unter Anleitung von Tutoren aus dem eigenen College.

Drei wesentliche Aufgaben charakterisieren Newmans Studentenzeit vom Juni 1817 bis zum Dezember 1820: die Gestaltung des Studiums, der gesellschaftlichen Seite des studentischen Lebens und der Examina.

Newman war mit jugendlichem Ernst und Interesse an der Sache nach Oxford gekommen; es ging ihm nicht um die sozialen Begleiterscheinungen des Studentenlebens. »Wenn ich über Tanzen und

alle derartigen Veranstaltungen meine Ansicht äußern soll, nun, hier ist sie: ich verurteile das.« Aber trotz dieser eher puritanischen Auffassung war er kein Manichäer, sondern schildert voll Freude die reichhaltigen und erlesenen Speisen und Getränke im Refektorium von Trinity College. Er war auf der Suche nach dem rechten Weg: Bei den Mahlzeiten machte er regelmäßig vom Angebot an Bier Gebrauch, aber er war entschieden gegen Trinkgelage. Die ausschweifenden Zechereien gerade an kirchlichen Festtagen beeinträchtigen seiner Meinung nach die Teilnahme der Studenten am Gottesdienst und kamen ihm wie eine Gotteslästerung vor. – Als er seine Haltung öffentlich vertrat, führte das zu einer Spaltung unter den Mitstudenten. Anfangs wurde er lächerlich gemacht und bedroht, aber es ging für ihn dabei um seine religiöse Einstellung. In seinem Tagebuch schildert er das Ende einer Einladungsszene: »Dann sprachen sie einzeln auf mich ein – ich dürfe mich nicht blamieren. Ich ginge zu früh... Ich stand auf und ging to theo doxa (zur Ehre Gottes).«
Während seines ersten Wintersemesters, Dezember 1817, ging Newman in der Kapelle des Trinity College zum ersten Mal zur Heiligen Kommunion.
Glücklicherweise fand Newman von Anfang an einen guten Freund in John William Bowden, mit dem er sein ganzes Studium gestalten konnte. Beide verband rasch eine herzliche Freundschaft: Sie studierten zusammen, nahmen die Mahlzeiten gemeinsam ein, gingen miteinander spazieren oder zu Bootsfahrten und besuchten einander auch in den Ferien. Bowden, der anschließend noch Jura studierte und es zum Steuerkommissar der britischen Krone brachte, wurde auch einer der ersten Mitarbeiter an den Tracts in der Zeit der Oxford-Bewegung 1833. Über seinen frühen Tod hinaus dauerte Newmans Freundschaft zu seiner Familie, der Frau und den Söhnen, lebenslang. Die besondere Begabung Newmans für Freundschaft findet in der Beziehung zu John William Bowden einen ersten wichtigen Partner. Mit ihm gab er eine Studentenzeitschrift heraus, in der ein von ihnen gemeinsam verfaßtes Gedicht über die Bartholomäusnacht in Druck erschien.
Nachdem Newman zunächst vergeblich um die richtige Anleitung zum Studium nachgesucht hatte, wurde für ihn alsbald das *Tutorium bei Thomas Short,* einem der Fellows von Trinity, der Ort, an dem er seine Fähigkeiten entfalten konnte. Und Short ging schon nach kurzer Zeit auf, wie begabt Newman war, daß er beispielsweise in der Euklidischen Mathematik zusammen mit dem drei Jahre älteren J. W. Bowden zu den am weitesten fortgeschrittenen Studenten des College gehörte. Die beiden bildeten zusammen eine

eigene Klasse, und Newman betrachtete lange Zeit die Mathematik als ein bevorzugtes Feld für die Schulung des Geistes.
Von Trinity College war zu jener Zeit ein Stipendium ausgeschrieben worden, um das sich Studienanfänger der ganzen Universität bewerben konnten, eine Summe, die einem Studenten gut das Auskommen für neun Jahre ermöglichte. Short forderte Newman auf, sich um dieses Stipendium zu bewerben, und Newman ging darauf ein. In der Zeit, da er sich auf die Prüfung dafür vorbereitete, wurde naturgemäß der Wunsch nach Erfolg in ihm immer stärker. In seinem Tagebuch setzte er sich mit der Spannung zwischen seinem eigenen Willen und der Suche nach dem Willen der Vorsehung Gottes auseinander. »Gott... laß' nicht zu, daß ich durch diese Erwartung von Dir getrennt werde. Gewähre mir, meinen Geist so in Ordnung zu halten, daß ich nicht enttäuscht bin, wenn es schlecht ausgeht, sondern Deinen Namen lobe und preise, weil Du besser weißt, was für mich gut ist.« Die Prüfung war ausführlich und anstrengend; am 18. Mai 1818 wurde Newman das Stipendium zugesprochen. Ein glänzender Erfolg noch vor Ablauf seines ersten Studienjahres! Scheu, wie er war, konnte er einem Mitstudenten, der ihn kurz danach fragte, wer zum Stipendiaten gewählt worden sei, nur antworten: »Oh, einer von unserem College, sagte ich, und lief so schnell ich konnte davon.«
Von da an gab es natürlich Erwartungen bei Lehrern und Mitstudenten im College an ihn. Man hoffte, er werde derjenige aus Trinity sein, der zum ersten Mal nach Jahren wieder ein Abschlußexamen mit Auszeichnung mache. So arbeitete Newman nicht nur unter den hohen Ansprüchen, die er an sich selbst stellte. Eine lange Liste von Klassikern und ein umfangreiches Tagespensum füllen die nächsten beiden Jahre 1819 und 1820. In einem Memoire aus dem Jahre 1874 schreibt er im Rückblick auf seine Studienzeit, daß er im Vergleich zu anderen zwei bis drei Jahre zu jung war, um die in der gelesenen Literatur aufgeworfenen Probleme verdauen zu können. Auch hätten die Tutoren von Trinity keine Examenserfahrung gehabt, weil sie lange nicht zu Prüfern der Universität bestellt worden waren; und folglich seien sie auch keine guten Examensberater für ihre Studenten gewesen. So arbeiteten Newman und Bowden nach eigenem Ermessen. Im Durchschnitt waren es zwölf Stunden täglich, die sie mit Aristoteles und Aischylos, Sophokles, Livius, Thukydides, aber auch Gibbon und Newton u. a. im Sommer und Herbst 1820 verbrachten.
Wie schon zwei Jahre zuvor, so bedrängten ihn auch jetzt – je näher der Examenstermin kam, um so mehr – Gedanken zwischen Ehrgeiz und Gottvertrauen. Im August schrieb er an seine Schwe-

ster Jemima: »Ich versuche, so kaltblütig wie nur möglich zu bleiben, finde es aber sehr schwer. Indessen ist es meine Pflicht ›nicht für den morgigen Tag zu sorgen‹. Ich kann nicht lange an das Examen denken, ohne daß der innige Wunsch in mir aufsteigt, mich darin auszuzeichnen – und dieser innige Wunsch würde in mir eine große Unzufriedenheit erwecken, wenn ich keinen Erfolg hätte. Das aber heißt Begehrlichkeit; denn begehrlich sind wir dann, wenn wir etwas so ernstlich wünschen, daß wir unzufrieden wären, wenn wir es nicht erlangten. Ich will deshalb nicht um Erfolg bitten, sondern um das Gute.« Und an seinen ehemaligen Lehrer W. Mayers schreibt er im September 1820: »Ich mache es mir zum täglichen Gebet..., daß ich keine Auszeichnung in der Prüfung bekommen möge, wenn sie mir der geringste Anlaß zur Sünde wäre.« Auch seinen Bruder Francis bittet er, in diesem Sinne für ihn zu beten. Und zu Beginn des Examensmonats November notiert er das Gebet: »Ich bitte Dich nicht um Erfolg, sondern um den Frieden des Herzens.« Bowden, der nach bestandenem Examen schon heimgefahren war, schrieb ihm noch: »Wenn Du diesen Brief erhältst, hast Du Deine Examensnöte sicher hinter Dir und Dir und dem College Ruhm erworben.« Aber Newman hatte kein Glück. Er hatte sich überarbeitet, verlor den Kopf und mußte nach einigen Tagen aufgeben. Er konnte sich nur die Erlangung des akademischen Grades eines BA (Baccalaureus artis) sichern, aber keine Auszeichnung erlangen. Die unmittelbare Enttäuschung war heftig, doch fand er bald seine Fassung wieder. An seine Eltern schrieb er: »Es ist vorbei, und ich habe kein Glück gehabt. Welchen Schmerz es mir bereitet, Dir und Mutter dies mitteilen zu müssen, vermag ich nicht zu sagen. Was ich selber leide, ist in der Tat gar nichts im Vergleich zu dem Gedanken, daß ich Euch enttäuscht habe. Mit Freuden würde ich das Hundertfache an Traurigkeit ertragen ... wenn ich dadurch Mutter und Dir den Schmerz ersparen könnte... Die Prüfer waren so freundlich wie nur möglich zu mir, aber meine Nerven ließen mich ganz im Stich, und so ging es daneben. Ich habe alles getan, was in meiner Macht steht, um mein Ziel zu erreichen; ich habe keine Mühe gescheut und mein Ruf in meinem College ist so solid wie vorher, wenn auch nicht so glänzend. Wenn einer auf dem Schlachtfeld nach mutiger Tat fällt, wird er als Held geehrt – sollte nicht dieselbe Ehre dem zukommen, der auf dem Feld des wissenschaftlichen Kampfes fällt?« – Mit großer Einfühlsamkeit antwortete ihm seine Mutter postwendend: »Dein Vater und ich schreiben Dir mit der wärmsten Herzlichkeit und bitten Dich, denk' nicht, wir seien enttäuscht oder der Inhalt Deines Briefes bereite uns Qualen. Wir sind mehr als zufrieden mit

Deinen lobenswerten Anstrengungen... Jeder, der Dich kennt, weiß, was Du verdienst; Dein Versagen wird das Interesse, das man an Dir hat, gerade verstärken.«

Während der Vorbereitungszeit zum Examen hatte sich Newman immer auch mit theologischen Fragen beschäftigt und seine Gedanken darüber aufgezeichnet. Nun, nachdem das Examen vorüber war, entschied er sich – nicht für das Studium der Rechte, wie es sein Vater für ihn vorgesehen hatte, sondern – für den kirchlichen Dienst.

Sein Stipendium erlaubte ihm, weiterhin in Oxford zu bleiben. Er wandte sich, seinem naturwissenschaftlich-mathematischen Interesse folgend, dem Studium der Mineralogie zu und der Musik, die vorher zu kurz gekommen war. Mit Freude berichtet er Verwandten über die Vollendung einer musikalischen Komposition. Zudem nahm er sich regelmäßig Zeit für religiöse Übungen und das Studium der Heiligen Schrift.

Im Mai 1821 veröffentlichte er einen kleinen Aufsatz (im „Christian Observer«) über die *Analogie der Schwierigkeiten*, denen sich Naturwissenschaftler bei der mathematischen Erfassung der Naturvorgänge und Theologen bei der verstandesmäßigen Erfassung der Offenbarungsvorgänge gegenübersehen. »Denn keine Wissenschaft ist viel mehr geeignet, unseren Glauben an die Wahrheit des Christentums zu bestärken, als die der Mathematik, wenn sie mit der richtigen Einstellung des Geistes betrieben wird.« Wer der Offenbarung mit Skepsis oder Ablehnung begegne, weil sie unauflösbare Geheimnisse enthalte, verhalte sich analog einem Naturwissenschaftler, der die Komplexität der Naturvorgänge bezweifle, weil sie sich nicht in glatten Formeln erfassen lassen.

Im November 1821 brachte ein zweiter Bankrott seines Vaters die Familie in große Finanznot. Nach der Bankmisere war dem Vater damals eine Brauerei in Alton angeboten worden, die er übernommen hatte. Die Familie war dorthin übersiedelt. Doch der Vater konnte sich in die neue Geschäftsbranche nicht mehr erfolgreich einarbeiten. Nun wurde der ganze Besitz versteigert. Von da an sollte John Henry Newman immer in Geldnöten sein, da er nicht nur für sich selbst, sondern nach dem frühen Tod seines Vaters (1824) für die ganze Familie, insbesondere für seine Mutter und die Schwestern zu sorgen hatte. – Er sah sich nach Studenten um, denen er Privatstunden geben konnte, um auf diese Weise das Studium seines Bruders Francis finanzieren zu können.

Bei alledem war er alles andere als verzagt, vielmehr verfolgte er zugleich die kühne Idee, sich um eine der begehrtesten Positionen junger Akademiker in Oxford zu bewerben: eine *Fellow-Stelle im*

Oriel College. Fellows sind Mitglieder des leitenden Lehrkörpers von Colleges. Die Aussichten, bereits bei der ersten Bewerbung zum Erfolg zu kommen, waren vergleichsweise gering; dennoch wollte Newman es versuchen. Er hatte also den Mißerfolg bei seinem Examen richtig eingestuft und seine eigenen Fähigkeiten, wie die Zukunft zeigen würde, auch. Natürlich stand er auch unter Existenzdruck, denn er mußte sehen, wie er sein Auskommen bestreiten würde; das würde eine Fellowstelle für immer sichern. – »Ich bete inständig darum, daß mich Gott ans Oriel College kommen läßt... Oh, Herr, verfüge über mich, wie es am besten zu Deiner Ehre gereicht, doch schenk' mir Ergebung und Zufriedenheit«, schreibt er Anfang Februar 1822, als er seine Kandidatur für die Fellow-Stelle offiziell angemeldet hatte. Vielsagend formuliert er seinen lateinischen Antrag an den Vorsteher des College auf Zulassung zur (Kampf-)»Arena, wo siegen äußerst ruhmreich und besiegt werden nicht unehrenhaft ist«. An seinem Geburtstag, dem 21. Februar 1822, betet Newman rigoros: »Du siehst, wie versessen und, ich fürchte, abgöttisch meine Sehnsucht darauf geht, im Oriel College Erfolg zu haben. Nimm all' meine Hoffnung weg, warte keinen Augenblick, oh mein Gott, wenn ich dabei Deinen Geist gewinne.«

Fellow von Oriel

Die Prüfungstage in Oriel verliefen gut. Als er bei den schriftlichen Arbeiten aufblickte, sah er im Farbfenster des Speisesaals das Motto des College: »Pie repone te« (etwa: »Sei in frommem Vertrauen gelassen!«) Darin fand er Trost. Als er nach dem dritten Tag in eine schwierige Phase kam, war es ein stärkendes Mittagsmahl, zu dem ihn sein Tutor Thomas Short einlud und dessen ermutigendes Wort, das ihn davor bewahrte, aufzugeben. So konnte er am 12. Februar 1822 schreiben: »Heute morgen wurde ich zum Fellow von Oriel College gewählt. Gott sei Dank. Gott sei Dank.« Er hielt diesen Tag immer für den entscheidenden Wendepunkt seines Lebens und konnte sich nichts Schöneres vorstellen, denn »als Fellow von Oriel zu leben und zu sterben«. Fellows sind die begabten jungen Wissenschaftler eines College, aus denen sich der wissenschaftliche Nachwuchs der Universität rekrutiert. Bewegt beschreibt Newman im nachhinein, wie der Bote des College zu ihm nach Trinity gekommen sei und ihn dort beim Violinspielen angetroffen habe; wie er davon verwirrt gewesen sei, weil das nach damaliger Einschätzung mit der Position eines künftigen Fellows unvereinbar

schien; wie der Bote sich den Scherz erlaubt habe zu sagen, er fürchte, er habe eine unangenehme Botschaft zu überbringen, Newman solle nämlich sogleich nach Oriel kommen. Und wie Newman sich von diesem, wie ihm schien, unangebrachten Scherz distanzierte und nur antwortete: »Schön!«, so daß der Mann zurückfragte, ob er sich an der Zimmertür geirrt habe. Doch kaum sei der Mann fort gewesen, so habe er sein Instrument hingelegt und sei in aller Eile nach Oriel College gelaufen. »Ich konnte die Glückwünsche (des Vorstehers) Copleston noch ertragen, doch als Keble vortrat, um mir die Hand zu schütteln, zuckte ich förmlich zurück und wäre beinahe in den Boden versunken, beschämt ob solcher Ehre.« Denn die Fellows des Oriel College galten als die besten in Oxford, und Keble wurde zudem wegen seiner Frömmigkeit und Gelehrsamkeit von den Studenten am meisten verehrt.
Anfangs dachten die Fellows von Oriel, sie hätten sich in Newman getäuscht, weil er überhaupt nicht aus sich herausging und sich an den Gesprächen und Diskussionen im Senior Common Room nicht beteiligte. Tatsächlich fühlte sich Newman scheu und einsam. – Lange Zeit wohnte er noch außerhalb des College und kam nur zu den Mahlzeiten und Veranstaltungen. Damals hatte er begonnen, die erste Stunde des Tages dem Bibelstudium zu widmen und arbeitete an der Formung seines eigenen Charakters, wie seine Verhaltensanalysen und Bekenntnisse im Tagebuch zeigen. Bei seinen einsamen täglichen Spaziergängen betete er für gewöhnlich »für alle meine Freunde und für die ganze Menschheit«.
Alsbald nahm sich einer der älteren Fellows seiner an: Richard Whately. Er schien besonders geeignet, durch seine originelle Weise des Denkens und seine Selbstsicherheit junge Menschen aus sich herauszulocken. Ihm machte es Spaß, »junge Bären in der Hand zu haben, die er zurechtboxen könne und die, so sagte er, wie die Hunde aus der Zucht von König Karl, an einem Bein hochgehalten werden können, ohne aufzuheulen«. In der Tat gelang es Whately, Newman zum Reden zu bringen, und alsbald konnte er ihm das Kompliment machen, er sei der klarste Kopf, den er kenne. Whately vertraute ihm Manuskripte aus seiner Arbeit über die Logik an. Das Gebiet war Newman verhältnismäßig neu, und er bearbeitete die Aufzeichnungen mit großer Hingabe bis zur Publikationsreife. In einem Brief von 1826 schrieb Newman an Whately: »Viel verdanke ich Oriel College an geistigem Fortschritt, aber keinem verdanke ich so viel wie Ihnen, wie ich wohl weiß. Ich weiß, wer es war, der mich als erster nach meiner Wahl ermutigte, mich umzuschauen, mich lehrte, richtig zu denken, und – eine seltsame Aufgabe für einen Erzieher – mich auf mich selbst zu verlassen.«

Die Geschichte der geistigen Entwicklung Newmans zeigt sich in ihren charakteristischen Zügen gerade an der Begegnung mit Whately sehr deutlich. Einerseits erkannte er durch ihn in fundamentaler Weise, wie er seine eigenen Fähigkeiten einzusetzen habe, er lernte von ihm auch die Lehre von der *Eigenständigkeit der Kirche* als eigenen gesellschaftlichen Organismus kennen. Aber andererseits blieb Newman doch er selbst. Er ließ sich nicht auf Dauer in die Richtung Whatelys, in einen theologischen Liberalismus, drängen.

Diese Differenzierung gilt in entsprechender Weise auch für viele andere Begegnungen, in denen Newman jeweils Grundlehren des Christentums vermittelt bekam. So kam er von seiner evangelikalen Position, die aus der Begegnung mit W. Mayers stammte, schrittweise immer mehr zu der hochkirchlichen Einstellung und der Fülle katholischer Wahrheiten. Von William James habe er 1823 die Lehre von der *apostolischen Nachfolge der Bischöfe* in der Kirche kennengelernt, schreibt er in seiner »Apologia« von 1864. In dem Buch von Joseph Butler (1692–1752) »Über die Analogie der Religion ... zum Lauf der Natur« sei ihm die *sakramentale Verbindung* zwischen der unsichtbaren Welt Gottes und der sichtbaren Welt der Schöpfung aufgegangen. Von ihm habe er auch die Erkenntnis gewonnen, daß man im Alltag nicht mit wissenschaftlicher Logik, sondern mit der praktischen Logik herrschender Wahrscheinlichkeiten zu Werk gehe. Von Edward Hawkins sei er in die Bedeutsamkeit der Lehre von der *Überlieferung des christlichen Glaubens* eingeführt worden: daß die Botschaft des Evangeliums nicht durch die Schrift, sondern durch die mündliche Überlieferung von Generation zu Generation tradiert worden sei und tradiert werde. Hawkins war Pfarrer an der St. Marien-Kirche zu Oxford.

Als Newman an seinem Geburtstag 1823 die vielfältigen geistigen und geistlichen Schritte seines Lebens überblickte, die ihn vorangeführt hatten, fiel ihm besonders die ungeheure Arbeitsintensität auf, die er täglich aufwandte. »Laß mich das übergroße Erbarmen preisen, das mich mit einer kräftigen Konstitution gesegnet hat. Manchmal habe ich beim Zubettgehen infolge meiner Anstrengung ganz gezittert«, vertraut er seinem Tagebuch an. Auch die kommenden Jahre brachten ihm keine Erleichterung. Er mußte ständig darauf aus sein, Nachhilfestunden für Studenten zu geben, um Lebensunterhalt zu beschaffen für seinen Bruder Francis. Er setzte sich aber auch in langen Gesprächen und Briefen geduldig und entschieden mit den skeptisch-sozialistischen Ansichten seines Bruders Charles auseinander. »... Ich halte dafür, daß die Zurückweisung des Christentums aus einer Verfehlung des Herzens, nicht des

Verstandes entsteht, daß der Unglaube nicht allein vom Irrtum des Denkens kommt, sondern entweder vom Stolz oder von der Sinnlichkeit.« – Wissenschaftliche Artikel für Lexika forderten von ihm besonders die Beschäftigung mit der Literatur der Antike und den Schriften der Kirchenväter.

Das herausragende Ereignis dieser Zeit war für ihn zweifellos die *Weihe zum Diakon* am Dreifaltigkeitssonntag 1824. Darauf bereitete er sich durch den Besuch des Vorlesungscolloquiums bei Charles Lloyd vor, das für die Zulassung zu kirchlichen Weihen unerläßlich war und an dem ein ausgesuchter Hörerkreis von Fellows teilnahm. Bei der täglichen Schriftlesung begann er, Bibeltexte auswendig zu lernen und wünschte sich: »Mögen sie sich doch meinem Herzen wie meinem Gedächtnis einprägen!« – »Je näher die Zeit meiner Weihe herankommt, um so glücklicher fühle ich mich.« Aber auch der Ernst des bevorstehenden Schrittes war ihm deutlich: »Es kommt mir vor, als sei in mir ein Widerwille, das Gelöbnis auf mich zu nehmen, eine Angst vor einem so unwiderruflichen Schritt.« Durch Gebet und Fasten hatte er sich vorbereitet. Die Ergriffenheit nach der Weihe ist nachlesbar: »Ich bin Dein, o Herr; ich komme mir ganz betäubt vor und kann das Geschehene gar nicht glauben und verstehen. Zuerst, nach der Handauflegung, erschauerte mein Herz in mir; die Worte ›für immer‹ sind so furchtbar. Es war wohl kein frommes Gefühl, das mich melancholisch stimmte bei dem Gedanken, daß ich alles um Gottes Willen aufgeben sollte. Freilich brannte mein Herz dann und wann in mir, besonders als man das Veni Creator sang (d. h. »Komm Schöpfer Geist...«). Ja Herr, ich bitte nicht so sehr um Trost wie um Heiligung.«

Obwohl sich Newman mit dem Gedanken trug, in die Missionen zu gehen und sich danach erkundigte, ob er dafür geeignet sei, nahm er doch gleich das Angebot einer Anstellung als Kaplan in St. Clement, einer Pfarrei Oxfords, an. Die Bevölkerung hatte sich innerhalb von zwei Jahrzehnten verdoppelt, der Pfarrer John Gutch war fast 80 Jahre alt, und ein Kirchenneubau mußte vorbereitet werden. Dazu bot Newman noch eine Verdoppelung der Predigtgottesdienste an Sonntagen an. Über seine Grundeinstellung zum Predigen hielt er fest: »Jene, die den Trost zum Hauptgegenstand ihrer Predigt machen, scheinen den Zweck ihres Amtes verfehlt zu haben. Heiligkeit ist das große Ziel. Hier muß ein Kampf und eine Erprobung stattfinden. Trost ist ein Herzstärkemittel, aber kein Mensch trinkt von morgens bis abends Herzstärkemittel.« Die Praxis konkretisierte und korrigierte viele seiner theologischen Ansichten: »Der Zwang, Predigten zu verfassen, hat mich veranlaßt, meine Gedanken über viele Dinge zu systematisieren und abzurunden.« Mit großem Einsatz widmete sich Newman Hausbesuchen in der Pfarrei, besonders bei den Kranken. Zudem bietet er für die Kinder in der Sonntagsschule katechetische Unterweisung an. Und schließlich organisiert er eine Sammlung für den Kirchenbau, die über 5000 Pfund einbringt.

Als Richard Whately im März 1825 Vorsteher von St. Alban Hall, einem kleineren Oxforder College, wurde und Newman die Stellung eines *Vizepräsidenten* anbot, nahm er dieses Amt an. Er handelte nach dem Grundsatz, daß er glaubte, in erster Linie für den universitären Bereich arbeiten zu sollen.

Die *Priesterweihe* am Dreifaltigkeitssonntag 1825 hatte für Newman eher bestätigenden Charakter im Dienstamt Jesu Christi. In diesem Sinne zitiert er in seinem Tagebuch die Stelle des Philipperbriefes, »Vollende Herr, was du in uns begonnen hast« (1, 6), und vermerkt, daß er bereits am Nachmittag wieder voll im liturgischen Einsatz ist: Gottesdienst, Predigt, Aussegnung von Frauen, Taufe, Beerdigung – die jeden Sonntag üblichen pastoralen Pflichten.

Wie reif *Newmans Predigten* bereits in dieser Anfangsphase waren, zeigt seine Auswahl für den ersten Band der »Pfarr- und Volkspredigten«, den er 1834 herausgab und in den er auch die Predigt über »Geheime Fehler« vom Sonntag nach seiner Priesterweihe aufnahm. Die Frucht seiner jahrelangen Gewissenserforschung im Glauben kommt darin deutlich zum Ausdruck. »Selbsterkenntnis kommt nicht von selbst; sie bedeutet Anstrengung und Arbeit. Ebensogut können wir annehmen, daß die Kenntnis der Sprachen von selbst kommt, wie daß die Vertrautheit mit unserem eigenen Herzen natürlich ist. Die meisten Menschen empfinden schon die Mühe einer ständigen Besinnung als etwas Schmerzhaftes; ganz zu schweigen von der Schwierigkeit echter Besinnung … Dazu kommt unsere Eigenliebe. Wir hoffen immer das Beste; das erspart uns die Mühe der Selbstprüfung. Die Eigenliebe verbürgt uns unsere Sicherheit … Körperliche und seelische Gesundheit ist ein großer Segen, wenn wir ihn zu ertragen vermögen; wird sie aber nicht durch Wachsamkeit und Fasten in Zucht gehalten, dann verführt sie einen Menschen gewöhnlich zu der falschen Meinung, er sei viel besser, als er tatsächlich ist.« – Auch aus dem folgenden Jahr 1826 veröffentlichte er eine Predigt; mit ihr eröffnet er programmatisch seinen ersten Predigtband: »Heiligkeit notwendig zur künftigen Seligkeit«. Darin heißt es: »Gebt euch mit nichts Geringerem als der Vollkommenheit zufrieden! Bemüht euch, Tag für Tag in Erkenntnis und Gnade zu wachsen, damit ihr, so Gott will, zuletzt zur Gegenwart Gottes des Allmächtigen gelangen mögt.« Und schließlich: »Indem wir unser Herz nach dem Vorbild der Heiligkeit unseres himmlischen Vaters umzuwandeln suchen, tröstet uns, wie schon gesagt, die Erkenntnis, daß wir uns nicht selbst überlassen sind. Der Heilige Geist ist uns mit seiner Gnade nahe und gibt uns die Kraft, über unsere eigene Sinnesart zu siegen und sie umzuwandeln. So sehr es etwas Beängstigendes und Ehrfurchtgebietendes ist, so liegt doch Trost und Ermunterung in dem Bewußtsein, daß Gott in uns und durch uns wirkt. Wir sind Werkzeuge und nur Werkzeuge unserer eigenen Rettung.«

Newman merkte selbst, daß er sich in jenen Jahren überarbeitete und sich eine chronische Verdauungsstörung zuzog, von der er sich nie ganz erholte. Aber Arbeit war für ihn nie alles. Die rastlose und vielfältige Beschäftigung auf verschiedenen Gebieten spiegelt noch nicht seine ganze Persönlichkeit. Er nahm sich immer auch Zeit zu freundschaftlichen Kontakten, er konnte herzliche Briefe schreiben und sprühte dabei vor Witz und Humor. »Ich kenne keine Freude, die ich fühlbarer empfinde (...) als die, Dir zu schreiben und anderen, die mir gleich lieb sind«, schrieb er an seine Schwester Jemima im Mai 1820. Ein Gedicht zum Geburtstag der einen Schwester, Wortspiele oder Buchstabenverdrehungen in den Briefen an die andere Schwester oder an Freunde sind keine Seltenheit. Einmal charakterisiert er die antike Gestalt des Magiers Apollonios von Tyana, über den er gerade wissenschaftlich arbeitete, voll Übermut als einen, »der redet und unaufhörlich redet, eine alte Schwatzbase und ein ermüdender alter Bursche«. – Newman ist sich dabei der Spannung seiner charakterlichen Begabungen durchaus bewußt. Er kennt z. B. den Grund seiner Schüchternheit: »Mauvaise honte (falsche Scham) entspringt dem Sinn für das Lächerliche in uns selbst; deswegen sind jene schüchtern, die auf sich selbst achten und zugleich humorvoll sind. – Humor entspringt der Phantasie, Witz der Weisheit; Humor ist Gefühlssache, Witz Verstandessache. Humor erregt zum Lachen, Witz Bewunderung. Humor zielt auf das praktische Handeln (...), Witz ergeht sich in Worten«, so lautet eine seiner Analysen aus jener Zeit.

Als einen Freund besonderer Art schätzte Newman *Edward Pusey,* der im Jahr nach ihm zum Fellow von Oriel gewählt worden war. Mit ihm tauschte er sich auf langen Spaziergängen aus und bewunderte seine Religiosität ebenso wie seine Bescheidenheit und Selbstlosigkeit. Er skizzierte ein anschauliches Porträt des hochbegabten jungen Mannes, der von Eton gekommen war: »Sein heller Lokkenkopf war feucht von dem kalten Wasser, das er zur Linderung seiner Kopfschmerzen anwenden mußte. Er ging schnell und hatte eine jugendliche Art sich zu bewegen, stand ziemlich gebückt, und sein Blick kam tief unter den Augenbrauen hervor, die Schultern abgerundet und den Bakkalaureats-Talar ... lose über das Handgelenk herabhängend. Sein Gesichtsausdruck war sehr sanft, und er sprach wenig...« Eigentlich hatten sie sich beide die Pfarrarbeit in St. Clement teilen wollen, doch Pusey wurde empfohlen, zur Fortsetzung seiner Studien nach Deutschland zu gehen. Als er zurück war, heiratete er 1828; folglich durfte er nicht mehr im College wohnen. Doch Newmans Freundschaft war damit nicht zu Ende, sie erstreckte sich vielmehr in der Folgezeit auch auf seine Frau und die Kinder; er war ein gern gesehener Gast im Hause der Familie. 1830 wurde Pusey zum Regiusprofessor für Hebräisch in Oxford ernannt. Nach anfänglichem Zögern sollte er alsbald zu den führenden Köpfen der Oxford-Bewegung von 1833 gehören. Newman widmete ihm den ersten Band seiner Pfarr- und Volkspredigten »In herzlicher Dankbarkeit für den Segen seiner langjährigen Freundschaft und seines Vorbilds«.

Tutor in Oriel

Im Januar 1826 wurde Newman zum Tutor in Oriel bestellt. Deshalb gab er seinen Pfarrdienst nach Ostern auf. Welche große Bedeutung Tutoren für den Bildungsgang eines Studenten haben, wußte er noch aus seiner eigenen Erfahrung im Trinity. Im Oxford seiner Zeit spielte sich der Lehrbetrieb nicht auf der universitären Ebene mit Vorlesungen von Professoren ab, sondern in den Colleges, wo die Tutoren Lektürpläne vorgaben, Übungen mit den Studenten abhielten und ihnen die für die Prüfungen notwendigen Kenntnisse vermittelten. Soweit sie Letzteres nicht taten, hatte sich die Praxis eingebürgert, private Tutoren zu bezahlen. Newman kannte auch die ursprünglichen Statuten der Universität von Bischof William Laud (1573–1645), in denen es hieß, die Studierenden seien dem Schutz (tutela) des Tutors anvertraut, damit er sie mit bewährten Sitten vertraut mache, in verläßlichen Autoren unterweise und vor allem auch in den Grundzügen der 39 Artikel der Glaubenslehre. Seiner Schwester Harriett schildert er seine Meinung: »Mit dem Tutorenamt habe ich ein großes Unternehmen vor mir. Ich vertraue darauf, daß Gott mir die Gnade gibt, es im rechten Geist zu machen und dabei ständig im Auge zu behalten, daß ich mich zu Seinem Dienst ausgesondert habe für immer. Es besteht immer die Gefahr, daß die Liebe zu literarischen Beschäftigungen einen zu wichtigen Platz in den Gedanken eines College-

Tutors einnimmt oder daß er seine Situation nur als weltliche Aufgabe sieht, ... als Mittel zu künftiger Versorgung, wenn er aus dem College weggeht.« Newman hatte also einen ebenso pastoralen wie wissenschaftlichen Begriff vom Amt des Tutors.
Doch bevor er seine Auffassung in der Praxis ausfalten konnte, hatte er eine große persönliche Krise durchzustehen, die durch ganz verschiedene Ereignisse zustande kam. Für den Herbst 1827 war Newman zum *öffentlichen Examinator* der Universität für das Bakkalaureat im Fach der klassischen Philologie bestellt worden. Er bereitete sich entsprechend intensiv darauf vor und begann dann die Prüfungen in dem für ihn schon üblichen überarbeiteten Zustand. Unruhe war zudem in Oriel eingekehrt und irritierte ihn, weil der bisherige Vorsteher Copleston zum Bischof ernannt worden war und somit die Frage der Wahl eines Nachfolgers für die kommenden Wochen diskutiert wurde. Einen Schock aber erlebte Newman zudem durch die Nachricht, daß die ihm auch persönlich nahestehende Tante Elizabeth Newman über 500 Pfund Schulden verursacht hatte – ein Jahreseinkommen für Newman –, für das er und hernach auch sein Bruder Francis aufzukommen hatten. Mehrere Umstände trugen also dazu bei, daß Newman in den Prüfungsgebäuden, in denen er selber vor sieben Jahren bei seinem eigenen Examen Mißerfolg hatte, einen physischen Zusammenbruch erlitt, der ihn an die eigene Prüfung erinnerte. Der Arzt diagnostizierte: »Eine Blutstauung im Kopf, die von der Überanstrengung des Gehirns kommt, dazu eine Magenstörung ... – Es war eigentlich kein Schmerz, sondern eine Konvulsion im Gehirn und im Auge und ich hatte das Empfinden, als sei mein Kopf inwendig aus Teilen zusammengesetzt. Ich konnte ganz gut Verse niederschreiben, konnte aber nicht mehr zählen. Ein- oder zweimal versuchte ich, meinen Puls zu zählen, aber ich fand es ganz unmöglich. Bevor ich auf 30 kam, drehten sich meine Augen im Kreis und von innen nach außen – ganz plötzlich.« Er mußte aufgeben und in Erholung gehen.
Schließlich wurde die Familie Newman in den Anfangstagen des Januar 1828 von größtem Leid heimgesucht, als die jüngste Tochter Mary im Alter von 19 Jahren und ohne jedes Anzeichen einer Erkrankung mitten aus dem Leben starb. »All unsere Erinnerungen an meine liebe Schwester sind süß und voll Wonne. Nachdem sie in ihrer Lebenszeit unsere Freude und Wonne gewesen war, tröstete sie uns, da sie ihr Leben und ihren Glauben gesammelt und ruhig durchgehen konnte ... – Aber um voll zu verstehen, welchen Trost all dies uns gibt, muß man die Arglosigkeit und Süße ihres Charakters kennen – was nur wenige kennen können – und die äußerste

Bewußtheit, die alles kennzeichnete, was sie tat.« – »Hier erinnert mich alles an sie. Sie war ja bei uns in Oxford, und ich freute mich, ihr den Ort zeigen zu können – jedes Gebäude, jeder Baum scheint von ihr zu reden. Ich kann gar nicht für wirklich halten, daß ich sie nie mehr wiedersehen soll.« An seine Schwester Jemima schreibt er: »Was für ein Schleier und Vorhang diese Welt der Sinne ist! Voll Schönheit, aber doch ein Schleier.«

Das Leben ging weiter. Edward Hawkins wurde neuer Vorsteher von Oriel, nicht ohne Newmans Einsatz. Im März 1828 wurde Newman als neuer *Pfarrer an »St. Maria der Jungfrau« in Oxford* eingesetzt. Newman war durch die Heimsuchungen jener Monate wie aus einem Traum rauh aufgeweckt worden. Die Vordergründigkeit und Vergänglichkeit der Welt war ihm wieder tiefer zum Bewußtsein gebracht worden, der Ernst des Lebens vor Gott und damit auch die Gefährlichkeit des Liberalismus für Glaube und Theologie. Er konnte diese Wachheit des Geistes gut gebrauchen, nun da er begann, in der Öffentlichkeit Oxfords bekannt zu werden. Alsbald konnte er von sich sagen: »Es kam über mich wie ein Frühlingsgefühl nach langer Winterszeit. Ich schlüpfte aus meiner Hülle, und so blieb es bis zum Jahre 1841.«

Das wichtigste Ereignis der nächsten Zukunft war die *Auseinandersetzung um die Auffassung des Tutorenamtes* im Oriel College. Dabei konnte er die Anfangsschwierigkeiten beim Beginn seiner Tutorentätigkeit aufgrund der moralischen Autorität seiner Persönlichkeit noch relativ leicht überwinden. Es war so, daß eine Gruppe junger Edelleute, für die Studium in erster Linie ein gesellschaftlicher Zeitvertreib war und deren ausschweifenden Lebensstil er schon als Student abgelehnt hatte, ihm zu schaffen machte, vor allem deswegen, weil seine Kritik und seine Bedenken von den anderen Vorstehern des Hauses nicht geteilt wurden. Damit das Kolleg sein hohes Ansehen durch solche Leute nicht verliere, zog Newman die Konsequenz, sich mit seinem Turorat auf die fähigen, interessierten und motivierbaren Studenten zu konzentrieren. Tatsächlich hatte seine Haltung zwei verschiedene Gründe, die im Verlauf seines Lebens deutlich zum Tragen kommen sollten. Er war der Auffassung, daß *Bildung eine Sache des persönlichen Einflusses* sei, den Menschen auf Menschen ausüben, und daß daher der zwischenmenschliche Kontakt für den Bildungsprozeß von unersetzlicher Bedeutung sei. Dies gelte gerade auch für die akademische Arbeit des Tutors. Konsequenzen dieser Auffassung zeigen sich in seiner fünften Oxforder Universitätspredigt vom Januar 1832 über »den persönlichen Einfluß als Mittel zur Verbreitung der Wahrheit« und in seinen Vorlesungen vor der katholischen Universität in Dublin in den fünfziger Jahren. Andererseits hielt Newman die Gottesbeziehung, d.h. die Religiosität des Menschen, für einen integrierenden Bestandteil aller Vollzüge des menschlichen Lebens, auch der Bildungsprozesse. Die Lebenseinstellung, die sich in Trinkgelagen am Vorabend vor den Festgottesdiensten des College zeigte, war für ihn, wie schon gesagt, Anlaß zur Hinterfragung des gesamten Systems.

So ging Newman daran, im Januar 1829 eine »radikale Änderung« des Tutoratsystems in Oriel in Gang zu setzen. Und er war dabei nicht allein, was von zukunftsträchtiger Bedeutung sein sollte. Er preist den Segen der Freundschaft in Gedichtstrophen jener Zeit und sagt: »Niemand hat je anhänglichere und nachsichtigere Freunde gehabt als ich«; wobei er verschweigt, daß er selbst für Freundschaften charismatisch begabt war. Sein bester Freund war zweifellos Richard Hurrell Froude, der 1826 zusammen mit Robert Isaac Wilberforce Fellow am Oriel College geworden war. Beide erwiesen sich im Zusammenhang mit der Diskussion einer Neugestaltung der Tutorenpraxis als gemeinsame Mitstreiter nicht zuletzt aus religiöser Gesinnung.

Froude war ein Schüler von *John Keble* (1792–1866), einem ehemaligen Fellow des College, dessen 1827 erschienener Gedichtband »Das christliche Jahr« zum weitest verbreiteten Gebets- und Gesangbuch des Viktorianischen Zeitalters wurde. Obwohl Newman Keble schon lange verehrte, hatten beide einander noch nicht als Männer gleichen religiösen Ernstes entdeckt. Nun, da Newman die Auffassungen des Evangelikalismus, also einer eher subjektiven und gefühlsbestimmten Verwirklichung von christlichem Glauben, hinter sich gelassen hatte und das sakramentale Wirken Gottes als das spezifisch Christliche anerkannte, lehrte Froude die beiden einander vertrauen. Froude schrieb in sein Tagebuch: »Wenn ich je gefragt werde, was ich Gutes getan habe, so kann ich sagen: ich habe Keble und Newman einander verstehen gelehrt.« Daß Gott seine unsichtbare Gnade durch sichtbare Vorgänge also in sakramentaler Weise vermittle, das eben war die Sprache von Kebles »Christlichem Jahr«. Sie war, wie Newman mit Freude feststellte, »Musik einer Schule, die man in England schon lange nicht mehr kannte«. Keble wurde Ende 1831 Professor für Poetik in Oxford. Zu Beginn des Tutoratsstreites war er noch als Pfarrer auf dem Land tätig, unterstützte jedoch die Ansichten Froudes und seiner Freunde.

Hurrell Froude (1803–1836) wird von Newman als »ein Mann von höchster intellektueller Begabung und von einem überfließenden Reichtum an originellen Gedanken und Ansichten« geschildert,

»die zu zahlreich und zu gewaltig waren für seine körperliche Kraft und in ihrem Ringen nach Klarheit, Gestaltung und Ausdruck sind drängten und gegeneinander anstürmten«. Sein Verstand sei ebenso kritisch und logisch wie spekulativ und kühn gewesen. Die intensive Freundschaft von Newman und Froude dauerte nur sieben Jahre bis zum vorzeitigen Tod Froudes. Hurrell Froude war in vielfältiger Hinsicht die ideale Ergänzung zu Newman; denn seine Vorliebe galt dem Mittelalter wie die Newmans dem kirchlichen Altertum; seine Grundeinstellung war kritisch und sogar ablehnend gegenüber den Reformatoren, hingegen positiv zum römisch-katholischen System. »Es ist schwierig, genau aufzuzählen, welche Bereicherungen meine theologische Überzeugung durch einen Freund erfuhr, dem ich so viel verdanke«, schreibt Newman rückblickend in seiner »Apologia« von 1864. »Er lehrte mich die römische Kirche ebensosehr bewundern wie die Reformation verurteilen. Den Gedanken der Verehrung der Allerseligsten Jungfrau prägte er mir tief ein und führte mich schrittweise zum Glauben an die wirkliche Gegenwart Christi im Heiligsten Sakrament.«

Dieser Freundeskreis junger Gelehrter in Oxford, die alle zum Oriel Common Room gehörten, in dessen Atmosphäre es nach einer damals gebräuchlichen Redewendung »nach Logik stank«, und die auch alle der hochkirchlichen Theologie innerhalb des Anglikanismus zuzuzählen sind, hatte sich die Studienreform durch Veränderung der Tutorenpraxis ausgiebig überlegt und sie mit entsprechenden Gründen vorgetragen. Doch die Antwort des neuen Provost Edward Hawkins war negativ. Jedem Tutor nur eine kleine Gruppe von Studenten exklusiv zuzuteilen bedeute eine zu große Verantwortung für ihn, der diese Verteilung vorzunehmen habe. Zudem gebe es bei den Tutoren ja auch Spannungen untereinander, und ihre Fähigkeiten seien nicht gleichmäßig verteilt. Deshalb ziehe er das bisherige Verfahren vor, daß die Studenten des College die Vorlesungen der Tutoren wählten. Als die Tutoren ihre Reformpläne nicht aufgaben, sondern in Praxis umsetzten, wies Hawkins ihnen keine weiteren Studenten mehr zu. Newman bekam vom Juni 1830 an keine Studenten mehr, so daß er faktisch sein Tutorenamt im Verlauf der folgenden zwei Jahre verlor.

Wenn es einer Rechtfertigung des Reformanliegens durch den Erfolg bedurft hätte, so läge sie vor. Denn in der Zeit, da die Tutoren das neue Verfahren anwandten, konnten mehr als doppelt so viele Studenten ihr Examen mit Auszeichnung machen als sonst im gleichen Zeitraum vorher und nachher. – Hawkins machte für die folgenden Jahre einen zusätzlichen Tutor außerordentlicher Art für seine Studenten ausfindig. Er wählte den liberalen Theologen Renn Dickson Hampden. Dieser war es auch, dessen Kandidatur zur Professur für Moralphilosophie 1836 dem anderen Kandidaten, nämlich Newman, vorgezogen wurde; eine kirchenpolitische Entscheidung zur Stärkung der liberalen Position, denn Newman war zweifellos der besser ausgewiesene.

So hatte im eigentlichen Sinne Newmans akademische Karriere aufgrund seines Festhaltens am Prinzip der pastoralen Amtsauffassung geendet, kaum daß sie richtig begonnen hatte. Die Befolgung seiner Lebensmaxime »Heiligkeit vor dem Frieden« manövrierte ihn sozusagen aus den Erfolgsbahnen der seinerzeit üblichen Berufsbiographie aus. Und das sollte noch öfter der Fall sein. Newman selbst sah es im nachhinein so, daß der Ausgang des Tutorenstreits zum Ursprung für die theologische Reformbewegung der 30er Jahre wurde. Die Oxford-Bewegung wurde nämlich von den Männern eingeleitet und getragen, die hier in Oriel bereits gemeinsame Sache gemacht hatten: John Henry Newman, John Keble, Richard Hurrell Froude, Robert Isaac Wilberforce. – Ja, in der weiteren Perspektive seines Lebensverlaufs sah Newman darin sogar den Anfang jener Gedankenentwicklung, die ihn zur römisch-katholischen Kirche führte.

Newman hatte im Juli 1828 mit der chronologischen *Lektüre der Kirchenväter* begonnen: mit Ignatius von Antiochien und Justin dem Märtyrer. In dem Maße, als er durch das auslaufende Tutorat Zeit zur Lektüre bekam, widmete er sich den großen Theologen der ersten Jahrhunderte. Die Kirche des Altertums wurde für ihn nun bewußt das Ideal und Maß der wahren Verwirklichung des christlichen Glaubens. Später sagte er darüber: »Die Väter haben mich katholisch gemacht.« Im Oktober 1831 hatten ihm Freunde und Schüler eine Sammlung von 36 Bänden der Kirchenväter geschenkt. »Unter diesen sind die Werke von Augustinus, Athanasius, Kyrill von Alexandrien, Epiphanius, Gregor von Nyssa, Origines, Basilius, Ambrosius und Irenäus«, schreibt er an seine Mutter. »Sie sind so schön von außen, daß sie meine alten in den Schatten stellen – und die Ausgaben sind die besten. Insgesamt bin ich nun in patristischer Hinsicht versorgt, falls ich mit Gesundheit und Fähigkeit gesegnet sein sollte, von ihnen Gebrauch zu machen.«

Als er im gleichen Jahr eingeladen wurde, ein Buch über die Kirchengeschichte der ersten Konzilien zu schreiben, nahm er diesen Auftrag von James Hugh Rose an. Er vertiefte sich jedoch so weitläufig in die Glaubensauseinandersetzungen des vierten Jahrhunderts, daß er allein schon bei der Geschichte der Arianer genug Stoff für ein ganzes Buch fand, dessen Manuskript er im Sommer

Lead, Kindly Light, amid the encircling gloom,
Lead Thou me on!
The night is dark, and I am far from home;
Lead Thou me on!
Keep Thou my feet — I do not ask to see
The distant scene; one step enough for me.

I was not ever thus, nor prayed that Thou
Shouldst lead me on;
I loved to choose & see my path; — but now
Lead Thou me on; —
I loved the garish day, and, spite of fears,
Pride ruled my will; — remember not past years.

So long Thy power has blest me, sure it still
Will lead me on;
O'er moor & fen, o'er crag & torrent, till
The night is gone;
And with the morn those angel faces smile
Which I have loved long since, & lost awhile.

at sea. on board the Conte Ruggiero — June 16. 1833

Newmans Manuskript des Gedichtes »Lead, kindly Light« von 1833, das er während der Überfahrt von Palermo nach Marseille verfaßte.

1832 fertig hatte. Im folgenden Jahr erschien es unter dem Titel *»Die Arianer des vierten Jahrhunderts«* und zeigte die schwierige Auseinandersetzung über das Verhältnis der Menschheit und Gottheit von Jesus Christus zur Zeit des heiligen Athanasius (296–373).

Mittelmeerreise 1832/33

Hurrell Froude hatte sich ein Lungenleiden zugezogen und sein Vater, der Erzdiakon von Dartington, der seine Frau und einen Sohn durch die Cholera verloren hatte, wollte alles daransetzen, damit sein Ältester wieder gesund werde. Beide entschlossen sich, den kommenden Winter im Süden zu verbringen. Am 9. September 1832 lud Hurrell Newman ein, ihn und seinen Vater bei einer Mittelmeerreise zu begleiten: »Ich habe mich entschlossen, den Winter im Mittelmeerraum zu verbringen; mein Vater geht mit mir... Wir möchten beide sehr, daß Du mit uns kommst – ich denke, es würde Dir aufhelfen.« Newman zögerte; er war noch nie weit gereist. Sein Leben lang liebte er, fest an einem Ort zu bleiben. Andererseits waren seine »Arbeitsvorhaben im Augenblick kleiner, als sie all diese Jahre gewesen waren«; und vor allem würde er nie mehr eine »solche Gelegenheit haben –, ich meine mit jemandem zu reisen, den ich so gut kenne wie Dich«. Schließlich sagte er zu.
Der Zeitpunkt der Reise hatte im Leben Newmans so etwas wie einen heilsgeschichtlichen Stellenwert. Denn zuvor, in den Jahren 1830–32, zeigen die Themen seiner Predigten eine erste umfassende Grundlegung christlichen Glaubensdenkens. Da geht es um den Zusammenhang von Natur und Offenbarung, um Christus und seine Auferstehung, um den Gehorsam des Glaubens, um das echte Bekenntnis und Glaubenszeugnis, um den persönlichen Einfluß als Mittel zur Verbreitung der Offenbarungswahrheit, aber auch um die Religion der Bürgerlichkeit (»des Tages«), um die Versuchung und um die Sünde. Seine letzte Predigt vor der Abreise handelte von der »Eigenwilligkeit, der Sünde Sauls«. Seine wissenschaftliche Untersuchung der Glaubenskämpfe im vierten Jahrhundert war abgeschlossen; Newman erhielt die Nachricht vom Verleger, daß das Manuskript gedruckt würde. Newman hätte Bilanz ziehen können, daß er im Verlauf von etwas mehr als eineinhalb Jahrzehnten durch unentwegtes Suchen und Forschen mit seiner ganzen Existenz zur Fülle der katholischen Wahrheit gekommen war: die Glaubensquelle der heiligen Schriften, der Maßstab der Väterkirche für deren Verständnis, die Bedeutsamkeit der sakramentalen Struktur der Kirche, die Eigenständigkeit der Ämter in der apostolischen Nach-

folge, die Unersetzbarkeit der Laien, wie er sie im Glaubenskampf der arianischen Wirren kennengelernt hatte, der Wert festgefügter Glaubensformeln... Alle diese Grundlehren des christlichen Glaubens hatte er sich gläubig zu eigen gemacht, hatte sein Leben danach gestaltet, hatte sie anderen verkündet. – »Nun trat für mich eine große Wende ein: ich verließ meine geregelte Lehrtätigkeit und einen gelehrten, stillen und liebenswürdigen Freundeskreis, in dem ich die letzten sechs Jahre verlebt hatte, um hinauszuziehen in fremde Länder und in eine unbekannte Zukunft; daher kam mir unwillkürlich der Gedanke, daß auch innere Umwandlungen und ein weiterer Wirkungskreis auf mich warteten.« Er schrieb ein Gedicht an seinen Schutzengel, bevor er sich in Falmouth mit seinem Freund und dessen Vater der »Hermes« anvertraute, die in die dezemberrauhe See stach.

Briefe und Gedichte füllen seinen Alltag an Bord. So schildert er Jemima die portugiesische Küste: »Die Kliffe sind hoch, aus Sandstein und sehr malerisch –, sie bilden eine natürliche Architektur... Solche Pyramiden wie diese in Gruppen – hie und da unten Sandstrand – und das Wasser, das wunderbar ruhig ist, bricht sich daran in hohen Schaumkronen. Die Sonne ist hell und wirft lange Schatten auf die Felsen und Niederungen. Über all dem – kahl oder kaum bearbeitet – eine endlose Ebene, mit unregelmäßiger Oberfläche, Serpentinen herunter bis an den Rand der Kliffe – ein wunderbar blaß-rötliches Braun. – Durch das Fernglas sehen wir Häuser, Schafherden, Windmühlen...« – »Es wundert mich nicht mehr, daß junge Leute begeistert sind vom Reisen... Aber ich denke, es verlangt geistige Mühe..., wenn die verschiedenen fremden Ansichten, politische, moralische und physische, vor dem Auge vorbeiziehen.« – Ihr Schiff legte in Gibraltar an, sie fuhren an Algier vorbei, verbrachten Weihnachten auf Malta, kamen nach Korfu und Patras. – »Was für ein Anblick, es war Segesta zu sehen und ... Korkyra und vor allem Ithaka, das der erste dichterische Platz war, von dem ich gehört habe, da ich Popes Odyssee als Kind auswendig zu lernen hatte. Es war als brächte es die Kindheit zurück.« Sizilien, »das nach Ägypten interessanteste Land, dessen Geschichte in ältester Zeit beginnt und mit der Geschichte von Griechenland und Rom verbunden war«, faszinierte ihn nachhaltig. Über Neapel kamen sie nach Rom, das widersprüchliche Gefühle in Newman auslöste. »Man ist am Ort des Martyriums der Apostel und Heiligen, wo sie begraben sind, ...in der Stadt, der England den Segen des Evangeliums verdankt... Im Gegensatz dazu steht das Wissen, daß die berühmteste Kirche (zum Teil) durch den Ablaßverkauf gebaut wurde.«

Newman sieht sich auch an den Ursprüngen der positiven Beziehungen zwischen Staat und christlichem Glauben, der unter Kaiser Justinian zur Staatsreligion wurde. Sein Kommentar zeigt, daß er die anglikanische Problematik erkannt hat: »Ich sehe keinen Grund, Konstantins Institution der Kirche ein glückliches Ereignis zu nennen.«

Krank in Sizilien

Während die beiden Froudes von Rom aus ihre Rückreise nach England antraten, wandte sich Newman noch einmal Süditalien zu. Er besuchte den Vesuv, »den wunderbarsten Anblick, den ich im Ausland gesehen habe«. Dennoch, als er nach Sizilien hinüber kam, konnte er von dem Blick aus dem römischen Theater von Taormina zum Ätna sagen, er sei die größte Annäherung zum Anblick des Paradieses.
Die Reise nach Catania ging auf Mauleseln vonstatten, von da nach Syrakus und zurück auf offenem Boot, zum Teil über Nacht und mit unvorstellbaren Verspätungen infolge des Gegenwindes. Als er in das Landesinnere aufbrach, um nach Agrigent zu kommen, fühlte er sich gesundheitlich unwohl. Es war Anfang Mai, und er mußte in Leonforte, von einem schweren Fieber heimgesucht, seine Reise unterbrechen. Von dort wurde er wenige Tage später nach Castro Giovanni bei Enna hinaufgebracht. Fast über drei Wochen lebte er am Rand der Existenz. »Eine Woche lang hatte meine Umgebung mich aufgegeben, und ringsum starben die Leute.« Sein Reiseführer Gennaro verlangte die Heimatadresse, um nach seinem Tode die Habseligkeiten nach Hause senden zu können. Aber obgleich er immer wieder ins Koma fiel und eine Zeitlang den Verlust seines Gedächtnisses zu beklagen hatte – ja das mühsam erlernte wenige Italienisch so vergaß, daß er mit dem Arzt lateinisch korrespondierte –, verlor er das Gefühl nicht, er werde durchkommen. »Ich glaubte, Gott habe ein Werk für mich zu tun.« Newman erlebte seine Krankheit nicht nur physisch, sondern auch als heilsgeschichtliches Ereignis seiner Biographie. Im nachhinein gab er sich darüber auch genau Rechenschaft. Er kam sich vor, als sei er den Mächten der Unterwelt ausgeliefert gewesen, dem Teufel. Er erfuhr sein bisheriges Leben als »hohl«, mit »wenig Liebe und wenig Selbstverleugnung«. Seine Vorgehensweise im Tutoratsstreit erschien ihm jetzt als eigenwillig und erinnerte ihn an das Verhalten Sauls, wie er es in der letzten Predigt vor der Abreise dargestellt hatte. Aber trotz dieser Prüfung an den Pforten

des Todes behielt die tröstliche Überzeugung in ihm die Oberhand: »Ich habe nicht gegen das Licht gesündigt.«
Nach seiner Genesung war Newman voller Sehnsucht, nach Hause zurückzukehren. Doch drei Wochen lang mußte er in Palermo auf ein Schiff warten, und als er einen Orangen-Frachter nach Marseille bekam, lag dieser infolge einer Windstille eine Woche in der Straße von San Bonifacio bei Sardinien. Newman hatte während der ganzen Mittelmeerreise geistliche Gedichte geschrieben, die hernach als Lyra Apostolica im »British Magazine« zusammen mit Beiträgen seiner Freunde J. Keble, W. Bowden, R. H. Froude u. a. veröffentlicht wurden. Jetzt, da er – wie einst Israel in der Wüste – voller Verlangen auf die Heimkehr wartete, verfaßte er das berühmteste dieser Gedichte. Er schrieb von dem freundlichen Licht, das ihm inmitten der umgebenden Finsternis Orientierung gab und weiterhin geben würde. Er nannte es:

Die Wolkensäule

»Führ liebes Licht, im Ring der Dunkelheit
führ du mich an.
Die Nacht ist tief, noch ist die Heimat weit,
führ du mich an!
Behüte du den Fuß: der fernen Bilder Zug
begehr ich nicht zu sehn: ein Schritt ist mir genug.

Ich war nicht immer so, hab nicht gewußt
zu bitten: du führ an!
Den Weg zu schauen, zu wählen war mir Lust –
doch nun: führ du mich an!
Den grellen Tag hab ich geliebt und manches Jahr
regierte Stolz mein Herz, trotz Furcht: vergiß was war!

So lang gesegnet hat mich deine Macht, gewiß
führst du mich weiter an,
durch Moor und Sumpf, durch Fels und Sturzbach bis die Nacht verrann
und morgendlich der Engel Lächeln glänzt am Tor,
die ich seit je geliebt, und unterweils verlor.«

(Übersetzung von Ida Friederike Görres)

Über Lyon und Paris fuhr Newman nach Hause. Nur wenige Stunden vor ihm war sein Bruder Francis von einer Reise nach Persien zurückgekommen, wohin er 1830 mit einer Sektengruppe der Plymouth-Brüder zu einer Missionsreise unvermittelt aufgebrochen war.

Am folgenden Sonntag, dem 14. Juli 1833, hielt John Keble in der Universitätskirche St. Mary eine Predigt über »Nationale Apostasie« auf dem kirchenpolitischen Hintergrund, daß das englische Parlament in Irland anglikanische Bischofssitze aufgehoben hatte. Für Newman war der flammende Protest Kebles ein markantes Datum: »Ich habe diesen Tag immer als Ausgangspunkt der religiösen Bewegung von 1833 angesehen und in Ehren gehalten.« Dabei kann man den Anlaß als durchaus zwiespältig bezeichnen, insofern es in Irland eine Reihe anglikanischer Bischofssitze gab, die keine pastorale Funktion mehr hatten und lediglich kostspielig unterhalten wurden. Vom Gesichtspunkt der Nützlichkeit aus war es zweckmäßig, sie aufzuheben – so dachten die Liberalen in England. Vom Standpunkt einer staatsunabhängigen eigenständigen Kirche aber war dies allein eine Sache der anglikanischen Bischöfe und nicht des Staates, so dachten Newman und seine Freunde.

II. KAPITEL
REFORMVERSUCHE DER »APOSTOLISCHEN« IN DER ANGLIKANISCHEN KIRCHE: OXFORD-BEWEGUNG (1833–1843)

»Die Ausbreitung dieser Lehren macht jetzt in der Tat
alle anderen Unterschiede gegenstandslos
und scheidet die religiöse Gemeinschaft in zwei Teile.«

Newman war nicht der einzige, der eine Erneuerung der anglikanischen Kirche für notwendig hielt. Zu der Gruppe der Gleichgesinnten, die sich während seines Italien- bzw. Sizilienaufenthaltes angesichts der kirchenpolitischen Ereignisse zu Hause zusammengeschlossen hatten, gehörten John Keble, Richard Hurrell Froude, William Palmer von Worcester College, Arthur Perceval, Hugh James Rose u. a. Sie lebten fast alle nicht in Oxford. Ihr Vorhaben, als Gruppe eine kirchliche Bewegung in Gang zu setzen, war deshalb nicht leicht zu realisieren. Newman selbst hatte sowieso eine andere Maxime: »Daß keine lebendigen Bewegungen von Komitees ausgehen und große Ideen nicht durch Briefwechsel wirksam werden, auch wenn das Porto noch so sehr herabgesetzt wird.« So eröffnete er auf eigene Faust eine Serie von Flugschriften nach dem Motto: »Wenn die Trompete einen unklaren Ton gibt, wer wird sich zum Kampf rüsten?« (Motto der Tracts: 1 Kor 14, 8).

Die Bedeutung der Tracts

Die erste Flugschrift erschien im September 1833. »Ich bin nur einer von Euch, ein Presbyter (d. h. Priester), und deshalb verberge ich meinen Namen, damit ich nicht zu viel auf mich nehme, indem ich in meinem Namen spreche. Doch reden muß ich; denn die Zeiten sind sehr übel, und niemand spricht dagegen... – Denken Sie einen Augenblick nach! Ist es recht gehandelt, ist es pflichtgemäß, daß wir unsere Bischöfe der Wucht des Angriffs standhalten lassen, ohne das Unsrige zu tun, um sie zu stützen? Auf ihnen ruht die Sorge für alle Kirchen. Daran ist nichts zu ändern; das ist wirklich ihr Ruhm. Keiner von uns würde sich im mindesten wünschen, ihnen die Pflichten, die Größe, die Verantwortung ihres hohen Amtes abzunehmen. Und so verhängnisvoll das für das Land auch wäre, so könnten wir (wenn es darum ginge) ihnen kein gesegneteres

Ende ihrer Laufbahn wünschen, als daß sie ihrer Güter beraubt würden und das Martyrium erlitten...
Sollten die Regierung und das Land so gottvergessen werden, daß sie die Kirche fallen lassen, sie ihrer zeitlichen Ehren und ihres Unterhalts berauben, worauf würden Sie den Anspruch auf Achtung und Aufmerksamkeit gründen, den Sie ihrer Herde gegenüber erheben? ... Wie können wir die Form der gesunden Lehre festhalten und das bewahren, was uns anvertraut worden ist (1 Tim 6, 20), wenn unser Einfluß nur auf unserer Popularität beruhen soll? Ist es nicht gerade unser Amt, der Welt zu widerstehen? Können wir es uns dann gestatten, ihr zu schmeicheln? ... – Worauf sollen wir unsere Autorität begründen, wenn der Staat uns im Stich läßt? Christus hat seine Kirche nicht ohne einen ihr eigenen Anspruch auf Achtung bei den Menschen gelassen, gewiß nicht. Ein so harter Herr kann er nicht sein, daß er uns aufträgt, der Welt zu widerstehen, ohne uns die Beglaubigung für dieses Handeln zu geben. – Da gibt es einige, die ihre göttliche Sendung auf ihre eigene ungeschützte Behauptung gründen; andere, die sich auf ihre Volkstümlichkeit berufen; andere auf ihren Erfolg, und andere gründen sie auf ihre zeitlichen Vorzüge. Letzteres war vielleicht allzusehr der Fall bei uns. Ich fürchte, wir haben den wirklichen Grund außer acht gelassen, auf dem unsere Autorität ruht: unsere apostolische Herkunft... – Deshalb, meine lieben Mitbrüder, handeln Sie entsprechend Ihrem Bekenntnis! Lassen Sie es sich nicht nachsagen, daß Sie eine Gabe mißachtet haben; denn wenn Sie den Geist der Apostel in sich haben, dann *ist* dies gewiß eine große Gabe. ›Decke die Gabe Gottes auf, die in dir ist!‹ (2 Tim 1, 6).
Ergreifen Sie Partei, da Sie in Kürze doch auf der einen oder anderen Seite stehen werden müssen; selbst wenn Sie nichts tun. Fürchten Sie sich davor, zu denen zu gehören, denen ihr Platz zufällig zugewiesen wird und die sich am Ende unter den Feinden Christi befinden werden, während sie sich doch nur von weltlicher Politik zurückzuhalten glaubten! Solche Enthaltung ist in stürmischen Zeiten unmöglich! ›Wer nicht für mich ist, ist gegen mich, und wer nicht mit mir sammelt, der zerstreut‹ (Mt 12, 30).«
War der erste Tract der apostolischen Nachfolge, dem *priesterlichen Dienst*, gewidmet, so der zweite der *Eigenständigkeit der Kirche:* »Sind wir damit zufrieden, als eine reine Kreatur des Staates zu gelten, als Schulmeister und Lehrer vielleicht oder Soldaten, Verwalter oder andere öffentliche Beamte? Hat uns der Staat geschaffen ? ... – Ihr könnt nicht ändern, was in Irland getan worden ist, aber Ihr könnt dagegen protestieren.« Im dritten Tract wurde der Klerus aufgerufen, sich gegen Veränderungen der Liturgie durch

staatliche Organe zur Wehr zu setzen und die Bischöfe zu unterstützen. – Der sechste und siebte, zehnte und neunzehnte Traktat zeigten die Vollmachten der *apostolischen Herkunft des bischöflichen Amtes* auf. Im elften und zwanzigsten Tract ging es um die Gestalt einer eigenständigen sichtbaren Kirche, die sich, modern gesprochen, von staatlicher Bevormundung emanzipiert hat: »Politische Ereignisse sind jenseits unserer Macht..., aber kirchliche Angelegenheiten sind in den Händen aller Kirchenleute.« – Die ersten zwanzig Traktate erschienen in den letzten vier Monaten des Jahres 1833, und die hier genannten waren alle aus Newmans Feder. Weitere dreißig wurden im folgenden Jahr veröffentlicht. Außer Newman waren vor allem J. Keble, A. Perceval, J. W. Bowden und E. B. Pusey beteiligt. Anfänglich handelte es sich um Flugblätter von wenigen Seiten. In den folgenden Jahren – besonders nach 1835, nachdem Newman schon geglaubt hatte, ihre Popularitätskurve sei am Ende – erschienen bis 1841 weitere vierzig Traktate, zum Teil als wissenschaftliche Abhandlungen in Form von Büchern.

Die Traktate wurden weit über das Land verteilt. Newman selbst ritt in die Dörfer der Umgebung und lieferte sie mitunter unbekannten und überraschten Pfarrern ab. Verwandte und Freunde, Freunde von Freunden wurden eingespannt, jede Verbindung genützt. Über England hinaus kamen die Flugschriften in die ganze englischsprachige Welt, in die USA und bis nach Australien. Sie entfachten eine heftige Diskussion, in der es darum ging, zu einem lebendigen Glaubensbekenntnis aufzurufen, sich an den Inhalten der Väterkirche zu orientieren und die katholischen Prinzipien innerhalb der anglikanischen Kirche, der sogenannten Hochkirche, zu stärken. Viele vernachlässigte und vergessene Elemente christlicher Glaubenspraxis sollten zu neuem Leben erweckt werden, zum Beispiel die regelmäßige Eucharistiefeier und der tägliche Gottesdienst.

Die »Apostolischen«, wie sich die Traktarianer selbst nannten, spiegelten ein Bewußtsein der Bischöfe vor, das sie am Verhalten der Kirche des Altertums abgelesen hatten. Mit einem solchen Bischofsspiegel konnten sie in legitimer Weise nicht nur die theologischen, sondern auch die liturgischen und die asketischen Anforderungen an den Klerus ihrer Zeit zur Diskussion stellen.

Solche Auseinandersetzung suchten sie vor allem mit den sogenannten Liberalen, d.h. solchen Theologen und Christen, die ein eindeutiges oder besser gesagt dogmatisches Bekenntnis von Glaube und Kirche für unnötig oder unmöglich hielten. Ein symptomatisches Beispiel von zeitgenössischem Liberalismus ereignete sich,

als Newman am 1. Juli 1834 seine Mitwirkung bei der Trauung eines Paares mit einer *ungetauften Braut* verweigerte, weil eine Ungetaufte einem Getauften nicht das Sakrament der Ehe spenden konnte. Der Vater der Braut nannte Newman schlichtweg abergläubisch; die Zeitungen beschimpften ihn als intolerant und Prinzipienreiter. Die Brautleute wurden jedenfalls anstandslos von einem anderen Geistlichen getraut, ohne daß die Braut je getauft worden wäre. Nur die Freunde aus der Gruppe der Traktarianer waren über diesen eindeutigen Kollisionskurs Newmans im Falle der Miss Jubber erfreut; denn auf diese Weise kam ihr theologisches Grundanliegen eindeutig in die öffentliche Diskussion, daß die Kirche von Jesus Christus, Gottessohn und Menschensohn, es sich nicht leisten dürfe, zu einem bürgerlichen Service-Unternehmen zu degenerieren.
Newman ging von folgenden drei *Grundsätzen* aus: »Zuerst das dogmatische Prinzip. Mein Kampf galt den Liberalen. Unter Liberalismus verstehe ich das antidogmatische Prinzip und seine Konsequenzen... Von meinem 15. Lebensjahr an war das *Dogma das Fundamentalprinzip* meiner Religion. Eine andere Religion kann ich mir nicht denken. Religion als bloßes Gefühl ist für mich Traum und Blendwerk... Das war das Grundprinzip der Bewegung von 1833. – Zweitens hatte ich ein festes Vertrauen in die Wahrheit einer bestimmt ausgesprochenen Glaubenslehre, die auf dieses Fundament des Dogmas gegründet war; daß es nämlich eine *sichtbare Kirche* gäbe mit Sakramenten und Riten, welche die Lebensadern der unsichtbaren Gnade sind. Dies hielt ich für die Lehre der Schrift, der frühen Kirche und des Anglikanismus... (Dabei) gründete ich das Bischofssystem auf die Briefe des heiligen Ignatius, die es in verschiedenen Formen einschärfen... – Der dritte Punkt meiner Einstellung vom Jahre 1833, den ich hernach in seinem vollen Umfang widerrufen und verdammt habe, betrifft meine damalige Ansicht von der *römischen Kirche*... Ich nannte die römische Kirche eine Verbündete der Sache des Antichrist.« An dieser letzten Ansicht hielt Newman trotz des Widerspruchs von Richard Hurrell Froude, der große Päpste des Mittelalters verehrte, bis 1843 fest.
Froude, Newmans engster Mitstreiter für eine Erneuerung der anglikanischen Kirche, konnte auch im folgenden Winter 1834/35 nicht in Oxford bleiben. Für eineinhalb Jahre ging er auf die Barbados-Inseln in den Antillen, um Heilung von seiner Tuberkulose zu suchen. Die Intensität der Korrespondenz zwischen beiden zeigt, welch große Unterstützung der ebenso asketisch wie theologisch kongeniale Freund für Newman hätte geben können.

Die Traktarianer waren durch ihre Offensive in die Situation geraten, von zwei Flanken angegriffen zu werden. Die Anhänger der protestantischen Richtung innerhalb der anglikanischen Kirche beschuldigten sie ihrer Nähe zur römisch-katholischen Lehre. Von den Römisch-Katholischen hingegen wurden sie der Inkonsequenz beschuldigt, den letzten Schritt zur wahren Kirche nicht zu machen. Newman sah sich vor der Aufgabe, die in der Tat mittlere Position der anglo-katholischen Bewegung als die einzig wahre sowohl aus historischer wie theologischer Sicht zu begründen. Er nannte sie die *Via Media* (d. h. Mittlerer Weg). In den Jahren 1834 bis 1836 widmete er sich dieser Arbeit in drei verschiedenen Darstellungsweisen.

Der Mittlere Weg

Zunächst verhandelte Newman die Glaubensposition der anglikanischen Kirche in einer Briefkontroverse mit dem französischen Kirchenhistoriker an der Sorbonne in Paris, Abbé Jean Nicolas Jager (1805–1868). Er erweiterte diese schriftliche Grundlage zu einem Vorlesungsmanuskript und hielt Vorträge über das prophetische Amt der Kirche. In der Seitenkapelle von St. Mary the Virgin, die den Namen des Stifters von Oriel, Adam de Brome, trug, richtete sich Newman einen kleinen Hörsaal ein. Vor einem ausgewählten Hörerkreis trug er seine Texte vor. Schließlich gab er sie in Buchform 1837 als »Vorlesungen über das prophetische Amt der Kirche« heraus, mit dem Untertitel: »betrachtet in Beziehung zum römischen und populären protestantischen System«. Durch die Argumentationsweise, bei der er sich auf die Heilige Schrift und auf die »apostolische Überlieferung« der ungeteilten Kirche des Altertums berief, hat dieses Werk grundlegenden Wert für die ökumenische Verständigung. Interessant bleibt die Unterscheidung zwischen einem *statischen Element* der Überlieferung christlicher Lehre, das Newman »bischöfliche Tradition« nennt und zu dem er zum Beispiel die Glaubensbekenntnisse zählt, und einem *dynamischen Element* der Überlieferung, das er »prophetische Tradition« nennt, zu dem er unter anderem die sich wandelnden liturgischen Texte und auch andere Lebensbekundungen der Kirche wie Verkündigung und Unterweisung zählt. Später, in den 40er Jahren, wird ihm aus der spannungsreichen Verbindung dieser beiden Prinzipien der Gedanke der Entwicklung der christlichen Lehre entspringen.

Das Jahr 1836 sollte für Newman in mehrfacher Hinsicht ein Jahr der Abschiede und Vereinsamung werden. Im Mai 1835 war Richard Hurrell Froude von den Antillen zurückgekehrt und für kurze Zeit nach Oxford gekommen, um bei der Abstimmung gegen die Zulassung von Nichtanglikanern an die Oxforder Universität teilzunehmen. Damals hielten die Fellows der Colleges die Uhr der Säkularisierung durch ihr Mehrheitsvotum für kurze Zeit an. Bei dieser Gelegenheit sah man Froude zum letzten Mal in Oxford. »Er war schrecklich dünn – sein Gesicht dunkel und verbraucht, aber mit einem Glanz des Ausdrucks und feinen Konturen... Er rief laut sein Non placet (d.h. Nein) mit all seinen Freunden um ihn herum. Solange er überhaupt lebte, mußte er intensiv leben.« Als er nach Dartington, dem Wohnort der Familie, zurückgekehrt war, nahm er schriftlich an den Vorgängen in Oxford teil, soweit es sein Gesundheitszustand zuließ. Newman besuchte ihn im Herbst des Jahres im Bewußtsein, daß es das letzte Mal war. Am 28. Februar 1836 starb Hurrell Froude. »Je länger ich lebe, desto mehr werde ich ihn vermissen«, schrieb Newman.

Im April heiratete Jemima Newman John Mozley, einen Buchdrukker und Verleger, mit dem sie nach Derby zog. Er war einer der vielen Mozley-Brüder, von denen Tom Mozley Fellow von Oriel und Newmans Schüler war. – Am 17. Mai starb Newmans Mutter nach nur kurzen Anzeichen des Unwohlseins. Sie hatte Newman einmal »die freundlichsten Wünsche zum Geburtstag gesandt, die eine Mutter ihrem Sohn entbieten kann, der immer ihr größter Trost in der Not war«. In diesem Sinne war bis zuletzt das herzliche Einvernehmen zwischen beiden geblieben. In der Pfarrkirche von Littlemore, zu der sie den Grundstein hatte legen dürfen, zeugt eine Erinnerungstafel von ihrer Bedeutung für Newman.

Als auch Newmans ältere Schwester Harriett von Rosebank in Iffley weg nach Derby ging, um dort bei ihrer jungverheirateten Schwester zu sein, stand das Newmansche Haus leer. Und das nicht nur vorübergehend; denn im Herbst des Jahres heiratete sie Tom Mozley, den Bruder ihres Schwagers, der zunächst Pfarrer war und später Chefredakteur der »Times« wurde. Newman war somit zum ersten Mal seit 23 Jahren frei von der Verantwortung für seine Familie. Von jetzt an hatte er keine andere Heimat mehr als Oriel. Er wohnte neben der Kapelle im zweiten Stock in zwei Zimmern. Ein Abstellraum führte direkt zur Empore. Whateley hatte ihn einst zum Trocknen von Heringen benutzt. Newman benützte ihn als Durchgang zum Besuch des Altarsakraments; denn durch Hurrell Froude war er zum Glauben an die wirkliche Gegenwart Christi im eucharistischen Sakrament gekommen.

»Gott will, daß ich einsam bin«, schrieb er in jenem Jahr an Harriett. In gewisser Weise war dies die konsequente Entwicklung seines Lebenslaufs mit geringen Schwankungen, die aber vor seinem dreißigsten Lebensjahr lagen. Den *Zölibat* hatte er nicht zuletzt durch Froude als eine apostolische Lehre und Übung anerkannt. Im März 1840 bekennt er: »All meine Gewohnheiten seit Jahren, meine Neigungen, sind auf den Zölibat gerichtet. Ich könnte an dieser Welt nie das Interesse haben, das die Ehe erfordert.« Das war im Zusammenhang mit der Niederschrift seiner Erfahrungen in Sizilien, als er sich fragte: »Werde ich wohl je in meinem Alter geistliche Kinder haben, die sich dafür so interessieren, wie eine Frau es tut?«

Newman setzte seine Abendvorlesungen in der Adam de Brome-Kapelle auch noch 1837 fort. Es ging um die *Frage der Rechtfertigung,* die durch eine Kontroverse im »Christian Observer« aufgeworfen worden war. Newman versuchte diese theologische Problematik – wie denn der in die Sünde und damit in die Gottesferne geratene Mensch für Gott akzeptabel werde – im Sinne einer Via Media zu beantworten. Er wollte weder die protestantische Auffassung ablehnen, wonach *allein der Glaube* den Menschen vor Gott annehmbar macht, wie Luther betonte; denn dadurch wurde das Mißverständnis ausgeräumt, als könnten Menschen durch ihre eigenen Werke aus dem Glauben ihr Heil wirken. Noch wollte er die römisch-katholische Auffassung ablehnen, wonach die Gnade Gottes den Menschen neu schafft und ihn als ein solches *neues Geschöpf in Christus* zum Reich Gottes berufbar macht. Vielmehr war ihm daran gelegen, durch die Erörterung beider Positionen die Lösung ihrer Gegensätze auf einer tieferen und gemeinsamen Grundlage zu suchen. – Die Versöhnung der beiden Lehrrichtungen suchte er durch die Orientierung an Texten der Heiligen Schrift und der Kirchenväter. Gott selbst in seinem persönlichen Wirken am Menschen war es, der aus dem Angehörigen sündiger Erdenbürger einen neuen Menschen, einen Erben des Himmelreichs machte und der ihm deshalb aufgrund dieser von ihm souverän geschenkten Gnade auch den Glauben ermöglichte. »Gerechtfertigt zu sein heißt eben, die Gottesgegenwart in uns empfangen.« Gott wohnt im Menschen also auf eine zweifache Weise: im natürlichen Sinne, weil er ja überall zugegen ist in seiner Schöpfung. Aber er wohnt im Christen auch im begnadenden Sinne, weil Christi heiligende Gegenwart in den Herzen der Getauften und Gefirmten aufstrahlt.

Newman hob die herrschenden Gegensätze zwischen den Konfessionen von der Sachebene auf die personale Ebene. Auf der Sachebene gab es den Gegensatz zwischen der Rechtfertigung einerseits oder der Heiligung andererseits; auf der höheren personalen Ebene blieb nur das Wirken Gottes selbst. Gottes personales Einwirken auf den persönlichen Menschen wird Newman später auch in seinem »Entwurf einer Zustimmungs-Grammatik« (1870) beschreiben. Er wird diesen Vorgang als Einprägen des Christusbildes in das Lebensprinzip des Menschen, seine Seele, darstellen. Darin nämlich vollende sich die eigentliche Umkehr oder Bekehrung des Menschen zu Gott. In der Einprägung dieses Image of Christ (d.h. Bild von Christus) zeige sich das Prinzip der Vergemeinschaftung, das die so Geprägten, die Christen, zur Gemeinschaft der Kirche zusammenfasse.

1838 veröffentlichte Newman seine »Vorlesungen über die Lehre von der Rechtfertigung«. Es wurde ein Buch mit einer weiten Wirkungsgeschichte. Er gab damit ein Beispiel bedeutsamer ökumenischer Theologie. Die Christenheit könnte es weiterbringen, wenn sie ihre Gegensätze nicht bekämpfen, sondern durch tieferes Glauben und Nachdenken auf das Geheimnis Gottes selber hin vertiefen würde. Darin bestünde die Lösung. »Eines der besten theologischen Bücher in diesem Jahrhundert«, nannte es der große Kirchenhistoriker seiner Zeit, Ignaz von Döllinger. Hans Küng rühmt in seiner Karl Barth-Untersuchung über Rechtfertigung und katholische Theologie Newman als Vorbild der Theologischen Analyse und sein Buch als eines »der besten Werke über die katholische Rechtfertigungslehre«.

Die Tracts taten ihren Dienst zur Anzettelung einer öffentlichen Diskussion über die Reformbedürftigkeit der Glaubenspraxis und vor allem über die Notwendigkeit einer unabhängigen Institution von Kirche in der englischen Christenheit. Die *Vorlesungen* Newmans hatten eine wichtige Funktion zur Fundierung und Ausarbeitung einer eigenen Theologie der Mitte für die anglo-katholische Bewegung der Traktarianer. In diesem Sinne wurde in der Zusammenkunft der Gemeinde bei *Gottesdienst* und Predigt die konkrete Bewährung neuer Praxis in der Marienkirche von Oxford vermittelt. Das entsprach Newmans Prinzip: »Der Sachverhalt, daß etwas wahr ist, ist kein Grund es auszusprechen, sondern es zu tun, danach zu handeln und es zum innersten Besitz zu machen.«

Predigten als Quelle der Kirchenreform

Newmans Predigten auf der Kanzel von St. Mary wurden in zunehmendem Maß zu einem Anziehungspunkt des universitären Lebens von Oxford. John Shairp (1819–1885), Professor für Poetik in

Oxford, beschreibt Newmans Predigtweise im Rückblick: »Wenn er anfing zu predigen, so war ein Fremder wohl nicht sogleich hingerissen, besonders, wenn er eine Kanzelberedsamkeit nach Art der Donnersöhne gewohnt war. Hier gab es keine Heftigkeit, keine Deklamation, keine Entfaltung erhabener Beweisführung, so daß jemand, der die Offenbarung eines großen Geistes erwartet hatte, enttäuscht werden mußte... Der Vortrag hatte eine Eigenart, die neue Hörer nur langsam erfaßten. Jeder einzelne Satz oder wenigstens jeder größere Abschnitt wurde schnell gesprochen, aber mit klarer Betonung, am Ende war jedes Mal eine Pause von wenigstens einer halben Minute, dann kam ein anderer schnell, aber klar gesprochener Satz, dann wieder eine Pause. Man mußte sich daran gewöhnen, aber wenn man das getan hatte, ging einem der wunderbare Reiz dieser Art auf. Der Blick und die Haltung des Predigers waren die eines Menschen, der abseits stand, der, obgleich er seine Zeit gut kannte, doch nicht in dieser Zeit lebte. Aus der Einsamkeit seiner Studien, seiner Askese, seiner Gebete, aus der Gewohnheit heraus, im Ungesehenen zu wohnen, schien er einmal in der Woche den andern von den Dingen künden zu wollen, die er geschaut und erkannt hatte.« – Newman hatte eine außergewöhnliche Vorstellungskraft für die Wirklichkeit dessen, worum es im Evangelium ging, und große Erfahrung in der Verwirklichung der ethischen Zucht, die das Evangelium als Lebensstil des Neuen Menschen forderte. Sein Einfühlungsvermögen in die Situation seiner Hörer andererseits, in die Grundströmungen der Gesellschaft, sein Sinn für das, was an der Zeit war, ließen ihn die besonderen Themen finden, die seine Predigten auszeichnen. Das waren die Themenschwerpunkte der Jahre 1829 bis 1833: das Horchen auf Gott und ihm Gehorchen, das Suchen nach der Wahrheit Gottes, das Ertragen von Enttäuschungen, die die Welt einem bereitet, die Forderung nach Echtheit, nach Heiligkeit, nach Gebet, und die Auseinandersetzung mit den Spannungen zwischen dem Glauben und der Vernunft, aber auch zwischen dem Glauben und den Gefühlen. Als er 1834 einen ersten Band seiner Pfarrpredigten veröffentlichte, war er in neun Monaten ausverkauft und mußte in kurzer Zeit mehrfach neu aufgelegt werden. Ähnlich ging es mit dem zweiten und dem dritten Band, die bis Ende 1835 erschienen; die folgenden drei veröffentlichte er zwischen 1839 und 1842. Später kam Newman zu der Erkenntnis: »Ich glaube tatsächlich, daß mein Einfluß auf Menschen, die mich nie gesehen haben, unendlich viel größer war als auf die, die mich sahen.«

Von beispielhafter Wirkung war Newmans Predigt über »Die Wagnisse des Glaubens«, die er an seinem Geburtstag, dem 21. Februar

1836, hielt. Sie handelt von dem Matthäus-Text 20, 22; Jesus fragt zwei seiner Apostel: »Könnt ihr den Kelch trinken, den ich trinken werde? – Sie sprachen zu ihm: Wir können es.« Henry Wilberforce (1807–1873), einer seiner Schüler aus der Tutorzeit in Oriel, schreibt über diese Predigt: »Er begann mit einer ruhigen klangvollen Stimme, deren Ton sich allmählich hob, so wie der Redner durch seinen Gegenstand erwärmt wurde; es schien dann, als ob seine Seele und sein Körper glühten in kraftvoll unterdrückter Erregung. Zuweilen hielt er an den ergreifendsten Stellen plötzlich inne, ohne seine Stimme zu senken, für einen Augenblick, der aber lange zu sein schien, und dann sprach er mit neu gesammelter Kraft und Feierlichkeit einige gewichtige Worte. Sogar der Klang seiner Stimme schien anzudeuten, daß da mehr war als sein Eigenes. Es gibt heute noch viele, die beim Lesen der Predigten in diesen Bänden die damaligen Szenen wieder erleben: die große Kirche, die Gemeinde, die sie ganz anfüllte, alle atemlos in ihrem erwartenden Aufmerksamsein. Das Gaslicht zur Rechten der Kanzel war heruntergedreht, damit der Redner nicht geblendet werde – vielleicht standen sie damals selbst unter dem Halbdunkel der Galerie –, und dann die Pause, ehe die Worte in der Predigt ›Wagnisse des Glaubens‹ sie erschütterten: ›Sie sagten zu ihm: Wir können es...‹.«

Im Zentrum eben dieser Predigt wird Newman ganz konkret: »Jeder meiner Hörer möge sich die Frage vorlegen, was er auf die Wahrheit der Verheißung Christi hin eingesetzt hat. Wir wissen, was es heißt, in irgendeinem Unternehmen dieser Welt zu investieren. Wir riskieren unser Eigentum bei Projekten, die Erfolg versprechen... Was haben wir für Christus gewagt? Ich hege die tatsächliche Befürchtung, bei einer etwaigen Überprüfung stellt sich heraus, daß es nichts gibt, wozu wir uns entschließen, nichts, was wir tun, nichts, was wir unterlassen, nichts, was wir meiden, nichts, was wir wählen, nichts, was wir aufgeben, nichts, was wir unternehmen, nichts, wozu wir uns nicht entschließen würden, was wir nicht täten, nicht unterließen, vermieden, wählten, aufgäben und unternähmen, wenn Christus nicht gestorben und der Himmel uns nicht verheißen wäre. Ich fürchte wirklich, daß die meisten sogenannten Christen, wie immer ihr Bekenntnis sein mag, was sie immer an Gefühlen zu haben glauben, was sie immer an Wärme und Erleuchtung und Liebe für sich in Anspruch nehmen mögen, dennoch so leben, fast wie sie leben würden, weder viel besser noch viel schlechter, wenn sie das Christentum für eine Fabel hielten. – In jungen Jahren überlassen sie sich dem Trieb oder jagen wenigstens weltlichen Vergnügen nach; mit fortschreitenden Jahren arbeiten sie sich in das Geschäftsleben ein oder betreten einen anderen Weg, um Geld zu verdienen; dann heiraten sie und gründen eine Familie; und da sich bei ihnen Interesse und Pflicht paaren, scheinen sie ehrsame und religiöse Menschen zu sein und halten sich auch dafür. Sie lieben die Verhältnisse wie sie sind; sie beginnen, Eifer gegen Laster und Irrtum zu entwickeln, und bestreben sich, mit allen Menschen in Frieden zu leben. Solches Verhalten ist insoweit recht lobenswert. Nur behaupte ich, hat es mit Religion nicht notwendigerweise etwas zu tun. Es enthält nichts, was in seinen Trägern irgendwie vom Vorhandensein religiöser Grundsätze zeugte. Es gibt nichts, was sie nicht weiterhin täten, obwohl sie nichts anderes davon profitieren, als was sie jetzt auch gewinnen. Etwas springt auch jetzt für sie heraus. Sie befriedigen ihre Wünsche, sie führen ein ruhiges und geordnetes Leben, denn das ist ihr Interesse und ihr Geschmack. Aber sie wagen nichts, riskieren nichts, opfern nichts, geben nichts auf um des Glaubens willen an Christi Wort.«

»Seine Predigten ließen den Hörer an das denken, was der Redner sagte und nicht an die Predigt oder an den Prediger«, sagt Richard William Church, der spätere Dekan der St. Pauls-Kathedrale in London über seine Erfahrung. Auch er war Ohrenzeuge jener Predigt von den Wagnissen des Glaubens. Eine Generation jünger als Newman, war er eine Zeitlang mit innerer Distanz zu dessen Predigten gekommen, weil er der Mode, zum Vier-Uhr-Gottesdienst nach St. Marien zu gehen, kritisch gegenüberstand. Später wurde er ein regelmäßiger Besucher und ein Freund Newmans. Die Predigt über die Wagnisse wurde für ihn zum Anlaß für »seine erste große praktische Bemühung um Selbstverleugnung. Es schien ihm, wenn er zurückblickte, so, als sei sie eine Art Wendepunkt in seinem Leben gewesen.«

Im Herbst des Jahres 1836, das für ihn persönlich durch den Tod zweier geliebter Menschen und den Verlust des Zuhauses von so weittragenden Folgen war, sprach Newman über »die Größe und Kleinheit des christlichen Lebens«: »Daß wir unsterbliche Geistwesen sind, unabhängig von Zeit und Raum, und daß dieses Leben nur eine Schaubühne ist, auf der wir eine Zeitlang auftreten, das seinen hinreichenden Zweck nur darin hat, uns zu erproben, ob wir Gott dienen wollen oder nicht. Wir sollten bedenken, daß wir in keinem volleren Sinn in dieser Welt stehen als der Spieler in seinem Spiel, und daß das Leben nur ein Traum ist, so getrennt und verschieden von unserer wahren ewigen Existenz wie ein Traum verschieden ist vom Zustand des Wachens; wohl ein ernsthafter Traum, da er den Stoff liefert zu unserem Gericht... – Die Spieler wissen, daß die

John Henry Newman, 1844: Zeichnung von George R. Richmond.

J. H. Newman, 1845: Miniatur von Sir William Ross.

Rollen, die sie darstellen, nicht sie selber sind und daß sie zwar von unterschiedlichem Rang, König oder Bauer, zu sein scheinen, in Wirklichkeit aber alle auf gleicher Stufe stehen. Das eine Verlangen, das uns beseelt, sollte sein: erstlich, Ihn von Angesicht zu Angesicht schauen zu dürfen, der jetzt vor uns verborgen ist; sodann, in Ihm und durch Ihn in immerwährender und unmittelbarer Gemeinschaft mit unseren Freunden leben zu dürfen, die wir im gegenwärtigen Zustand nur durch die Vermittlung der Sinne kennen, durch brüchige und dürftige Kanäle, die uns wenig Einblick in ihr Herz gewähren. – Das sind die richtigen Empfindungen gegenüber dieser verlockenden, jedoch trügerischen Welt.«

Unermüdlich sucht Newman seinen Hörern *die symbolische Wirklichkeit dieser Welt* erfahrbar zu machen, ihre Transparenz für den unsichtbaren Gott. So in der Predigt vom Juli 1837 über »Die unsichtbare Welt«. Der Frühling ist für Newman ein besonders deutliches Gleichnis: »Einmal nur im Jahr, immerhin einmal, enthüllt die sichtbare Erde ihre verborgene Kraft und offenbart sich gewissermaßen. Dann quellen die Blätter hervor und die Blüten der Fruchtbäume und die Blumen; Gras und Korn schießen empor. Ein plötzliches Schwellen und Aufbrechen jenes verborgenen Lebens beginnt, das Gott in die stoffliche Welt gelegt hat. Das zeigt euch nun im Beispiel, wozu sie auf Gottes Befehl imstande ist, wenn er sein Wort ergehen läßt. Diese Erde, die da in Blättern und Blüten sprießt, wird eines Tages aufblühen in eine neue Welt des Lichtes und der Herrlichkeit, in der wir Heilige und Engel wohnen sehen... Wie verschieden ist ein Baum, wie verschieden sein Anblick, wenn er in Blättern steht und wenn sie fehlen! Wie unwahrscheinlich möchte es uns zuerst vorkommen, daß die dürren und nackten Äste sich plötzlich in ein so leuchtendes frisches Gewand kleiden sollen! Aber zu der von Gott bestimmten Zeit sprossen Blätter an den Bäumen...So ist es mit dem Kommen jenes Frühlings, auf den alle Christen warten... Die Erde, die wir sehen, genügt uns nicht; sie ist nur ein Anfang; sie ist nur die Verheißung eines Höheren; ... Wir wissen, es liegt viel mehr in ihr verborgen, als wir sehen. Eine Welt von Heiligen und Engeln, eine herrliche Welt, ein Palast Gottes, der Berg des Herrn der Scharen, das himmlische Jerusalem, der Thron Gottes und Christi: all diese Wunder, ewig dauernd, über alles kostbar, geheimnisvoll und unfaßbar, liegen in dem verborgen, was wir erblicken.«

Weil diese Welt der Ort des Kampfes und der Bewährung ist und weil Christen die große Verheißung erhalten haben, gehört nach Newman zu ihrer fundamentalen Tugend das Wachen und Harren auf die Ankunft Gottes. Wie das Suchen nach der Wahrheit, wie

das Ausschau-halten nach dem *Licht,* so ist das *Wachen und Beten* zu seinem Losungswort geworden. Im Advent des Jahres 1837 sagt er zu seiner Gemeinde: »Der ist wach für Christus, der ein empfindendes, sehnsüchtiges und fühlendes Herz besitzt: der mit frischer Kraft, mit scharfsichtigem Eifer darauf bedacht ist, Ihn zu suchen und zu ehren; der in allem, was geschieht, nach Ihm ausschaut und nicht überrascht, nicht allzu erregt oder überwältigt wäre, wenn er entdeckte, daß Er plötzlich käme. – Und der wacht mit Christus, der in die Zukunft, zugleich aber auch in die Vergangenheit blickt, der bei der Betrachtung dessen, was sein Erlöser für ihn erwarb, nicht vergißt, was er für ihn gelitten hat. Der wacht mit Christus, der den Gedanken an Christi Kreuz und Todesangst stets in sich trägt und in seiner eigenen Person nachvollzieht... – Das also heißt wachen: vom Gegenwärtigen losgeschält sein und dem Unsichtbaren leben; im Gedanken an Christus leben, wie er einstens kam und wie er wiederkommen wird...«
Im Jahre 1838 versetzten Newman und Keble ihre Zeitgenossen in Aufregung mit der Veröffentlichung von Richard Hurrell Froudes hinterlassenen Predigten, Tagebüchern und sonstigen Schriften, die sie »Remains« (d.h. Hinterbliebenes) nannten und die Froudes Liebe zur Kirche des Mittelalters ebenso zeigten wie seine strenge persönliche Lebensführung. Der hochintelligente junge Mann aus vornehmem Hause predigte nicht nur über das Thema »Die Kenntnis unserer Pflicht ist nur erreichbar durch ihre Befolgung«, sondern lebte auch nach dem Vorsatz seines Tagebuchs: »Sobald ich aus der Reichweite des Beobachtetwerdens bin, will ich eine Art mönchisch-strengen Lebens beginnen...« In seinem persönlichen Exemplar der vierbändigen »Remains« steht von Newmans Hand der Vers: »So viel Gebliebenes einer zerbrechlichen Liebe, die vorüber – so viele teure Zeichen einer endlosen Liebe, die begonnen.«

Die Feier der Gottesdienste erneuern

Aus Froudes Nachlaß hatte sich Newman dessen *römisches Brevier* ausgewählt. Einst hatten sie zusammen in den Vorlesungen von Charles Lloyd über die Herkunft des anglikanischen »Book of Common Prayer« (d.h. Allgemeines Gebetbuch) aus römisch-katholischen Formularen des Mittelalters gehört. Nun wurde es Vermächtnis der Freundschaft und Beginn neuer Gebetspraxis zugleich. »Ich nahm es also, studierte es, schrieb meinen Traktat darüber und habe es bis zu diesem Tag auf dem Tisch zum beständigen Gebrauch«, schrieb er in seiner »Apologia« 1864. Gemeint ist

Tract 75, der 1836 erschien, »Über das römische Brevier als Verkörperung der Substanz der Gottesdienste der katholischen Kirche«. In dem über 200 Seiten starken Traktat plädiert Newman dafür, das Stundengebet der Kirche – gereinigt von den römischen Zusätzen – als gemeinsames Erbe der Christenheit in der anglikanischen Kirche zu übernehmen, und gibt eine Fülle von gottesdienstlichen Formularen für die Praxis der Gemeinde im Anhang mit. –
Die Erweiterung des gottesdienstlichen Lebens war Newman ja schon an seiner ersten Stelle in St. Clement ein Anliegen, weshalb er auch einen zweiten Predigtgottesdienst an Sonntagen einführte. Seine Gemeinde von St. Mary überraschte er am 2. November 1834 mit der Ankündigung, er werde in Zukunft nicht mehr nur an Sonntagen Gottesdienste in der Kirche halten, sondern täglich. »›Meine Seele dürstet nach Gott, nach dem lebendigen Gott; wann werde ich kommen und erscheinen vor Gottes Angesicht?‹ (Ps 41, 2); lernt *das* empfinden, und ich mache mir keine Sorgen um euer Kommen; ihr werdet kommen, wenn ihr könnt. – Mit diesem Gedanken in meinem Innern entschloß ich mich, persönlich den täglichen Gottesdienst hier abzuhalten, damit alle, die kommen möchten, Gelegenheit haben, vor Ihm zu erscheinen. Ich entschloß mich, ihn abzuhalten, ohne auf Teilnehmer zu warten, ganz unabhängig von allem, so wie es unsere Kirche vorschreibt... – Wenn ich daher den täglichen Gottesdienst einführe und fortsetze, so will ich den erzielten Erfolg nicht an Äußerlichkeiten messen und tue es auch nicht. Wollten wir warten, bis die ganze Welt zum Gottesdienst kommt, dann müßten wir warten, bis die Welt neu geschaffen ist.« Im folgenden Jahr 1835 sprach er über den mäßigenden Sinn und erzieherischen Einfluß der Liturgie, die subjektiven Überschwang und religiöse Übererregungen in die rechten Wege leitet. 1837 erklärte er Gottes Wirken durch die Feier des Sakraments der Taufe und im folgenden Jahr sprach er über »Fasten und Feste«. Das war das Jahr, in dem er seinem Tagebuch anvertraut, daß er zum ersten Mal Beichte gehört und die Absolution gespendet hat.
So kam durch Newmans Predigt und Liturgie im Bereich seiner eigenen Gemeinde zu Oxford jene Wiedererweckung der ursprünglichen Fülle katholischen Lebens in Glaube und Gottesdienst zustande, die durch die Traktate im ganzen Land verbreitet und verwirklicht werden sollte. Es war keineswegs immer leicht, und er war nicht immer erfolgreich bei seinen Reformen. So gesteht er später, wie häufig er beim morgendlichen Stundengebet mit nur wenigen Leuten im Chor von St. Marien allein war und welche Mühe es ihn kostete, die einmal begonnene Praxis durchzuhalten.

Von 1838 an gab Newman auch die kirchliche Vierteljahreszeitschrift »British Critic« heraus, die unter seiner Regie bei aller Offenheit gegenüber Autoren verschiedener Richtungen doch das Sprachrohr der Oxford-Bewegung wurde. Jedenfalls war Newman 1838/39 *auf der Höhe seines Einflusses in der anglikanischen Kirche.* In einem Artikel, den er in der Frühjahrsnummer von 1839 in der »British Critic« über den »Stand der religiösen Parteien« schrieb, heißt es über die Via Media als neue anglo-katholische Bewegung: »Wenn ich eine vollständige Liste der in der kurzen Zeitspanne von fünf Jahren herausgegebenen Werke aufstellen müßte, so wäre man überrascht. Man würde sehen, welch eine Aufgabe es ist, das System (der Via Media) selbst in seinem gegenwärtigen, wahrscheinlich noch unvollkommenen Zustand ganz erfassen zu wollen... Die Ausbreitung dieser Lehren macht jetzt in der Tat alle anderen Unterschiede (in der anglikanischen Kirche) gegenstandslos und scheidet die religiöse Gemeinschaft in zwei Teile, die einander grundsätzlich und scharf gegenüberstehen... Es gibt wenig Städte von Bedeutung, wo sie nicht verbreitet worden sind.« – Von sich selbst sagt Newman: »Im Frühling 1839 hatte meine Stellung in der anglikanischen Kirche ihren Höhepunkt erreicht. Ich hatte das größte Vertrauen in die prinzipiellen Grundlagen meiner Polemik und einen großen und immer wachsenden Erfolg, wenn ich andere dafür zu gewinnen suchte.« Ganz offenkundig war er auch zufrieden mit dem, was er bewirkt hatte, zumal wenn er sich eine wachsende Wirkung in der Zukunft vorstellte. »So lebte ich jahrelang fort bis 1841. Menschlich betrachtet war es die glücklichste Zeit meines Lebens. Ich war wirklich daheim. In einem meiner Bücher habe ich die Worte Bramhalls: ›Die Bienen lieben aus natürlichem Instinkt ihre Körbe und die Vögel ihre Nester‹, auf mich selbst angewandt. Ich erwartete durchaus nicht, daß diese sonnigen Tage fortdauern würden, wußte aber auch nicht, welches ihr Ende sein werde.«

Was brachte die Veränderung? Wieso kann er in der Rückschau zu jenem zitierten Artikel in der »British Critic« sagen, er enthalte »die letzten Worte, die ich als Anglikaner zu Anglikanern gesprochen habe«?

> »Daß schon jahrelang so etwas wie eine angewöhnte, freilich verborgene Erkenntnis in mir geschlummert haben muß, ... mein Geist habe seine endgültige Ruhestätte noch nicht gefunden und ich sei in dieser oder jener Hinsicht noch ein Wanderer.«

Newman hatte 1839 die Fastenzeit besonders aufmerksam eingehalten, an manchen Tagen sich bis fünf Uhr nachmittags jeder Speise enthalten und in der Karwoche diese Übungen noch gesteigert. Er wollte damit einer weiteren Praxis der frühen Kirche wieder Leben geben und begann, damit selbst Erfahrungen im Fasten zu machen. »Selbstverleugnung zur zweiten Natur« des Christen werden zu lassen war sein Ziel, das er auch in seinen Predigten vertrat. So werde der Mensch aufmerksamer auf den Anruf Gottes.
Dabei war er sich durchaus des theologischen Stellenwerts solcher Übungen bewußt: »Wir können die Mittel benützen – Gott allein aber ist es, der sie segnet... Streben wir nach jener beharrlichen Geisteshaltung, die auf Gott schaut und sich auf die Herrlichkeit freut, die offenbar werden wird...!«
Im Mai erschloß er seiner Zuhörerschaft das Panorama der *Heilsgeschichte,* wie es die Gemeinde selbst im Verlauf der hinter ihr liegenden Ereignisse des Kirchenjahres gefeiert hatte. »Zuerst feierten wir das Nahen Christi in den Adventswochen, dann nach der wunderbaren Empfängnis seine Geburt aus der gebenedeiten Maria an Weihnachten, dann seine Beschneidung, seine Offenbarung vor den Weisen, seine Taufe und den Anfang seiner Wunder, seine Darstellung im Tempel; in der Fastenzeit sein Fasten und seine Versuchung in der Wüste, seine Todesangst im Garten, den Verrat an ihm, seine Verspottung und Geißelung, sein Kreuz und Leiden, sein Begräbnis, seine Auferstehung, seinen vierzigtägigen Umgang danach mit den Jüngern, dann seine Himmelfahrt, endlich die Herabkunft des Heiligen Geistes, damit er statt seiner bei der Kirche bis zum Ende bleibe –, bis zum Ende der Welt... Alle Werke der göttlichen Vorsehung, alles Walten Gottes, alle seine Gerichte, Gnadenerweise, Warnungen, Befreiungen streben hin auf den Frieden und die Ruhe als ihr letztes Ziel. Alle unsere Bedrängnisse und Freuden hienieden, alle unsere Besorgnisse, Befürchtungen, Zweifel, Schwierigkeiten, Hoffnungen, Ermutigungen, Züchtigungen, Verluste, Gewinne zielen auf diesen einen Weg hin...
Nach dem Fieber dieses Lebens, nach Ermüdung und Krankheit, nach Kampf und Mutlosigkeit, Schwäche und Verdruß, Ringen und Versagen, Ringen und Gelingen, nach all dem Wechsel und

Hoffen dieses mühseligen, unheilbringenden Zustandes kommt endlich der Tod, endlich der weiße Thron Gottes, endlich die selige Anschauung. Nach der Ruhelosigkeit kommen Ruhe, Friede, Freude; – unser ewiger Anteil, wenn wir seiner würdig sind; – der Anblick der gebenedeiten Drei, des Einen Heiligen; der Drei, die Zeugnis geben im Himmel; im unzugänglichen Licht, in der Herrlichkeit ohne Flecken und Makel, in der Kraft ohne ›Veränderung oder Schatten von Veränderlichkeit‹ (Jakobus 1, 17).«

In der Zeit dieses Jahres 1839, während seiner Ferienzeit, wandte er sich wieder seiner Vorliebe zu, dem Studium der Väterkirche. Im Zusammenhang mit der von E. B. Pusey und ihm herausgegebenen Bibliothek der Kirchenväter vertiefte er sich in die Geschichte des Monophysitismus (d. h. Lehre von der einen Natur), einer Irrlehre. Deren gemäßigte Vertreter glaubten, in Jesus seien Gottheit und Menschheit zu *einer* Natur verschmolzen, so wie Seele und Leib einen Menschen ausmachen. Radikaler waren die Anhänger eines gewissen Eutyches (378 – nach 451), die glaubten, Jesus Christus sei nur Gott und nicht auch Mensch gewesen. Im Jahre 451 wurde eigens das Konzil von Chalkedon zur Abklärung dieser fundamentalen Glaubensfrage der frühen Christenheit einberufen. Es war das Verdienst des Papstes Leo des Großen (440–461), daß er die wahre Lehre betonte und unverrückbar festhielt, daß die wahre Menschheit und die wahre Gottheit in der Person Jesu Christi »unvermischt und ungetrennt« vereinigt seien. Die historischen Sachverhalte dieser Auseinandersetzung studierte nun Newman aus den griechischen Originalquellen. Dabei machte er eine seltsame Entdeckung, die ihn in der historischen Szene von Kleinasien die Situation Oxfords erblicken ließ. »Ich war ganz vertieft in die Lehrfrage. Das dauerte etwa vom 13. Juni bis 30. August (1839). Während dieses Studiums kam mir zum ersten Mal ein Zweifel an der Möglichkeit, am Anglikanismus festzuhalten. Ich erinnere mich, daß ich am 30. Juli einem Freund gegenüber, dem ich zufällig begegnet war, die Äußerung tat, wie merkwürdig die Geschichte sei... Ich fand anscheinend hier, in der Mitte des 5. Jahrhunderts, das Christentum des 16. und 19. Jahrhunderts gespiegelt. Ich sah mein Gesicht in diesem Spiegel und ich war Monophysit. Die Kirche der Via Media nahm dieselbe Stellung ein wie die orientalische Gemeinschaft (der Gemäßigten). Rom war dasselbe damals, was es jetzt ist. Die Protestanten waren die Eutychianer. Seit die Welt besteht, ist zwar schon viel Merkwürdiges passiert, aber wem wäre je der Gedanke gekommen, sich durch Worte und Handlungen des alten Eutyches ... nach Rom führen zu lassen?«

Noch stand Newman unter diesem Eindruck, da erhielt er Besuch von einem Freund, der durch Oxford kam und ihn auf einen Artikel Nicholas Wisemans (1802–1865) hinwies –, ehemals Rektor des englischen Kollegs für Priesterkandidaten in Rom und jetzt katholischer Bischof für die englischen Midlands mit Sitz in Oscott bei Birmingham. In der von ihm neu gegründeten theologischen Vierteljahreszeitschrift »Dublin Review« beschrieb Wiseman unter anderem die Geschichte der Donatisten, einer Irrlehre im Afrika Augustins (354–430). Im Verlauf seiner Auseinandersetzungen hatte Augustin gegen die Donatisten darauf verwiesen, daß die Fülle der katholischen Wahrheit – und damit meinte er die zuverlässige Überlieferung der wahren Offenbarung Gottes – nicht bei einer Teilgruppe von Christen zu finden sei, die sich vom Gesamt der allumfassenden, d. h. katholischen Kirche getrennt hätten. »*Zuverlässig urteilt der Erdkreis,* daß die, die sich von ihm ... trennen, nicht gut seien« (Securus iudicat orbis terrarum bonos non esse qui se dividunt ab orbe terrarum). Nun hielt Newman nach seinen eigenen sorgfältigen Studien Augustinus für »eine der vorzüglichsten Stimmen der Alten Kirche«. Deshalb traf ihn dieses Argument besonders stark. Immer hatte er an die Alte Kirche als Quelle der noch unverfälschten Lehre Jesu Christi appelliert. Genau diese Kirche aber sagte ihm nun durch Augustinus: »Das wohlüberlegte Urteil, in dem die ganze Kirche schließlich übereinstimmt und zur Ruhe kommt, stellt ein unfehlbares Gebot und einen endgültigen Schiedsspruch gegen solche Teile (der Kirche) dar, die sich auflehnen und abfallen.« – »Ich muß bekennen, daß es mir Magenschmerzen verursacht hat«, gibt er im September des Jahres einem Freund gegenüber zu. »Du verstehst, die ganze Geschichte der Monophysiten war schon eine Art Umstellung. Und jetzt kam auch noch diese Dosis dazu. Es überkommt einen die Gewißheit, daß wir noch nicht auf dem Grund der Sache sind. Im Augenblick haben wir ein Leck bekommen... Es hat sich ein ungemütlicher Ausblick aufgetan, der vorher zu war.«

Vielleicht brauchte Newman Tapetenwechsel, als er sich um diese Zeit, nach einem Jahr ununterbrochenen Dienstes in Oxford, für einige Tage davonmachte, um Freunde zu besuchen. Das sollte für ihn die Lage weiter zuspitzen. Einer seiner traktarianischen Freunde, John B. Morris (1812–1880), Puseys Assistent von Exeter College, übernahm in seiner Abwesenheit den Predigtdienst in St. Mary's. Er schaffte es, durch seine extremen Ansichten über Fasten und Engel Oxford in Aufruhr zu versetzen. Daß er zudem von der Kanzel von St. Mary's die römisch-katholische Lehre von der Messe vortrug, führte zum Einschreiten des Vizekanzlers der Universität. Selbst der Bischof von Oxford meldete sich zu Wort. –

Newman war verärgert und schrieb: »Soll er doch ein Pferd haben, das fastet, wenn er das nächste Mal ein Hindernisrennen macht!« Denn die Angriffe richteten sich natürlich auf ihn. In einem Brief an seine Schwester überlegte er, ob er nicht einfach das Pfarramt aufgeben solle. Er dachte noch konsequenter: Einerseits »dürfen wir die Sache Ihm überlassen, der alle Dinge richtig leitet«, andererseits »könnte ich mir vorstellen, daß es soweit kommt, mich sogar zum Aufgeben meiner Fellow-Stelle zu veranlassen«.

Doch zunächst konzentrierte sich Newman auf dieses eine: die neuen Einsichten zu überprüfen, die die letzten Monate gebracht hatten, ob sie wirklich in die Richtung des wahren Weges zeigten. »Die Zeit allein kann diese Frage beantworten«, sagte er. »Ich dachte an Samuel, der zuerst die Stimme des Herren nicht erkannte; darum ging ich hin und legte mich wieder schlafen.« Wenn es ernst gewesen war, würde sich die Stimme wieder melden.

In der Folgezeit setzt sich Newman scharf mit Wiseman und anderen Katholiken auseinander, die Konversionserwartungen an die Anglikaner hatten. Die Verunsicherung, ob die Via Media der anglikanischen Kirche haltbar sei, schlug sich bei Newman in einem *harscheren Ton gegen Rom* nieder. So versuchte er, der öffentlichen Meinung, die Traktarianer seien auf dem Weg, sich der Kirche von Rom anzuschließen, zu kontern. In seinem Artikel »Über die Katholizität der englischen Kirche« in der »British Critic« heißt es: »Wir sehen, wie Rom versucht, Konvertiten unter uns zu gewinnen: durch unwahrhafte Darstellung seiner Lehren, durch gefällige Behauptungen, durch kühne Versicherungen, durch Berufung auf die Schwächen der menschlichen Natur... Wir sehen seine Agenten lächeln und sich bücken und mit dem Kopfe nicken, wie es die Zigeuner mit Knaben machen, die Schule schwänzen. Wir sehen, wie sie Kindermärchen und hübsche Bilder feilbieten, vergoldete Pfefferkuchen, Medikamente versteckt in Konfitüre und verzukkerte Pflaumen für brave Kinder. – Wer kann etwas anderes als Scham empfinden, wenn er die Religion eines (Cisneros) Ximenes, eines Karl Borromaeus, eines Pascal so mißbraucht sieht?... Wir Engländer lieben Männlichkeit, Offenheit, Beständigkeit und Treue. Rom wird niemals bei uns Fuß fassen, wenn es diese Tugenden nicht lernt und anwendet...« – Seine Schwester Jemima spendete ihm Beifall für diesen im Januar 1840 veröffentlichten Aufsatz. Und er schrieb ihr zurück: »Ich freue mich, daß Du meinen Artikel magst.«

Zwei Monate später, im März 1840, zog sich Newman von Oxford nach *Littlemore* zurück, um sich dort wiederum durch strenges Einhalten der *Fastenzeit* auf Ostern vorzubereiten. Er aß weder

Fisch noch Fleisch, kein Gemüse und kein Gebäck, nahm weder Tee noch Bier oder Wein zu sich. Zum Frühstück nahm er Brot mit Ei und heiße Milch, zum Mittagessen Brot, Käse, Speck und Wasser, abends Brot und Ei mit Gerstensaft. Mittwochs und freitags aß er nicht vor 18 Uhr, und so hielt er es auch die ganze Karwoche hindurch.

Doch fühlte er sich bei all dem sehr wohl und hielt regelmäßig die Gebetszeiten des Stundengebets. Er ging in die Schule und unterrichtete die Kinder nicht nur im Katechismus und in liturgischen Gesängen – dazu hatte ihm Jemima eine alte Geige besorgt –, sondern kämpfte auch »gegen ungekämmtes Haar, schmutzige Gesichter und Hände«.

Ein Augenzeuge berichtet über seine Sonntagsschule: »Newmans Katechesetätigkeit war die größte Attraktion in dieser Fastenzeit. Die Leute gingen jeden Sonntag von Oxford hinaus, um es zu hören. Ich hörte ihn letzten Sonntag und fand es sehr treffend, mit solchem Esprit gemacht; die Kinder waren auf der Hut und antworteten mit größter Lebendigkeit.«

Obwohl Keble Newman riet, seine Pfarrei in Oxford nicht aufzugeben, weil er sonst die umgehenden Gerüchte über seine Tendenz zur Kirche von Rom nur noch bestätigen würde, spielte er in dieser Zeit immer wieder mit dem Gedanken, sich in Littlemore anzusiedeln, »in absehbarer Zeit ein klösterliches Gebäude zu errichten und gegebenenfalls auch seine Fellow-Stelle aufzugeben«. Es gelang ihm schließlich, eine einfache Blockhausanlage ehemaliger Stallungen zu kaufen, zu denen eine Scheune gehörte. Er ließ die Räume zu Einzelzimmern umbauen, den größten zu einer Bibliothek.

Im Sommer des Jahres 1840 ging Newman noch einmal den Zusammenhängen von *Glaube und Vernunft* nach, und in einer seiner Oxforder Universitätspredigten über »Implizite und explizite Vernunft« suchte er zu zeigen, wie wir »Rechenschaft von unserem Glauben zu geben haben« (1 Petr 3, 15). Er machte darauf aufmerksam, daß im Glaubensakt Denkprozesse eingeschlossen und verborgen bleiben können, die durchaus der Ausfaltung würdig und wert sind, die sich der eine oder andere Gläubige bewußtmachen wird, aber nicht muß. Er knüpfte an die Thematik von Predigten der gleichen Serie vom Januar 1839 an. Zugleich bereitete sich damit die umfassende Idee von der Ausfaltung eines unentfalteten Gedankens vor, Newmans »Lehre von der Entwicklung«, die er in seiner letzten Oxforder Universitätspredigt »Die Theorie der Entwicklung in der religiösen Lehre« am 2. Februar 1843 darstellte. – Während der Entwicklungsgedanke ihn in den folgenden Jahren existentiell beschäftigen sollte, konnte er seine Einsichten über den Zusammenhang von Glaube und Vernunft erst Jahrzehnte später zwischen 1860 und 1870 zur vollen Reife bringen.

Zwischen der anglokatholischen Position und den protestantischen Kreisen innerhalb der anglikanischen Kirche stand nun sozusagen die entscheidende Problematik an, die bisher immer wieder aufgeschoben worden war: Welchen Stellenwert haben die XXXIX Glaubensartikel der anglikanischen Kirche, die von den reformatorisch gesinnten Anglikanern als das Bollwerk gegen katholisierende Einflüsse betrachtet werden? Schon Pusey war nach seinem Tract 69 im Jahre 1836 öffentlich mit der Frage konfrontiert worden, wie er seine darin vertretene katholische Auffassung von der Taufe mit den XXXIX Artikeln vereinbaren könne, die doch eindeutig gegen Rom gerichtet seien.

Je mehr Newman und die anderen Traktarianer auf die katholischen Prinzipien der Väterkirche pochten, desto schärfer wurden ihnen die XXXIX Artikel entgegengehalten.

So entschloß sich Newman zur Auseinandersetzung. Er machte eine dreifache Unterscheidung: Erstens, die katholische Lehre der ersten Jahrhunderte war nach anerkannter anglikanischer Auffassung verbindliches Glaubensgut, weil damals die Kirche ungespalten war. Zweitens, die offiziellen Glaubenssätze, wie sie von späteren Konzilien der Kirche (von Rom) einschließlich des Konzils von Trient (1545–1563) formuliert worden waren, enthielten teilweise anzuerkennende Lehren. Drittens, volkstümliche Glaubensansichten und Bräuche der römisch-katholischen Kirche waren Inhalte, die er ablehnte. So war es sein Ziel, in dem jetzt zu schreibenden Tract – es war der 90. – darzustellen, daß die XXXIX Artikel der anglikanischen Kirche sich in eindeutiger Weise nur gegen die letztgenannten speziellen Bräuche und Popularisierungen der römischen Kirche richteten, sowie gegen einen Teil der Glaubenssätze mittelalterlicher Konzilien. Auf diese Weise gedachte Newman die Glaubensartikel der anglikanischen Kirche im katholischen Sinne zu interpretieren, d.h. in Vereinbarung mit der katholischen Lehre der ersten Jahrhunderte.

Sein Begründungsgang war einfach und logisch einleuchtend. Die anglikanischen Glaubensartikel wurden erstmals 1536 als »Die 10 Artikel« unter Heinrich VIII. formuliert. 1553 wurden daraus die 42 Glaubensartikel entwickelt. Ihre letzte Fassung erhielten sie als XXXIX Artikel unter Elizabeth I. im Jahre 1563. Da dies zeitlich mit dem zu Ende gehenden Trienter Konzil (1545–1563) zusammenfiel, konnten sie keineswegs gegen die Ergebnisse jenes Konzils gerichtet sein. Sie seien zwar in polemischer Absicht gegen

Rom verfaßt, ließen aber große Fragen offen – z. B. mit der Aussage: »Alles Glaubensnotwendige ist aus der Heiligen Schrift zu beweisen«, wozu nicht verlautbart wird, wie das zu geschehen habe. Wer also die XXXIX Artikel nicht nur als polemische Formeln zur Ergänzung der katholischen Lehre versteht, sondern sie ganz davon löst und als alleinige Inhalte der anglikanischen Kirche betrachtet, muß zu einem ganz falschen Verständnis der Offenbarung kommen. Jedenfalls verstehe er die christliche Lehre dann nicht mehr »im Sinne der heiligen Väter, des Athanasius, Ambrosius und aller Lehrer und Heiligen«.
Als Tract XC im Februar 1841 in die Öffentlichkeit kam, erregte er verständlicherweise großes Aufsehen. Von nun an verfolgte die protestantische Seite der anglikanischen Kirche Newman laufend mit Veröffentlichungen und Angriffen in Zeitungen und Zeitschriften. Im Rückblick sagte Newman dazu: »Es war hart, der Welt im Vertrauen mitzuteilen, daß mir das anglikanische System manchen Zweifel bereite... Es war hart, erklären zu müssen, daß sich meine Zweifel voraussichtlich verflüchtigen würden, wenn die Zeitungen die Güte hätten, mir Zeit und Ruhe zu lassen.« Er wurde bis nach Littlemore »verfolgt«. Als er eines Tages heimkam, fand er eine Schar Studenten in seinem Eigentum. Vorsteher von Colleges lenkten wie »berittene Patrouillen« ihre Pferde rings um die Blockhäuser in L-Form-Grundriß. »Doktoren der Theologie drangen uneingeladen in die verborgenen Winkel dieses Privatbesitzes ein und machten sich nach dem, was sie sahen, ein Bild meiner Häuslichkeit. Ich hatte gemeint, eines Engländers ›Heim sei seine Burg‹.« Als der Bischof ihn aufgrund von Zeitungsmeldungen anfragte, hatte er Gelegenheit, sich über seine Niederlassung in Littlemore zu rechtfertigen.
Die Fastenzeit verbrachte er dieses Jahr (1841) in Oxford, hielt sich jedoch weitgehend an seine bereits eingespielten Fastenregeln. Er fühlte sich am Ende richtig überanstrengt: »Die Schuld trägt vielleicht die Luft in Oxford und das viele Reden.« Am Karfreitag predigte er über »Das Kreuz Christi, das Maß der Welt«. Er begann mit einer Analyse der Menschenwelt: »Wenn jemand bedächtigen Sinnes oder mit geistiger Regsamkeit den sichtbaren Stand der Welt zu betrachten beginnt, in die er sich hineingeboren sieht, dann erkennt er sie ohne weiteres als ein wirres Durcheinander. Sie ist ein Rätsel, das man nicht lösen kann. Sie scheint voll der Widersprüche und ohne Ziel zu sein. Warum sie ist und wohin sie geht, wie sie ist und was sie ist, auf welche Weise wir in sie hineingeraten und welches unsere Bestimmung ist, das alles sind Geheimnisse...« Der Schlüssel zu diesen Rätseln lag im Karfreitag: »Der Tod des

ewigen, fleischgewordenen Wortes Gottes: das ist die große Lehre, wie wir von dieser Welt zu denken und zu reden haben. Sein Kreuz hat an alles, was wir sehen, die rechte Wertskala angelegt, an alle Reichtümer, alle Vorteile, alle Rangstufen, alle Würden, alle Freuden; an alle Fleischeslust, Augenlust und Hoffart des Lebens...«
Nach Analyse und Bestimmung der christlichen Wertskala führt Newman alle möglichen Bereiche der persönlichen Werte, des politischen Lebens, der Kultur, der Wissenschaft vor das Kreuz und deckt ihre Verheißungen und ihre Mängel auf. »Wollt ihr den Wert von alldem erkennen? Schaut auf das Kreuz Christi«, so wiederholt er in rhetorischer Eindrücklichkeit. Am Schluß aber faßt er zusammen: »In diesem Kreuz werden wir zuerst Schmerz finden, aber bald wird Freude und Trost aus diesem Schmerz erstehen. Dieses Kreuz wird uns zu Trauer, Reue, Verdemütigung, Gebet und Fasten führen. Wir werden trauern um unserer Sünden willen, wir werden leiden mit Christi Leiden; aber das Ende all dieses Schmerzes, nein der Grund, warum wir ihn aushalten, wird uns zum Glück ausschlagen, das weit größer ist als die Freude, wie die Welt sie bietet. Mag sein, daß Leichtfertige, weltlich Gesinnte das nicht glauben wollen, die Vorstellung eines solchen Glückes verlachen, weil sie es nie gekostet haben!«
Er schließt mit dem Aufruf zum christlichen Paradox: »Nur jene können wahrhaft diese Welt genießen, die mit der unsichtbaren Welt beginnen. Nur jene genießen sie, die zuerst auf sie verzichtet haben. Nur jene können wahre Feste feiern, die zuerst gefastet haben; nur jene können die Welt gebrauchen, die gelernt haben, sie nicht zu mißbrauchen; nur jene erben sie, die sie als einen Schatten der kommenden Welt betrachten und um jener kommenden Welt willen verlassen.« An diese einprägsame Aussage von der Welt als *Schatten* der künftigen Herrlichkeit wird Newman beim Entwurf des Textes für seine eigene Grabtafel im Jahre 1876 denken.

Die entscheidende Wende

Das zweite Halbjahr 1841 brachte die entscheidende Wende im Leben Newmans. »Zwischen Juli und November trafen mich drei Schläge, unter denen ich zusammenbrach.« Wieder war er während der Sommerferien, wie zwei Jahre zuvor, mit dem Studium der Kirchengeschichte des 4. Jahrhunderts beschäftigt; dieses Mal mit der Geschichte der Arianer. Schon 1832 hatte er sich damit gründlich befaßt. Was ihm damals verborgen geblieben war, zeichnete sich für ihn jetzt ab: der Zusammenhang mit der Gegenwartsgeschichte

der Kirche. Er erkannte die Ähnlichkeit zu seiner eigenen kirchenpolitischen Situation in der Kirche von England. »Nun sah ich klar, daß in der Geschichte des Arianismus die reinen Arianer die Stelle der Protestanten, die Semi-Arianer die der Anglikaner einnahmen und daß Rom jetzt noch dasselbe war wie damals. Die Wahrheit lag also nicht in der Via Media.«
Während der nächsten Monate erlebte Newman den zweiten Schlag, daß nämlich ein Bischof nach dem andern den Tract XC ablehnte. Damit wurde für ihn deutlich, daß die eigentlichen Autoritäten der anglikanischen Kirche, nämlich die Bischöfe, die er nach der Auffassung der Väterkirche für die letzte Appellationsinstanz in der Kirche gehalten hatte, ihm keine Möglichkeit ließen, die XXXIX Glaubensartikel katholisch zu interpretieren. »Ich sah darin eine Verurteilung; es war die einzige Art von Verurteilung, die in ihrer Macht stand. Erst wollte ich protestieren, aber dann gab ich hoffnungslos den Gedanken auf.«
Drittens schließlich machte ihn eine Verfügung betroffen, die das britische Parlament Anfang Oktober 1841 erlassen hatte. Danach sollte in Jerusalem ein Bischofssitz errichtet werden, auf dem anglikanische Bischöfe für protestantische Christen zuständig sein könnten, und umgekehrt. Newman fand, daß eine Aufnahme von Anhängern anderer christlicher Konfessionen in die eigene Kirche ohne deren ausdrücklichen Widerruf ihrer Glaubensirrtümer der Anerkennung der anderen Konfession gleichkomme. Damit aber gebe jede Kirche ihren eigenen Anspruch, ein eigenständiger Zweig der wahren Herde Jesu Christi zu sein, preis. »Ich für meine Person«, schrieb er deshalb an seinen Bischof, »erhebe als Priester der englischen Kirche und Pfarrer von St. Maria der Jungfrau in Oxford zur Entlastung meines Gewissens gegen die genannte Einrichtung feierlich Protest und versage ihr meine Anerkennung, da sie unsere Kirche ihrer jetzigen Grundlage beraubt und auf ihre Zerstörung hinzielt.« Das war am 11. November 1841.
Vom Ende des Jahres 1841 an sah sich Newman, was seine Zugehörigkeit zur anglikanischen Kirche angeht, nach seinem eigenen Wort »auf dem Sterbebett«. In seinen Predigten während des Dezember 1841 beschwor er gleichwohl seine Zuhörer, in der Kirche von England auszuharren. »Ich weiß, wem ich geglaubt habe« (2 Tim 1, 12), war ein Predigtmotto. Die Zeit, in der sie leben, habe die äußeren Kennzeichen der Kirche verdunkelt. »Finsternis verhüllt die Kirche Gottes. Wo ist unsere Einheit, um die Christus gebetet hat? Wo unsere Liebe, die er uns aufgetragen hat? Wo der einst hinterlegte Glaube, wenn jeder seine eigene Lehrmeinung hat? Wo unsere Sichtbarkeit, die ein Licht der Welt sein soll? Wo jener erhabene

Gottesdienst, der in jeder Seele Ehrfurcht wecken sollte?... ›Wir tasten wie die Blinden nach der Wand, wie ohne Augen tappen wir umher...‹ (Jes 59, 10).«
Um so mehr müßten die *persönlichen Kennzeichen* an Wert gewinnen, um so kostbarer müßten sie werden: die Liebe, an der die Christen zu erkennen sein sollen, und das Wort Gottes selbst mit der ihm innewohnenden Macht. Die Treue zur Kirche müsse sich jetzt auf ihre privaten und verborgenen Kennzeichen gründen.
1842 sprach Newman im Januar über die Aufgabe des Christen, die Vergänglichkeit dieser Welt richtig einzuordnen und auf die endzeitliche Zukunft zu setzen. »Himmel und Erde sind stets im Vergehen; Christus ist stets im Kommen, der Christ erhebt stets sein Haupt und hält Ausschau... Wir dürfen unser Herz nicht an die Gegenwart verlieren.« Es gelte, auf das Ende zu achten und das Leben darauf auszurichten. Wenn die Sonne scheine, sei die Erde schön, aber der Abend sei die entscheidende Zeit. Was immer recht oder falsch sein möge in den Augen dieser verworrenen Welt, wir müßten darin recht handeln, daß wir »das Rechte tun, die Güte lieben und demütig leben vor unserem Gott« (Mi 6, 8).
Im April dieses Jahres 1842 konnte Newman die neue Behausung in Littlemore beziehen, nachdem er die ehemaligen Stallungen als Wohnräume hatte herrichten lassen. Es kostete ihn große Mühe, seine umfangreiche Bibliothek dorthin zu übersiedeln. Junge Leute, die sich bei ihm einfanden, halfen dabei. Die jungen Leute, die zu Newman nach Littlemore kamen, waren ganz verschiedener Herkunft. Alle hatten hohes Interesse an der katholischen Sache. Newman versuchte, sie davon zurückzuhalten zu konvertieren. Jedenfalls bildeten sie miteinander alles andere als eine Mönchsgemeinschaft, wie Gerüchte und Zeitungsberichte behaupteten, auch wenn sie Mahlzeiten, Gebete und manche Freizeitgestaltung gemeinsam hatten. Der einzige von ihnen, der für Newman Bedeutung gewann und dem er in all den Jahren des Oratoriums von Birmingham freundschaftlich zugetan war, war Ambrose St. John, ein Schüler E. B. Puseys und Kaplan von Newmans einstigem Schüler und Freund Henry Wilberforce.
In seiner Geistesgeschichte blieb den ganzen Sommer über die Schwierigkeit bei der Auseinandersetzung um das rechte Kirchenbild und die wahre Kirche im Vordergrund. Im Juli schrieb er: »Der gegenwärtige Zustand der (katholischen) Kirche ist wie der eines Imperiums, das im Stadium des Abbruchs oder Zusammenbruches ist. Ich weiß zumindest kein besseres Bild... Unser Herr hat ein Königreich gegründet; es verbreitete sich über die ganze Erde und brach zusammen.« Nachdem die Via Media nicht stand-

gehalten hatte, scheint Newman in den Zweifel gedrängt, ob die wahre Kirche Jesu Christi in der Gegenwart überhaupt eindeutig zu identifizieren sei. Man könne nicht sagen, wo die Kirche sei, sondern nur, wo sie war. »Wir lassen uns durch das leiten, was die Kirche tat oder sagte, *bevor* jene Heimsuchung über sie kam.«

Die Entwicklung der christlichen Glaubenslehre

Ein Predigtzyklus über den Zusammenhang von Judentum und christlicher Kirche im November 1842 läßt deutlich werden, wie sich Newman allmählich auf den Gedanken der Entwicklung konzentriert. Er spricht von »innigen Berührungspunkten zwischen der Kirche in ihrer jüdischen und in ihrer christlichen Form«. Gerade der Zusammenhang von Beschneidung und Taufe, von Sabbat und Sonntag und von vielen anderen Riten und Weisungen lasse erkennen, daß die christliche Kirche nicht die jüdische Tora ersetze, sondern daß sie deren Fortbestand sei »in neuer Gestalt«. Es sei eine Frage der Gegenwart Gottes, die sich zu verschiedenen Zeiten unter der Gestalt verschiedener Riten vollziehe. Damit wird für Newman faßbar, daß nicht die Beibehaltung desselben Ritus, derselben Form, derselben Worte, sondern deren Überlieferung im Geschehen der Geschichte maßgeblich ist für die Gewährung der Gegenwart Gottes.
Im Februar 1843 erschließt er diesen Gedanken an dem Evangelium von Mariä Lichtmeß: »Maria aber bewahrte alle diese Worte und erwog sie in ihrem Herzen« (Lk 2, 19). Daraus wurde seine 15. und letzte Predigt vor der Universität Oxford, die er »Theorie der Entwicklung in der religiösen Lehre« nannte und die eineinhalb Stunden dauerte. Newman spricht von der Weitung des Geistes, die darin besteht, neues Wissen in den Zusammenhang mit dem bisherigen zu setzen und so in der Vorwärtsbewegung der Zeit zu weiteren Erkenntnissen zu kommen. Auch das Wissen des Glaubens sei so den Gesetzmäßigkeiten menschlichen Wissens in der Geschichte unterworfen. Der nachdenkende Verstand des Glaubenden trage – im rechten Geist angewandt – viel zur Entfaltung der Glaubensinhalte bei. Gerade Maria sei dafür ein Beispiel, daß sie ihren Verstand unter der Anleitung des Heiligen Geistes zur Erforschung der Glaubensinhalte gebraucht habe. Im Verlauf der Jahrhunderte seien so auch in der theologischen Ausfaltung des Glaubens neue Begriffe wie Person, Menschwerdung, Gottesnatur und Menschennatur usw. in den Zusammenhang mit dem Evangelium Jesu gekommen. Die *Lebendigkeit des gläubigen Nachdenkens*

sei das Prinzip für die Entstehung neuer Begriffe. Und diese seien dann legitim, wenn sie das Alte neu zur Sprache bringen. Ja, »die *Verwirklichung ist überhaupt das Leben der echten Entwicklung;* sie ist der Kirche eigentümlich und die Rechtfertigung für ihre (dogmatischen) Definitionen«.

Noch im gleichen Monat brachte Newman die 15 Predigten, die er seit 1826 vor der Oxforder Universität gehalten hatte, in einem Band auf den Markt. Er meinte, es sei »das beste Buch, das er bisher gemacht« habe, wenn auch das »am wenigsten theologische«. Und er war auch der Auffassung, daß die Argumente und Ansichten über *Glaube und Vernunft,* die darin enthalten sind, ihn seit der ersten Befassung mit den Arianern im Jahre 1831 immer wieder beschäftigt hätten. Aus dem Nachdenken über den Zusammenhang von Glaube und Vernunft war der Gedanke von der Entwicklung der christlichen Lehre entsprungen. Auch der Tract 85 über »Die Heilige Schrift und das Credo« (von 1838) stellte einen wichtigen Baustein für dieses Gedankengebäude dar.

Neben dieser seiner ersten Darstellung der »Entwicklung in der religiösen Lehre« war das Jahr 1843 für Newman vor allem durch drei wesentliche Ereignisse gekennzeichnet: die Retractations, seine Exerzitien und der Verzicht auf sein Pfarramt.

Im Februar veröffentlichte er einen *Widerruf* (Retractation), in dem er eine Anzahl von Stellen in seinen Schriften nennt, die sich gegen die Kirche von Rom richteten. Er sagt dazu am Ende: »Wenn man mich fragt, wie ein Mensch dazu kommt, von einer kirchlichen Gemeinschaft, die so alt, so weit verbreitet und so fruchtbar an Heiligen ist, solche Ansichten zu haben und diese sogar öffentlich auszusprechen, so antworte ich ...: ich folgte nur dem fast übereinstimmenden Urteil der Theologen meiner Kirche.« – Newman hielt die Äußerungen zu dem Zeitpunkt, als er sie getan hatte, für wahr. Doch inzwischen hatte er seine Ansichten geändert und die Rücknahme veröffentlicht. Das trug ihm heftige Kritik ein, und noch nach Jahrzehnten mußte er sich mit der Logik oder Unlogik dieser Retractations auseinandersetzen, als er »die Geschichte seiner religiösen Überzeugungen« schrieb, die »Apologia pro Vita sua« von 1864. – Solange Newman von der Richtigkeit der anglikanischen Theorie der Via Media überzeugt war, war es ein Teil ihres Inhalts und Bestandteil der Spielregeln, Rom als Ort des Antichrist zu diffamieren. Als er jedoch zu sehen begann, daß die zusätzlichen Glaubenssätze in der Kirche von Rom möglicherweise legitime logische Ausfaltungen der Offenbarungslehre waren, konnte er seine Übereinstimmung mit den anglikanischen Theologen und deren aggressive Haltung Rom gegenüber nicht mehr aufrechterhalten.

Oriel College, Oxford. Newmans Räume in der mittleren Etage, rechts.

Kanzel der Kirche St. Mary the Virgin in Oxford, auf der Newman seine Predigten während der Zeit der Oxfordbewegung hielt.

Im selben Monat Februar 1843 hielt Newman seine fundamentale Predigt über den »Christen der apostolischen Zeit«, in der er in einer Kurzformel sagt, der Christ habe *ein reines Herz,* eine saubere Hand und ein frohes Gesicht gehabt. Im einzelnen faltet er dies so aus, daß die Christen der biblischen Zeit gelöst von weltlichen Bindungen lebten und einzig nach Christus Ausschau hielten. Der Urchrist sei durch seine Wachsamkeit bzw. Aufmerksamkeit für das Kommen des Menschensohnes und durch seine Gebetspraxis gekennzeichnet. Keine Schranke, nichts Irdisches sei zwischen seiner Seele und ihrem Erlöser gestanden. Christus habe in seinem Herzen gewohnt. – Mit der *sauberen Hand* wollte Newman die Besitzlosigkeit des Christen kennzeichnen, dessen Einfachheit, Lauterkeit, Geduld und Sanftmut darin ihren Ursprung hat, daß er ohne Streben nach irdischen Vorteilen lebt. Der Christ der apostolischen Zeit hat Christus seine Wünsche und Gegenstände, Hab und Gut, Haben und Sein geopfert. Allein die Liebe zur Wahrheit habe er in seinem Herzen getragen. – Schließlich wollte er *mit dem frohen Gesicht* darauf hinweisen, daß der Christ der Frühzeit eine besondere Art der Freude gezeigt habe: die edle Freude der Verfolgten und Geläuterten, die den Menschen friedlich, heiter, dankbar, mild, liebevoll, gutherzig, hoffnungsfroh mache. – Newman warnte seine Zuhörer, dieses Ideal-Bild des biblischen Christen ungeduldig beiseite zu schieben. Ja, er verwies sogar darauf, daß im Blick auf die Realisierung dieses Bildes in der Gegenwart »der demütige Mönch und die heilige Nonne« sich als solche Christen nach dem Vorbild der Urkirche erweisen würden. »Wer anders als sie gibt Heim und Freunde hin, Reichtum und Bequemlichkeit, großen Namen und freien Willen für das Himmelreich? Wo finden wir das Bild eines heiligen Paulus, Petrus, Johannes, Marias ... wenn nicht in jenen, die in der Einsamkeit oder mitten in der Welt das stille Antlitz, die traut verhaltene Stimme bewahren, die hagere Gestalt, edles Benehmen, ein Herz, das sich der Welt entwöhnt hat und einen Willen, der sich unterwirft; die für ihre Sanftmut Hohn ernten und für ihre Reinheit Verleumdung und für ihren Ernst Argwohn, für ihren Mut Grausamkeit, die aber Christus finden in allem – Christus, ihr Ein und Alles, ihr Anteil in Ewigkeit, der ihnen vergilt, hier und im kommenden Leben, was sie gelitten und gewagt haben um seines Namens willen?«

Im März des Jahres 1843 schreibt Newman in einem Brief den elementaren Satz: »Religiöse Wahrheit wird nicht durch Denken, sondern durch eine innere Wahrnehmung erlangt.« Und er erklärt: »Jedermann kann denken; nur der disziplinierte, erzogene und gebildete Geist kann wahrnehmen. Also ist nichts wichtiger für Sie als Gewohnheiten der Selbstbeherrschung, wie Sie selber sagen. Gefühle und impulsive Regungen überschwemmen einem; all das muß gezügelt, reguliert, unter Kontrolle gebracht werden, in Prinzipien und Gewohnheiten bzw. in Charakterelemente umgewandelt werden. Überlegen Sie, daß Sie diese große Aufgabe zu vollbringen haben, sich selbst zu ändern; und Sie können nicht daran zweifeln, daß – was immer die Mängel der englischen Kirche sein mögen und was immer die Vorteile der römischen –, daß in ersterer Gaben und Hilfen übergenug sind, um Sie bei dieser notwendigen Mühe zu tragen.«

Newman selbst und fünf weitere Freunde hielten in diesem Sinne während der letzten sieben Tage vor dem Karfreitag 1843 zum ersten Mal *Exerzitien* in Littlemore. Sie hielten gemeinsam das Stundengebet und versammelten sich dreimal täglich um 4.30 Uhr, 9.30 Uhr und 19.30 Uhr zu einer je einstündigen gemeinsamen Betrachtung. Unter den »elementaren Wahrnehmungen«, die Newman dabei machte und sich notierte, war die Erkenntnis, daß er Gott von kleinauf zu wenig gehorsam gewesen sei, daß er in den letzten zehn Jahren mehr aus Freude an der Entfaltung seiner intellektuellen Kräfte als zur Ehre Gottes gehandelt habe, daß es ihm schwerfalle, den Vorsatz zu bejahen, sein Leben in »äußerster Verborgenheit« zu verbringen. Bei der Betrachtung über die Inkarnation geht ihm »die wunderbare Wahrheit« auf, die wohl als Axiom zu nehmen sei – und das heißt als ein Grundsatz ohne Beweis –, daß »Demut geradezu die Bedingung dafür ist, ein Christ zu sein; sie gehört zum Begriff desselben und ist keine Zugabe«. Unter den großen Anliegen, die ihn während dieser Woche plagten und die er Gott als Opfer anbot – allerdings in der Hoffnung, »daß er keines davon fordert« –, war das Angebot, seine Bibliothek hergeben zu müssen, physische Schmerzen ertragen zu müssen, sowie sich »der Kirche Roms anschließen zu müssen«.

Als sich Newman *im Advent* des Jahres 1843 wieder mit fast denselben Freunden zu Exerzitien traf, hatte sich seine Lage in der anglikanischen Kirche grundlegend geändert. Er hatte das geistliche Amt aufgegeben und war in den Laienstand zurückgekehrt. Anlaß für diesen Schritt gab William Lockhart (1819–1892), der im Jahr zuvor zu dem Kreis der Freunde Newmans nach Littlemore gekommen war, in der dortigen Schule mit unterrichtet und sich an den geistlichen Übungen beteiligt hatte, auch an den Exerzitien während der Fastenzeit. Obgleich er Newman das Versprechen gegeben hatte, drei Jahre lang die anglikanische Kirche nicht zu verlassen, ließ er sich im August in die römisch-katholische Kirche aufnehmen. Er trat zwei Jahre später der Gemeinschaft der Rosminianer bei, einer Priestergemeinschaft, die in Loughborough eine Niederlassung hatte. Er betrachtete sich aber Zeit seines Lebens als Schüler Newmans. Seine Konversion wurde als Skandalgeschichte gehandelt, und natürlich hielt man Newman für mitverantwortlich. Aus einer Stimmung, der man die Betroffenheit und das Mitgefühl anmerkt, schildert Newman die Situation seiner Schwester Jemima: »Du kannst nicht einschätzen, was gegenwärtig so viele (leider!) fühlen: die seltsame Auswirkung, die im Geiste besteht, wenn die Überzeugung in ihm aufblitzt oder vielmehr ihn überflutet, daß Rom die wahre Kirche ist. Das ist natürlich höchst revolutionär und deshalb eine aufregende und umwerfende Überzeugung. Aus diesem Grund sollten Leute unter (diesem Eindruck) nicht handeln, denn es ist unmöglich, in einem solchen Gefühlszustand zu sagen, ob die Überzeugung gut begründet ist oder nicht.« In Reaktion auf die Nachricht von der Konversion Lockharts hatte Newman James B. Mozley gegenüber begründet, weshalb er vorhabe, sein Pfarramt aufzugeben: »Die Wahrheit ist, daß ich kein guter Sohn der Kirche von England mehr bin und ihr im Gewissen keinen Vorzug mehr einräumen kann. Ich liebe die Kirche von Rom zu sehr. Nun sei ein netter Kerl und verbrenne dies, denn manchmal läßt Du Briefe auf dem Kaminsims liegen.« – Im Rückblick auf jene Zeit bestätigt Newman seinen Seelenzustand: »Ich begann an der englischen Kirche zu zweifeln und legte alle geistlichen Pflichten nieder; alles, was ich von da an schrieb und tat, war nur noch von dem Wunsch geleitet, ihr kein Unrecht zu tun.«

Am 25. September 1843 hielt Newman in der Kirche von Littlemore seine letzte Predigt als Priester der anglikanischen Kirche. Pusey leitete den anschließenden Kommuniongottesdienst. Es war der Jahrestag der Einweihung der Kirche, und der Predigttext war derselbe, über den er als Diakon seine allererste Predigt konzipiert hatte: »Nun geht der Mensch hinaus an sein Tagwerk, an seine Arbeit bis zum Abend« (Ps 104, 23). Er forderte seine zahlreich anwesenden Freunde auf: »Und nun, meine Brüder, ›lobpreist Gott, und sagt ihm Dank; gebt ihm die Ehre, preist ihn vor allen Lebewesen für das, was er an Euch getan hat. Es ziemt sich, Gott zu preisen und seinen Namen zu verherrlichen ...‹ (Tob 12, 6).« Am Ende kam er direkt auf seine persönliche Situation zu sprechen: »Oh, meine Brüder, Ihr gütigen und liebreichen Herzen! Ihr, meine liebenden Freunde! Solltet Ihr einen Menschen kennen, dessen Sendung es war, euch durch Schrift und durch das mündliche Wort zu derartigem Tun zu helfen, hätte er euch je verkündet, was ihr über euch selbst wußtet oder noch nicht wußtet; sollte er euch eure Nöte und Empfindungen gedeutet und durch die Deutung euch getröstet haben; sollte er in euch das Bewußtsein wachgerufen haben, daß es ein höheres Leben gibt als dieses alltägliche und eine lichtvollere Welt als die sichtbare; sollte er euch ermutigt, euch ernüchtert haben, dem Fragenden einen Weg erschlossen, den Verwirrten beruhigt haben; sollte all sein Reden und Tun euch je für ihn eingenommen und in euch Sympathie für ihn geweckt haben: dann denkt an ihn in der kommenden Zeit, auch wenn ihr ihn nicht mehr hört, und betet für ihn, daß er in allem den Willen Gottes erkenne und allzeit bereit sei, ihn zu erfüllen.«

Newman sei von der Kanzel gegangen, habe seinen weißen Chorrock ausgezogen, ihn über die Chorschranke gehängt und in den Bänken der Gemeinde Platz genommen, womit er das Aufgeben des Pfarramtes symbolisierte. Seine Schwester Jemima schrieb ihm zu diesem Schritt: »Ich kann es nur tief bedauern, aber ich kann keinen Fehler darin finden. Ich kann Dich nicht beschuldigen, ungeduldig, überstürzt oder unlauter gewesen zu sein. Letzteren Gedanken weise ich für immer weit von mir. Ich kann nicht sagen, daß Du unter den Umständen nicht weise gehandelt hast und ich bin gewiß, daß Du freundlich und umsichtig gehandelt hast... Wir leben in der Tat unter einer dunklen Wolke.«

John Shairp, der schon zitierte Professor für Poetik in Oxford, schrieb 25 Jahre später in seinen Memoiren: »Wie lebhaft kommt die Erinnerung zurück an jene schmerzvolle Leere, die furchtbare Stille, die über Oxford kam, als diese Stimme aufhörte und wir wußten, daß wir sie nie mehr wieder hören würden. Es war, wie wenn man nachts in der Stille einer großen Kathedrale kniete und die große Glocke, die über einem feierlich erklang, plötzlich aufhörte... Man hat seit damals viele Stimmen machtvoller Lehrer gehört, aber keine hat je die Seele durchdrungen wie diese.«

III. KAPITEL
AUFBRUCH UND ÜBERGÄNGE (1843–1850)

»Leben heißt sich ändern und Vollkommensein heißt sich oft geändert haben.«

»Die eine wahre Herde«

An Newmans Geburtstag 1844, einem Aschermittwoch, schneite es. Er war so schwer erkältet wie schon lange nicht mehr. Aber seine eigentliche Sorge in dieser Phase seines Lebens war die Not, ja Enttäuschung, die er offenkundig so vielen Menschen bereiten würde, wenn er die Konsequenzen aus den jetzigen Einsichten ziehen müßte. »Dir, mein lieber Bowden, meinem ältesten Freund«, schreibt Newman an diesem Tag: »Obgleich es Dich schmerzen wird, wenn ich es so sage: ich bin der Freunde nicht wert. Mit meinen Ansichten, die ich gar nicht ganz zu bekennen wage, fühle ich mich anderen gegenüber wie ein Schuldner, obwohl ich annehme, daß ich es nicht bin.« – Seiner Schwester Jemima erklärt er, daß es nun schon fünf Jahre her seien, seit dem ersten Zweifel an der Via Media beim Studium der Geschichte des Monophysitismus, und daß seine Ansichten und Gefühle im Blick auf die wahre Kirche Jesu Christi seitdem mehr oder weniger gleich geblieben seien. Damit aber verbinde sich für ihn ein starkes Indiz gegen den Wahrheitsanspruch der Kirche von England. – William Lockhart, der konvertierte Hausgenosse, schrieb rückblickend in seinen Memoiren, daß er, als er bei Newman gebeichtet habe, mitten im Bekenntnis innegehalten und ihn gefragt habe: »Sind Sie auch sicher, daß sie mich lossprechen können?« Und Newman habe ihn bekümmert angeschaut und gesagt: »Gehen Sie doch zu Pusey und fragen Sie ihn!« Pusey war derjenige, der keinerlei Unsicherheiten über die Legitimität der Kirche von England hatte.
Noch deutlicher als zuvor wird während der letzten beiden Jahre von Newmans Mitgliedschaft in der anglikanischen Kirche 1844/45 deutlich, daß er J. Keble für den Mann seines geistlichen Vertrauens hielt, auf dessen spirituelles Urteil er am meisten gab. Lange, lange Briefe gingen hin und her zwischen Littlemore und Hursley Vicarage, dem Pfarrhaus Kebles. Im Verlauf der Monate, da die Schwierigkeiten auf der Seite Newmans immer größer wurden und die Gefahr der Trennung sich abzeichnete, wurden sie

sorgfältiger und herzlicher, einfühlsamer und ehrfurchtsvoller. »Was ich mir wünsche, ist nicht meinem eigenen Urteil zu folgen, sondern etwas Äußerem wie der Wolkensäule in der Wüste«, so hatte ihm Newman im Januar 1844 seinen Gewissenszustand offengelegt und hinzugefügt: »Ich hoffe, ich habe nicht unrecht, aber ich habe kürzlich gebetet, daß ›wenn ich recht habe – daß dann auch Pusey, Manning usw. dahin gelangen möchten; und wenn Pusey und Manning recht haben, ich aufgehalten werden möge – so daß uns wenn möglich nichts trennen könnte.« In einem späteren Zusammenhang argumentiert Keble Newman gegenüber: »Wenn Deine gegenwärtige Ansicht richtig ist, dann ist, wie ich meine, die von Pusey falsch. Soll man deshalb folgern, daß seine Gebete um Licht und Führung nicht erhört werden?« Und zu diesem eher persönlichen Einwand fügt er als Sachargument die Frage an: »Hältst Du es nicht für möglich – und diese Ansicht habe ich von Dir geborgt –, daß die gesamte Kirche durch die Sünde so tief gesunken sein könnte, daß man auf Erden nichts mehr findet, was wirklich der Kirche der Heiligen Schrift zu entsprechen scheint (also in der Zeit des Neuen Testaments)?« Und Keble deutet an, daß Newman auf dem Weg seines weiteren Suchens unter Umständen so enttäuscht werden könnte, daß er im Skeptizismus endet, das heißt, an der Möglichkeit, die Wahrheit und die wahre Kirche zu finden, überhaupt verzweifelt.
Alle sachbezogen deutlichen Auseinandersetzungen bleiben aber in die persönliche Zuneigung eingebettet. »Ich möchte Dir sagen, oder vielmehr Dich fühlen lassen, daß zumindest einer Deiner Freunde hofft – und er glaubt, viele andere sind derselben Auffassung –, daß nichts, was geschehen mag, irgendeine Art von Trennung bringen oder das Vertrauen einschränken könnte.«
Newman stand unter allgemeinem Erwartungsdruck. Im November gaben Zeitungen die Falschmeldung seines Übertritts zur Kirche von Rom durch. Eine Flut von Briefen, die ihm Vorwürfe machten, ihn beschimpften, ihm Enttäuschung und Trauer bekundeten, war das Ergebnis. Eine schreckliche Generalprobe für den Fall, daß er wirklich die anglikanische Kirche verlassen würde.
Aber Newman gewann keine weitere Klarheit. Im Januar 1845 schrieb er an Maria Rosina Giberne: »Nur ein unzweifelhafter, unmittelbar verpflichtender Ruf gibt einem Menschen das Recht, unsere Kirche zu verlassen, nicht jedoch weil er eine andere Kirche bevorzugt, an ihrem Gottesdienst Freude hat oder hofft, in ihr größere religiöse Fortschritte zu machen, oder gar, weil er empört ist und abgestoßen wird von Personen und Dingen, unter denen wir in der englischen Kirche leiden. Die Frage lautet einfach: Kann *ich*

(ganz persönlich, nicht ein anderer, sondern kann ich) in der englischen Kirche selig werden? Könnte ich noch in dieser Nacht ruhig sterben? Ist es eine Todsünde für *mich*, nicht einer anderen Gemeinschaft beizutreten?« Noch im März kann Newman von sich sagen, daß er sich in seiner Überzeugung, in der anglikanischen Kirche bleiben zu sollen, gewiß ist. Er weiß nur nicht, ob er dies als eine Schlußfolgerung der Vernunft hält oder ob es sich um eine Forderung des Gewissens handelt. Ob er also von der Klarheit der Einsichten oder wirklich vom Pflichtgefühl geleitet wird. Dieser Zweifel ist es, der ihn quält. »Darum habe ich gewartet und auf Licht gehofft mit den Worten des Psalmisten: ›Gib mir ein Zeichen‹ (Ps 85, 17) ... Ich warte auch deswegen, weil meine Freunde meiner voll Sorgen gedenken und um Erleuchtung für mich beten.«

Wie sollte er die Wahrscheinlichkeiten, die gegen die anglikanische Kirche als die wahre Kirche Jesu Christi und für die Kirche von Rom sprachen, so oder anders zu einer abschließenden Gewißheit bringen? Worauf sollte er warten, oder wie konnte er dieses Warten in der Beschäftigung mit der Frage selbst intensivieren? Zwischen 1841 und 1844 hatte er an der Übersetzung von »Ausgewählten Abhandlungen des heiligen Athanasius in der Kontroverse mit den Arianern« gearbeitet, die in zwei Bänden gedruckt wurden. Jetzt, *zu Beginn des Jahres 1845,* begann er mit einem Essay, der ihn bis Oktober des Jahres rastlos engagierte und die ganze Breite seiner theologischen, philosophischen und kirchengeschichtlichen Kenntnisse einforderte. »Nie hat mich etwas so harte Gedankenarbeit und Aufregung gekostet«, schrieb er im Juni des Jahres. Das Grundaxiom seiner Arbeit ruht auf der Voraussetzung, die er schon in der Predigt an Mariä Lichtmeß 1843 aufgewiesen hatte: Die Offenbarung ist dem menschlichen Nachdenken anvertraut, wird Teil der Geschichte der Menschen und folglich durch die Tätigkeit des menschlichen Verstandes in ihrem Inhalt bedacht, durchsucht, ausgefaltet. Newman nennt es mit seinem neuen Ausdruck *Entwicklung.* Die biblische Personifikation für die Berechtigung dieses Tuns ist ihm Maria, von der es bei Lukas heißt: »Sie bewahrte all diese Worte und erwog sie in ihrem Herzen« (Lk 2, 19, vgl. 2, 51b). – Stimmt aber die Voraussetzung, daß die Offenbarung auf jeden Fall der menschlichen Erwägung und Entfaltung ausgeliefert ist, dann gilt auch der folgende logische Zusammenhang, den Newman formuliert: Da die Offenbarung eine Gabe Gottes ist, hat er sie auch vor Verderbnis gesichert. Sie wäre, mit anderen Worten, nicht Gottes Gabe, wenn sich herausstellen würde, daß sie nicht vor Verderbnis geschützt wäre. In ihrem Gang durch die Geschichte der Menschen wäre sie infolge der Sündigkeit dieser Geschichte der Entstellung ausgeliefert, sie wäre also im vorhinein vergeblich gewesen. Da aber Gott nicht vergeblich handelt, ist mit der »im voraus bestehenden Wahrscheinlichkeit« anzunehmen, daß mit der Kirche als Trägerin der Offenbarung auch eine Lehrautorität mitgegeben ist. Diese Lehrautorität ist für die unversehrte Überlieferung der Offenbarungslehre verantwortlich und ist dazu (mit Gottes Geist) ausgestattet. – Mit dieser Grundlegung geht Newman sozusagen von der Voraussetzung aus, die mit ihm alle Anglikaner teilten: *die Kirche ist untrüglich* und wird nicht untergehen. Zugleich aber konzentriert er diese ihre allgemeine Qualität der Verantwortung für die Offenbarungsüberlieferung auf das Lehramt der Bischöfe und des Papstes. Er formuliert damit bereits als Anglikaner an der Schwelle zum Eintritt in die katholische Kirche im Jahre 1845, was erst 1870 als formelles Dogma beschlossen wird: *die Unfehlbarkeit des Papstes.*

Diese im voraus bestehende Wahrscheinlichkeit einer Garantie für die Entwicklung der christlichen Lehre nimmt Newman nun als Sonde, um die tatsächlichen Ereignisse und Lehren der Väterkirche damit zu sondieren. Er zeigt zum Beispiel, daß in der Literatur der Väterkirche mindestens so viele Zeugnisse für das Vorhandensein der Lehrautorität in Rom sprechen wie für die wahre Gegenwart Jesu Christi in der Eucharistie. – Doch dies war erst der Ansatz auf dem Weg nach der »einen und wahren Herde des Erlösers«.

Er versuchte, *Merkmale* aufzustellen, an denen sich der Unterschied zwischen *einer echten und einer falschen* Lehrentwicklung aufzeigen läßt. *Sieben solcher Kennzeichen* entwarf er, und mit jedem von ihnen ging er ein Stück durch die Kirchengeschichte der ersten Jahrhunderte oder auch späterer Zeiten. Zum Beispiel die *Assimilationskraft* der christlichen Glaubenslehre, die zeigt, wie die Offenbarung über Jahrhunderte hin fremdes Ideengut philosophischer Systeme und Weltanschauungen aufzunehmen fähig ist, ohne dadurch verfälscht zu werden. Vielmehr wurde die Besonderheit der Offenbarung in solchen Auseinandersetzungsprozessen immer differenzierter und klarer. Oder die *Kontinuität der Prinzipien* des Christlichen: Newman zeigt, wie das Geheimnis der Inkarnation (Menschwerdung) sich in verschiedenen Elementen des christlichen Glaubens entfaltet; *in den Sakramenten* als der Mitteilung von Gottes Gnade durch irdische Elemente; im Prinzip der *Umkehr und Buße* als Hinwendung aus der sichtbaren Welt auf die unsichtbare Welt Gottes. Das Wirken von geistlicher Lebenskraft durch irdische Elemente finde sich selbst noch einmal im Bereich der *Reliquien,* wo an irdischen Überbleibseln heiliges Handeln Gottes er-

fahrbar werden könne usw. – Das *Kennzeichen der Bewahrung* von einmal erkannten und formulierten Glaubenseinsichten erkenne man zum Beispiel beim Zusammenhang der frühen Verehrung von Maria, die schon im fünften Jahrhundert Mutter Gottes bzw. Gottes Gebärerin genannt wurde, mit den vergleichsweise späten Glaubenssätzen von ihrer Empfängnis ohne Erbsünde (1854) und von ihrer Aufnahme in den Himmel (1950). So könnte Newmans Ansatz bis in die Gegenwart hinein weiterverfolgt werden.
Es war Herbst 1845 geworden, und das Buch war umfangreich, aber noch nicht zu Ende. Er kam auch nicht zu Ende damit, weil der Sinn und Zweck seines Schreibens sich vorher erfüllte. Die Gewißheit wurde ihm so deutlich, daß er aufhören konnte, ja mußte. Es war, wie er einstmals formuliert hatte: Man kennt die Wahrheit nicht, um sie auszusprechen, sondern um sie zu tun. Eine Schlußseite fügte er für die unmittelbare Nutzanwendung des Lesers hinzu:
»Das waren die Gedanken über die ›selige Schau des Friedens‹ von einem, dessen fortwährende Bitte es gewesen, der Allbarmherzige möge das Werk seiner Hände nicht verschmähen und ihn nicht sich selbst überlassen; – solange seine Augen noch trübe waren und seine Brust beladen und er nur die Vernunft verwenden konnte in Dingen des Glaubens. Und nun, mein lieber Leser, die Zeit ist kurz, die Ewigkeit ist lang. Weise nicht zurück, was Du hier gefunden hast! Sieh es nicht als eine bloße Streitsache des gegenwärtigen Augenblicks an; ...triff nicht die Entscheidung, die Wahrheit sei das, wovon Du wünschst, es möge sie sein... Die Zeit ist kurz, die Ewigkeit ist lang.«
Er schloß mit dem Glaubensbekenntnis des alten Simeon im Lukasevangelium angesichts der Erfüllung seiner Lebensverheißung, den Messias schauen zu dürfen:
»Nun läßt du Herr, deinen Diener nach deinem Wort im Frieden ziehen.
Denn meine Augen haben dein Heil geschaut.«
Newman *verzichtete* in einer ersten Konsequenz am 3. Oktober auf das, was ihm im Leben am meisten bedeutet hatte, *seine Fellow-Stelle* in Oriel. Was er unter Einsatz seiner ganzen Existenz vor 23 Jahren als Gottes Fügung und als seine Lebensgrundlage glaubte bezeichnen zu dürfen, nun gab er es im Blick auf die Führung seines inneren Lichtes auf. »Die Wahrheit wird stärker sein«, das war seine einzige und radikale Lebensdevise geworden. Er schrieb an Edward Hawkins, der noch immer Vorsteher des Oriel-College war, und dieser antwortete trocken: »Die Form des Verzichts ist korrekt, und wenn ich von Ihnen nichts Gegenteiliges mehr höre, muß

ich natürlich Ihrem Wunsch nachkommen und nach meiner Rückkehr Ihren Namen aus unseren Büchern von Oriel streichen.« Ganz anders reagierte natürlich John Keble, der voll dunkler Ahnungen Newmans Brief den ganzen Tag ungeöffnet mit sich herumgetragen hatte. Er antwortete: »Abgesehen von dem tiefen Schmerz, Dich als Führer und Helfer zu verlieren und kaum zu wissen, wohin man Ausschau halten soll..., magst Du abschätzen, welche unbequemen Gefühle mich umtreiben, als ob ich mehr als irgend jemand sonst für jeglichen Kummer und Ärger, die sich ereignen können, verantwortlich wäre... Mein liebster Newman, Du warst ein lieber und hilfreicher Freund für mich in einer Weise, wie es kaum irgend jemand sonst hätte gewesen sein können, und Du bist in meinem Geist so sehr mit alten, lieben und heiligen Gedanken verbunden, daß ich es nicht gut ertragen kann, mich von Dir zu trennen, obgleich ich weiß, wie höchst unwürdig ich selbst bin; und doch kann ich nicht mit Dir gehen. Ich muß mich an den Glauben klammern, daß wir nicht wirklich getrennt sind – so hast Du es mich gelehrt, und ich glaube kaum, daß Du es mich anders lehren kannst –. Nachdem ich meinen Geist mit diesen wenigen Worten erleichtert habe, will ich nur sagen, Gott segne Dich und vergelte Dir tausendmal all Deine Hilfe, die Du mir Unwürdigem und so vielen andern hast zuteil werden lassen. Mögest Du Frieden haben, dort wohin Du gehst, und uns helfen, in gewisser Weise den Frieden zu finden. Aber irgendwie glaube ich kaum, daß es auf dem Weg der Kontroverse sein wird. Und so mit einem ähnlichen Gefühl, *als hätte man den Frühling aus dem Jahr meines Lebens genommen,* bin ich immer von Herzen Dein dankbarer John Keble.« – Newman war von den bewegenden Worten dieses im geistlichen Leben kongenialen Freundes tief berührt; er vermachte den Brief später dem Archiv des Keble-College in Oxford als Dokument.

Aufnahme in die römisch-katholische Kirche

Von nun an war alles eine Frage von wenigen Tagen. Einige der Mitbewohner von Newmans Blockhaus hatten sich in den letzten Wochen schon in die katholische Kirche aufnehmen lassen – wie Ambrose St. John und John D. Dalgairns. Andere warteten auf Newman, um sich mit ihm in die Kirche aufnehmen zu lassen. – Als einer der schon Konvertierten Newman sagte, der Passionisten-Pater Domenico Barberi (1792–1849) komme auf seinem Weg aus den englischen Midlands nach Belgien durch Oxford, nahm Newman dies zum Anlaß, Barberi nach Littlemore zu bitten. An die Frau von John William Bowden, deren Mann im Jahr zuvor gestorben war, schreibt Newman am 8. Oktober, während er auf die Ankunft von Pater Domenico wartete: »Da ich seither verpflichtet war, nach meinem eigenen Sinn für das Richtige zu handeln, tat es mir nicht leid, daß ein scheinbar von außen ergehender Ruf kam und die Zeit (meines Wartens) abkürzt und mich an die plötzlichen Berufungen des heiligen Matthäus oder Petrus erinnert und an die furchterregende Plötzlichkeit des Gerichts.«

Newman wußte einiges von Pater Domenico: daß er ein kluger Mensch und einfach wie ein Kind war, daß er besonders freundlich über die Gemeinschaft von Littlemore dachte, daß er 38 Jahre lang darauf gewartet hatte, bis ihn seine Ordensoberen ohne sein eigenes Zutun nach England geschickt hatten, daß er sich nicht um Konversionen, sondern um die Seelsorge an seinen eigenen Landsleuten in England bemühte. »Ich halte ihn für einen sehr heiligen Menschen«, schrieb Newman. Wie recht er hatte, zeigt die Seligsprechung Domenico Barberis durch Paul VI. (1963).

John D. Dalgairns wollte am Nachmittag des 8. Oktober zur Postkutschenstation nach Oxford gehen, um P. Domenico auf der Durchreise zu begrüßen, als ihm Newman »ruhig und leise« sagte, er möge seinem Freund mitteilen, daß er durch ihn in die Kirche aufgenommen werden möchte. Bis dahin hatte Newman den Zeitpunkt für seine endgültige Entscheidung noch keinem seiner jungen Hausgenossen mitgeteilt. Jetzt, da der Augenblick vor der entscheidenden Handlung eingeleitet war, so schreibt er im Rückblick, »konnte ich nichts tun, außer mich einschließen und in meinem Zimmer aufs Bett legen«. Als Domenico Barberi vom Vordersitz der Kutsche herabstieg, wo er fünf Stunden in strömendem Regen gesessen hatte, ließ ihn die Freude über die Nachricht alles andere vergessen: »Gott sei Dank«, sagte er.

Als er nach Littlemore kam, war es abends elf Uhr. Er selbst veröffentlichte einen Bericht über die Begegnung mit Newman in der Zeitschrift »The Tablet«: »Ich setzte mich gleich an den Kamin, um meine Kleider zu trocknen. Da trat Herr Newman ein, warf sich vor mir zu Füßen, verlangte meinen Segen und bat mich, seine Beichte anzuhören und ihn in die Kirche aufzunehmen. Er beichtete noch in der gleichen Nacht.« Newman führte am folgenden Morgen seine Beichte zu Ende, nachdem Pater Domenico vom Zelebrieren der Messe in der kleinen katholischen Kirche St. Clement in Oxford zurückgekommen war. Auch die »Herren Bowles und Stanton taten das gleiche. Am Abend jenes Tages legten die drei in ihrem privaten Gebetsraum nacheinander das Glaubensbekenntnis in der üblichen Form ab mit solcher Innigkeit und Frömmigkeit,

daß ich vor Freude ganz außer mir war. Ich gab ihnen allen die kirchenrechtlich (vorgesehene) Lossprechung und spendete ihnen die Taufe ›unter Bedingung‹ (d.h. falls die erste Taufspendung nicht gültig gewesen war). Am folgenden Morgen las ich in ihrem Gebetsraum die Messe und reichte den Herren Newman, St. John, Bowles, Stanton und Dalgairns die Kommunion.«
Die große, ebenso dramatische wie schmerzliche Geschichte des Weges von John Henry Newman zur römisch-katholischen Kirche war zu Ende. Am 8. und 9. Oktober schrieb er neunzehn Briefe an seine engsten Freunde und Verwandte. Er schickte sie alle erst weg, nachdem er sich in die Kirche hatte aufnehmen lassen. Für ihn selbst war dieser Schritt keineswegs ein Bruch mit seinen bisherigen Überzeugungen, sondern der Schlußstein in dem großen Gewölbe der wahren Lehre Jesu Christi, das er im Verlauf der drei Jahrzehnte seit 1816 Stein um Stein aufgebaut hatte. Von einer Konversion im Sinne der Abkehr von bisherigen und Hinkehr zu neuen Lehren kann deshalb nicht die Rede sein, vielmehr hatte sich für ihn die »Vision des Friedens« nun verwirklicht. In der Folgezeit war er bis zu seinem Lebensende nie mehr im Zweifel darüber, die wahre Kirche Jesu Christi gefunden zu haben. Insofern wurde die Überzeugung bestätigt, die er in den vielen Briefen immer wieder zum Ausdruck brachte, daß er sich nämlich in die »eine und einzige Herde des Erlösers«, in die »katholische Kirche« habe aufnehmen lassen.
Welch tiefgreifenden Einschnitt dieser Schritt nicht nur im Hinblick auf den Verlust seiner Arbeitsstelle, seiner Einkünfte, seines Berufes, sondern auch im Blick auf seine persönlichen Beziehungen mit sich brachte und immer deutlicher im Abstand der Zeit zur Folge haben würde, das zeigt die Antwort seiner Schwester Jemima auf die Mitteilung seines Übertritts zur Kirche von Rom. »Die Tatsache, daß unsere Folgerungen so verschieden sind, weil wir entsprechend unseren je eigenen Ansichten urteilen, stellt mir noch lebhafter und schmerzlicher vor Augen, was ich nur langsam als Wirklichkeit nehme, daß wir in der Tat weiter voneinander getrennt sind, als ich ertragen kann. Wir müssen doch schrecklich weit auseinander sein, andernfalls würdest Du es nicht für notwendig erachten, uns zu verlassen ... Lieber John, wenn Du im Namen unserer Kirche gesprochen hast, waren Deine Mahnungen alle machtvoll, Deine Stimme schien die Stimme eines Engels zu sein, Du hast in all unseren Herzen Saiten angerührt – Du schienst unsere Herzen geradezu zu kennen. Seit Deine neuen Ansichten die Oberhand gewonnen haben, wie groß ist die Veränderung! ... Nun, ich will nicht sagen, daß Dein Einfluß nicht sehr groß bleiben

wird. Deine Fähigkeiten, Erfahrung und Geistestiefe müssen Deine Worte machtvoll machen; aber Du wirst nicht mehr dieselbe Klasse von Geistern beeinflussen, wie Du es in vergangenen Zeiten getan hast. Glaub mir, es ist sehr schmerzlich für mich, das zu bedenken, noch viel mehr, es niederzuschreiben. Aber ich habe meine Kirche sehr lieb und setze mein Vertrauen in sie als das erwählte Gefäß, das der Herr nicht verlassen wird ...« Das war der Anfang der jahrzehntelangen Entfremdung mit seiner »teuersten«, »süßesten Jemima«, wie er seine Schwester in sorgenvollen Briefen während der letzten Monate angeredet hatte. – Harriett, die jüngere Schwester, hatte den Bruch mit ihm schon 1843 vollzogen; sie sahen sich nie mehr. Ihre Tochter Grace besuchte Newman wenige Tage vor seinem Tod.

Am unbekannten Ufer der neuen Glaubensgemeinschaft

Die Aufnahme in die römisch-katholische Kirche als die eine wahre Herde Jesu war für Newman ein aktiver Vorgang. Er selbst war das Subjekt seiner Handlungen. Seine dahin führenden Lebensentscheidungen hatten eine innere logische Folgerichtigkeit; denn in dem Maße, als er die christliche Lehre in der Väterkirche erkannt hatte, hatte er sie in sein Glaubensbekenntnis und Glaubensleben aufgenommen – bis hin zu dem spezifisch katholischen Postulat, es müsse ein unfehlbares Lehramt der Kirche geben.

In bezug auf das wahre Evangelium Jesu Christi hatte Newman also nichts wesentlich Neues hinzuzulernen, als er in die römisch-katholische Glaubensgemeinschaft kam. Vielmehr war er bei der persönlichen Aufarbeitung und Aneignung der ganzen umfassenden Glaubenswahrheit durch das Licht der Gnade Gottes selbst zum Träger von neuen Einsichten geworden, die ihn vor vielen katholischen Theologen seiner Zeit auszeichneten. Dazu gehört die Lehre von der Entwicklung der Glaubenssätze, die Rolle der Laien in der Kirche, die Bedeutung der Bildung für die Christen, das Übergewicht des Lebensprinzips über das Theorieprinzip, das Verhältnis der Theologie zum Lehramt der Kirche und zu den anderen Wissenschaften, die Wichtigkeit theologischer Schulen für die Katholizität der Glaubenslehre usw. In diesem Sinne kann Newman zwanzig Jahre nach seiner Konversion öffentlich in der »Apologia pro Vita sua« bekunden, daß er »keine Änderung mehr durchzumachen hatte und keinerlei Besorgnis mehr im Herzen trug«. Er konnte für die ganze Zeit seiner Zugehörigkeit zur katholischen Kirche bekennen: »Ich habe in vollkommenem Frieden und ungestörter innerer Ruhe gelebt, ohne je von einem einzigen Zweifel heimgesucht zu werden. Daß mein Übertritt irgendeine intellektuelle oder moralische Änderung in meinem Geist bewirkt hätte, kann ich nicht sagen; auch empfand ich nichts von einer Konsolidierung des Glaubens an die großen Offenbarungswahrheiten oder von einer größeren Fähigkeit zur Selbstbeherrschung. Ich hatte nicht mehr Eifer als zuvor. Aber es schien mir, als hätte ich nach stürmischer Fahrt den sicheren Hafen erreicht; und das Glück, das ich darüber empfand, hat bis heute ununterbrochen angehalten.«

Andererseits aber standen Newman in der katholischen Kirche als einer menschlichen und oft allzumenschlichen Gemeinschaft, die sie auch in seinen Tagen war, tiefgreifende Lernprozesse bevor, die ihm jahrelanges seelisches Leid abforderten.

Um die *konkrete Kontaktaufnahme* mit den Vertretern der katholischen Kirche ging es Newman zunächst nach seiner Konversion. Er wurde vom apostolischen Delegaten der katholischen Kirche in England, dem ihm bereits bekannten Bischof Nicholas Wiseman (in dessen Bezirk Oxford lag) in das neue Oscott College eingeladen, ein Priesterseminar in der Nähe von Birmingham, in neugotischem Stil von August N. Pugin (1812–1852) erbaut. Die Situation der römisch-katholischen Kirche war infolge des jahrhundertelangen Verbots und der zeitweiligen Verfolgung die einer Minderheit. Es gab noch keine festen Diözesen und Bischofssitze. Obgleich bereits 1830 das Emanzipationsgesetz für Katholiken erlassen worden war, hatte sich die bis dahin herrschende Situation nur wenig geändert. Die katholische Bevölkerung Englands bestand zumeist aus einer kleinen Schar treu gebliebener katholischer Familien, einigen wenigen alteingesessenen Adelsgeschlechtern wie den Herzögen von Norfolk, dem Marquis von Ripon u. a. und einer breiten Schicht eingewanderter irischer Arbeiter. Um Priester für die katholische Minorität in England auszubilden, waren einst die Seminare im Ausland geöffnet worden: in Douai (Frankreich) bis 1793, in Valladolid (Spanien), das Collegio Inglese (Englisches Kolleg) in Rom u. a.

Dort hatte Newman 1833 erstmals die Bekanntschaft von Wiseman gemacht. Nun trat er ihm als Konvertit gegenüber und anerkannte ihn als seinen Bischof und Vorgesetzten, von dem er sich für den weiteren Lebensweg beraten ließ. In gewisser Weise versuchte Wiseman, an die Lebensgemeinschaft von Littlemore anzuknüpfen, und bot Newman das leerstehende Haus von Old Oscott an. Newman zögerte zunächst, weil er auf die Konversionsentscheidung einer Reihe von Mitgliedern aus der Oxford-Bewegung war-

tete, die sich ihm und seinen Freunden möglicherweise anschließen würden.
Während der Wintermonate 1845/46 folgten Newman und die anderen Oxforder Konvertiten Einladungen in einige der Zentren katholischen theologischen Lebens in England: in das Priesterseminar St. Edmund (für den Londoner Distrikt 1793 gegründet), das 1830 eröffnete Seminar Prior Park bei Bath, die Rosminianer-Niederlassung Loughborough/Leicestershire, die theologisch-philosophische Hochschule des Ushaw College bei Durham u. a. »Wir müssen uns ins System (der Kirche) einbringen«, meinte Newman seinem Freund Ambrose St. John gegenüber, auch wenn er zugleich bekennen mußte, daß ihn vieles Umherreisen depressiv stimme, weil es ihm das Elend des irdischen Pilgerstatus besonders akut bewußt werden ließ.
Im Februar 1846 trafen Newman und seine Freunde in Littlemore Vorbereitungen für den endgültigen Aufbruch zur Übersiedelung. Tagelang wurde die kostbare und umfangreiche Bibliothek Newmans verpackt. Old Oscott sollte nun doch das neue Domizil sein; Newman benannte es um in Maryvale – wie es bis heute heißt (Mariental). In der letzten Nacht vor der Abreise war er allein zu Hause, wie einst vier Jahre vorher in den Tagen des Einzugs. »Allein mit dem Alleinen«, so deutete er in heilsgeschichtlicher Weise seine Situation. »Es war trotz meiner Zweifel und Spannung die glücklichste Zeit meines Lebens, weil sie so ruhig war – vielleicht werde ich nie wieder solche Ruhe haben«, schrieb er prophetisch. Es galt für ihn auch, von drei Jahrzehnten Leben in Oxford Abschied zu nehmen: »Ich nehme an, daß ich dauernd Gott gedient habe, vom ersten Tage an, da ich hierher kam.« Aber viel schwerer war für ihn doch der Abschied von seiner Klause in Littlemore, wo er »die selige Vision des Heils« gefunden hatte. Er küßte die Kaminkonsole beim Weggehen, und an einen Freund schrieb er, es sei ihm zumute wie dem Verfasser des Psalmworts: »Vergiß dein Volk und dein Vaterhaus«. Es war ihm »als gehe es hinaus auf die offene See«. Am 23. Februar 1846 verließ Newman Oxford für immer, und über drei Jahrzehnte kehrte er nicht mehr dahin zurück.
Die nächsten sechs Jahre bis 1852 galten vor allem zwei Hauptaufgaben: dem Bemühen, für sich und seine Freunde innerhalb der neuen Kirchengemeinschaft den richtigen Platz zu finden – und das hieß für Newman, den Platz, an den Gott sie rufen würde. Gleichzeitig war er unermüdlich dafür tätig, die verunsicherten Mitchristen, die in der anglikanischen Kirche noch nach der richtigen Entscheidung suchten, durch seine Hilfestellung zum Ziel der Konversion zu führen.

Die über Jahre erfolgende *pastorale Begleitung von suchenden, zweifelnden, konversionsbereiten Anglikanern* war für Newman eine außerordentlich wichtige Aufgabe. Er sah darin die konsequente Fortsetzung seiner Solidarität mit den Mitgliedern der apostolischen oder Oxford-Bewegung. Hatte er selbst keine Alternative zur Erlangung des Heils gesehen als die Aufnahme in die römisch-katholische Kirche, so erwartete er auch von seinen engsten Freunden, von denen, die seine Gedankengänge so weit mitvollzogen und mitgetragen hatten, dieselbe Konsequenz. Zum Teil waren sie ja mit ihm konvertiert wie Ambrose St. John, der ehemalige Kaplan seines früheren Schülers und engen Freundes aus Oriel-Tagen, *Henry Wilberforce,* jetzt Pfarrer von East Farleigh in Kent. Zum Teil waren sie auch noch Mitglieder der anglikanischen Kirche wie gerade Henry Wilberforce, mit dem in der Folgezeit eine herzliche und umfangreiche Korrespondenz entstand, in deren Verlauf sich auch zahlreiche Impulse zur Konversion finden. Schließlich konvertierte die ganze Familie von Henry Wilberforce im Jahre 1850. –

Auch seinem noch älteren Freund aus der Zeit der Fellowschaft in Oriel, *Edward B. Pusey,* versuchte Newman die Konsequenz aus der haltlosen Position der Via Media darzulegen. Doch Puseys Überzeugung blieb unerschüttert. Der Oxforder Gelehrte, der sich aus Demut für unwürdig hielt, für seinen scheidenden Freund sein Porträt malen zu lassen, weil er schon zu oft Gottes Antlitz beleidigt habe, war gleichwohl entschieden für die Haltbarkeit der anglikanischen Position. So blieb am Ende für Newman nur die Alternative, »sich gegenseitig Schmerz zuzufügen oder zu schweigen«. Über Jahrzehnte bis Anfang der 60er Jahre blieb die Distanz zwischen beiden in der Ehrfurcht und im Schmerz angesichts der Glaubensdifferenz, die sie trennte.

Andererseits gab es für Newman erfreuliche Entwicklungen wie bei *Elizabeth Bowden* (1805–1896) und ihren Kindern, der Familie seines verstorbenen Freundes John William Bowden. Mrs. Bowden hatte Newman immer in ihren jeweiligen Gewissenszustand eingeweiht; deshalb zögerte Newman nicht, ihr konkrete Ratschläge zu geben. In der Phase ihrer letzten Zweifel schlug er vor, daß sie sich einen bestimmten Zeitraum festlege und die Entwicklung ihrer eigenen Glaubensüberzeugungen genau beobachte. Und schließlich hielt er – der sonst Leuten zu Besonnenheit riet und sie auf ihr eigenes Gewissensurteil verwies – es für angebracht, Elizabeth Bowden dringend zur Konversion zu mahnen. Hingegen empfahl

Newmans Cottage in Littlemore, wohin er sich 1841 in zunehmendem Maße zurückzog und bis 1846 wohnte.

Newman als Vorsteher des Oratoriums in Birmingham. Datum unbekannt.

er im Fall ihres älteren Sohnes *John Edward Bowden,* zu warten und ihn nicht zu bedrängen.
Die Differenziertheit von Newmans Umgang mit den Konvertiten, wie sie hier andeutungsweise an wenigen Beispielen aus dieser Zeit beschrieben wird, ist in unzähligen Briefen dokumentiert, die erhalten sind. Er war überzeugt, daß »die Gründe, die jemand für seine Konversion angibt, nicht in einer Formel zum Ausdruck gebracht werden können, sondern etwas Zeit und Überlegung brauchen«. »In moralische Beweise« – wie sie in zwischenmenschlicher Argumentation gebraucht werden – »muß man hineinwachsen, man kann sie nicht auswendig lernen«. »Katholizismus ist eine tiefe Sache – man kann sie nicht in einer Teetasse zu sich nehmen.« Deshalb kann man mit den Gründen, die einer für seine Konversion angibt, nicht so umgehen wie mit einer Ware oder einem x-beliebigen Argument. Man muß bereit sein, sich mit seinen eigenen Gedanken darauf einzulassen und sich damit auseinanderzusetzen.
Wer die Sorgfalt des Konversionsvorgangs so hoch einschätzt, wird entsprechend *dem Konvertiten einen hohen Stellenwert* geben. »Der Anblick eines Konvertiten ist das zwingendste und zugleich leiseste und umwerfendste aller Argumente. Wenn die Leute davon nicht überzeugt oder zumindest betroffen werden, werden es Worte nicht vermögen... Wir können die Leute nicht zum Glauben zwingen... – Ich würde jemandem sagen: Achten Sie auf den Augenblick, nehmen Sie die Gelegenheit wahr, lassen Sie sie nicht verlorengehen – aber mehr kann man nicht machen...« Der Konvertit ist die Ver-körperung eines der Ernstfälle der Religion; an ihm wird sichtbar und greifbar, daß »Wissen nichts ist im Vergleich zum Tun«, wie eine von Newmans Maximen lautet.
Noch Jahre später setzte sich Newman damit auseinander, daß viele Leute zu seiner Zeit eine große Konversionsbewegung erwartet hatten: unter den alteingesessenen englischen Katholiken, unter den Katholiken in Frankreich und in anderen Teilen der Welt, ganz besonders in Rom. Auch die Konvertiten selbst warteten auf viele, von denen sie wußten, daß sie unsicher, zwischen den Fronten und auf dem Weg waren. Newman aber schrieb 1863 im Rückblick in sein Tagebuch, er sei davor zurückgeschreckt, »aus gebildeten Menschen übereilte Konvertiten zu machen aus Furcht, sie könnten ›die Kosten nicht berechnet‹ (Lk 14, 28) haben und könnten nach ihrem Eintritt in die Kirche Schwierigkeiten bekommen«.
Newmans besonnenes und sorgfältig abwägendes Vorgehen war natürlich nicht jedermanns Art. Es gab auch vorwiegend emotional

gestimmte Persönlichkeiten unter den Konvertiten, so wie der im November 1845 konvertierte Pfarrer von Elton in Huntingdonshire, *Frederic William Faber* (1814–1863), ein Dichter und Schriftsteller, der zu den Bewunderern Newmans zählte und von dem Newman seinerseits sagte, er schaffe Konvertiten im Vorbeigehen »rechts und links des Weges, beinahe durch Berühren«. Er war gleich mit einer Schar Jugendlicher aus seiner Pfarrei zur Kirche übergetreten.

Studien und Noviziat in Rom

Im Vordergrund der Jahre von 1846 bis 1852 stand für Newman und seine Freunde also die Bemühung, den richtigen Platz in der katholischen Kirche zu finden. Schon recht bald hatte Wiseman die Lebensform der Oratorianer vorgeschlagen als eine Möglichkeit, um den in Littlemore begonnenen Lebensstil fortzusetzen. Bischof Wiseman war es auch, der Newman nahelegte, nach Rom zu gehen, um dort die römische Theologie und Theologen kennenzulernen. Newman nahm den Rat an und weilte von September 1846 bis Weihnachten des folgenden Jahres auf dem Kontinent. Es wurde eine Zeit wichtiger Erfahrungen und Kontakte. Bei seiner Durchreise wurde er in Paris mit Hochachtung und Herzlichkeit vom Klerus empfangen. In Langres, wohin John D. Dalgairns Verbindungen hatte, lernte er die unkomplizierte fröhliche Lebensart der Priester kennen. Mit ihrer Etikette allerdings hatte er Schwierigkeiten, wie er humorvoll schrieb: »Ich, der ich kaum je eine förmliche Verbeugung in meinem Leben gemacht habe, ich kann kaum meine Gesichtszüge beherrschen, wenn ich meinen Ellbogen abwinkle, die Hand in die Hüfte stemme und mit dem Fuß einen Halbkreis beschreibe.«

Mailand wurde für ihn zur großen inneren Glaubensbegegnung mit dem Genius der geliebten Kirchenväter Ambrosius und Augustinus, aber auch mit der Gestalt des Karl Borromeo, der im 16. Jahrhundert die Reformdekrete des Trienter Konzils bis zur Erschöpfung seiner physischen Kräfte in die pastorale Praxis umgesetzt hatte. »Es ist eine große Sache, zu sein, wo die Ursprünge, die Wiege des Christentums sozusagen noch existiert.« Das Erlebnis war so existentiell, daß er an seine eigenen religiösen Ursprünge im Jahre 1816 erinnert wurde. »Genau in diesem Monat sind es 30 Jahre..., seit Gott mich religiös werden ließ, und der heilige Ambrosius ... war eine der ersten Gestalten meiner Verehrung.«

Im Vergleich dazu schien Rom zunächst eher formale Eindrücke zu vermitteln. Er erlebte Papst Pius IX. (1846–1878) bei der Eucharistiefeier in St. Peter. Er wohnte zusammen mit Ambrose St. John im Collegio di Propaganda (della Fede), mußte teure Klerikerkleidung anschaffen und hatte im Speisesaal ähnliche Schwierigkeiten mit seiner Scheu wie einst in Oriel. Vorlesungen besuchten sie an der päpstlichen Universität Gregoriana. Newman schlief dabei hie und da ein, wie St. John fröhlich in einem Brief berichtet. In der Tat bedauerte Newman, daß weder Aristoteles noch Thomas in Rom die ihnen zukommende Bedeutung hatten. Er vermißte wirkliche theologische Gespräche und überhaupt eine gründliche Theologie ebenso wie gute Philosophie. Er war enttäuscht. Immerhin fand er in dem Jesuiten Giovanni Perrone (1794–1876), dem Professor für Dogmatik, einen Gesprächspartner, mit dem er auch das inzwischen angegriffene Essay über die Entwicklung der christlichen Lehre diskutieren konnte. Newman hatte zu diesem Zweck eine kurze, aber umfassende Darstellung seiner Entwicklungsprinzipien in lateinischer Sprache verfaßt mit dem Titel »Die Entwicklung des katholischen Dogmas« (Dogmatis catholici evolutio). Dabei hatte er eine alte, wichtige Unterscheidung aus seinen theologischen Vorlesungen über das »Prophetische Amt der Kirche« aufgenommen. Was dort als bischöfliche Tradition einerseits und prophetische Überlieferung andererseits bezeichnet worden war, tauchte in seinem lateinischen Essay als *objektives und subjektives Wort Gottes* auf. Eine statische, unveränderliche Überlieferung, die durch die bischöfliche Sukzession garantiert wird, und eine dynamische und verändernde Überlieferung, die sich *im Leben des Gottesvolkes* und des Gottesdienstes zeige, seien beide miteinander im Spannungsprozeß des Glaubens verbunden, der Leben heißt. – Wieweit war Perrone davon beeinflußt worden, als er 1848 auf Anordnung des Papstes die ersten Schritte zur Dogmatisierung der Lehre von der ohne Erbsünde empfangenen Gottesmutter Maria mit einer Umfrage unter den Bischöfen des Erdkreises begann?

Am 30. Mai 1847 wurde Newman zum Priester geweiht. Dafür mußte er – wie schon für die niederen Weihen in Oscott – entsprechende theologische Prüfungen ablegen; schwer vorstellbar bei einem Menschen seiner profunden theologischen Gelehrtheit. Seine Ehrfurcht verbot ihm vielleicht, über die Examina zu lächeln. In den Vorbereitungsexerzitien zu den Weihen ging Newman in strenger Analyse mit sich ins Gericht. Er kritisierte an sich seine Liebe zum Mittelmaß. »Ich liebe die Ruhe, die Sicherheit, das Leben mit Freunden, mit Büchern, ein Leben ohne Verpflichtungen.« Er habe eine Vorliebe für feste Orte, für regelmäßige Arbeiten und Zeiten. Selbst in geistlichen Übungen mache ihm die Vielzahl der

Abwechslungen zu schaffen. Zwar habe er Freude an Messe, Besuch des Allerheiligsten, Rosenkranz, Litanei usw., aber sobald sie quantitativ gehäuft aufträten, zertreuten sie seinen Geist, statt ihn zu sammeln. Er sei eben in der Betrachtung göttlicher Dinge immer langsam gewesen, »gleichsam wie einer, dem beim Gehen die Füße zusammengebunden sind. Eine Art Fessel ist über mich geworfen, so daß ich wie durch ein physisches Gesetz beim Predigen und beim Sprechen nicht feurig sein kann, noch glühend beim Betrachten oder Beten.« Die in Latein geschriebenen Selbstanalysen der Exerzitientage zeigen aber keinesfalls nur sein Naturell, das im Vergleich zum südländischen Temperament seiner katholischen Umgebung ganz anderer Art ist, vielmehr zeigt sich darin auch die Folge seiner jahrzehntelangen tiefgreifenden geistlichen Lebensgestaltung, die aus Selbstkontrolle und Zucht, aus Besonnenheit und Konzentration des Lebens vor Gott erwachsen war. – Er machte sich auch seine wirkliche Lage umfassend bewußt: daß er nicht mehr jung sei, daß er durch seine Konversion viele Freunde verloren habe und daß er das Gefühl habe, »zu nichts zu gebrauchen zu sein, eben ein unnützes Holz«. – Doch diese Analyse seiner selbst und seiner Situation vor Gott und den Menschen kann nur richtig verstanden werden, wenn man die Spannung wahrnimmt zwischen seinem Ist-Stand und der Hoffnung im Vertrauen auf Gott. Dies kommt in einem Brief an J. D. Dalgairns zum Ausdruck, in dem er von dem Gefühl spricht, »daß man mir noch nicht gerecht geworden ist. Aber ich muß all das Ihm überlassen, der weiß, was tun mit mir.« Das »Deus providebit« (Gott wird vorsorgen) war und blieb der eigentliche rote Faden seiner Lebensgeschichte.

Nach der Priesterweihe begab sich Newman zusammen mit A. St. John zum *Noviziat der Oratorianer* nach Santa Croce. Auch eine Reihe anderer Konvertiten, die mit ihnen ein Oratorium gründen wollten, kamen dazu: J. D. Dalgairns, Frederic Bowles, Robert Coffin, William Penny, Richard Stanton. Sie bewohnten einen Teil des Hauses für sich mit hellen, hohen und weiten Räumen. Es erwies sich, daß die Wahl der Priestergemeinschaft der Oratorianer für sie die beste Lebensform ergab. Einige Zeit hatte Newman die Ordensideale von Jesuiten, Redemptoristen und Dominikanern gegeneinander abgewogen. Doch dann war er endgültig bei dem Ideal des heiligen Philipp Neri (1515–1595) geblieben. Dieser erinnerte ihn an John Keble, und das Zusammenleben der Oratorianer des hl. Philipp war für ihn wie das Leben der Fellows zu Oxford. Da jedes Oratorium seinen eigenen Lebensstil ausprägen darf, besuchten sie zur Bereicherung ihrer Erfahrung auch die Oratorianer in Neapel. Während des Noviziats hatte Newman Muße gefunden, die Geschehnisse der Oxfordbewegung in einem amüsanten Roman zu beschreiben, in dessen Hauptfigur, Charles Reding, viele seiner eigenen Charakterzüge und Erlebnisse aufgezeichnet sind.

Für die englischen Verhältnisse hatten sie einige Veränderungen der Statuten ausgearbeitet. Das päpstliche Breve für die Errichtung von Oratorien in England beauftragte Newman zur Gründung und ernannte ihn zum ersten Leiter. – Anfang Dezember 1847 verließen sie Rom. Sie hatten nur wenig von den Unruhen, die im politischen Bereich das damalige Europa erschütterten und auch in Rom ihre Auswirkungen hatten, mitbekommen. Im Sommer hatte man eine Konspiration gegen Pius IX. aufgedeckt, wie Newman an Freunde berichtete; man habe die Einflüsse fremder Staatsmächte vermutet. Einige Tausend Aufständische seien von der adriatischen Küste nach Rom herüber gezogen. Auf der Heimreise schrieb er in einem Brief, daß sich der Papst in einer politischen Krisensituation vorfinde und ihm jederzeit etwas zustoßen könne. Er fand die Nähe zum Martyrium folgerichtig, hatte aber ein gespaltenes Gefühl. Denn kirchengeschichtlich gesehen sei das das Schicksal vieler Päpste gewesen: »Wenn sie persönlich leiden, siegt ihre Sache«, aber persönlich würde ihn das doch sehr treffen, wenn diesem Papst etwas passieren würde.

Sie reisten über den Brenner durch München über Frankfurt nach London. In München besuchten sie den bekanntesten Kirchenhistoriker seiner Zeit, Johann Ignaz von Döllinger (1799–1890), der sie zum Abendessen und zur Feier der Heiligen Messe am Sonntag in der königlichen Kapelle einlud. Döllinger erwiderte den Besuch vier Jahre später in Birmingham, und ihre gegenseitige Hochschätzung führte zu einem jahrzehntelangen freundschaftlichen Kontakt.

Die Gründung der englischen Oratorien

Zu Weihnachten kamen Newman und St. John in London an. Am Neujahrstag waren sie wieder zu Hause in Maryvale. Dort eröffnete Newman am Fest Mariä Lichtmeß, dem 2. Februar 1848, feierlich das erste Oratorium mit fünf Priestern, drei Brüdern und einem Novizen. Wenige Tage später nahm er auch F. W. Faber in Cotton Hall, St. Wilfrid's genannt (Nord-Staffordshire), mit den jungen Leuten dort in die Mitgliedsgemeinschaft des Oratoriums auf. – Im selben Monat wurde Newmans Konvertitenroman, den er in Rom geschrieben hatte, anonym veröffentlicht unter dem Titel »Verlust und Gewinn« (Loss and Gain). Die Absicht Newmans, damit Argumente gegen die Verleumdung der Konvertiten aus der Oxford-Bewegung ins Spiel zu bringen, wurde zum Teil heftig kritisiert. Das Werk fand jedoch großen Absatz und wurde sogleich ins Italienische und Deutsche übersetzt. Newman deckte seine Verfasserschaft erst bei der sechsten Auflage 1874 auf.

Dreierlei Art waren die Anfangsschwierigkeiten, mit denen die ersten Oratorianer und Newman insbesondere zu ringen hatten: die Klärung der spezifischen Aufgabe in der katholischen Kirche Englands, die Klärung der Beziehung unter den so verschiedenen Mitgliedern des Oratoriums und die Lösung der Frage nach dem endgültigen Ort für das Oratorium. – Zu ihren Aufgaben hätte ursprünglich nach Bischof Wisemans Vorstellung die theologische und publizistische Arbeit gehören sollen. Doch nun, da Wiseman von Oscott als apostolischer Vikar nach London gezogen war, holte er Newman und die Seinen zu einer Serie von Fastenpredigten in die Hauptstadt. Newmans Bedenken angesichts der zu kurzen Vorbereitung und diffusen Situation in den Londoner Gemeinden blieben ohne Wirkung auf Wiseman, und das Unternehmen wurde ein Mißerfolg.

Eine Enttäuschung anderer Art bereiteten den Oratorianern im Herbst 1848 mehrere englische Bischöfe, unter ihnen der neu geweihte Bischof des Midland-Bezirks, Bernhard Ullathorne, ein Benediktiner. Er verbot die Weiterführung einer Buchreihe über »Das Leben der Heiligen«. Die Serie war von Frederic William Faber begonnen worden, noch bevor er sich dem Oratorium anschloß. Newman war bereit gewesen, dieses Unternehmen in Zukunft als Sache der Oratorianer zu übernehmen. Die italienischen Vorlagen der Biographien, aus denen übersetzt wurde, enthielten allerdings mirakulöse Details und lösten bei manchen alteingesessenen Katholiken Unbehagen und bei manchen Anglikanern Spott aus. Newman sah mehr auf den spezifischen Wert der Heiligkeit. Im Entwurf zu einem Vorwort schrieb er, von einem Heiligen gehe göttlicher Einfluß aus und die Kraft, »verborgene Elemente der göttlichen Gnade im Leser zu wecken«. Die Lebensgeschichten der Heiligen seien eines der besonderen Werkzeuge Gottes, um die englische Bevölkerung dieser Zeit zur Umkehr aufzufordern. Daß der Bischof seine Mißbilligung zum Ausdruck brachte, ohne mit Newman vorher über die Sache gesprochen zu haben, war der eigentliche Grund für seine Enttäuschung. Er ließ in dem ihm eigenen Gehorsam sogleich alle in Vorbereitung befindlichen Arbeiten einstellen und die Abonnenten der Reihe benachrichtigen.

In der Zwischenzeit war es möglich geworden, dem Wortlaut des päpstlichen Breves entsprechend, in Birmingham für das Oratorium ein Haus zu erwerben. Sie gaben Maryvale auf und zogen bis zur Fertigstellung ihrer künftigen Unterkunft in der Stadt über die Wintermonate 1848/49 nach St. Wilfrid's in Cotton Hall zu Faber und seinen Leuten. Im Februar 1849, wiederum zu Mariä Lichtmeß, konnten sie ihr neues Haus in Alcester-Street, Birmingham, in einer ehemaligen Gin-Brauerei eröffnen. Nun wurden sie durch die Gottesdienste, die Sakramentenspendung und Katechese, durch all die pastoralen Dienste beansprucht, wie sie eine Pfarrei mit sich bringt. Sie waren arm, wie es der Klerus ist, der allein von den Kollekten einer Pfarrgemeinde im Arbeiterviertel lebt.

Weitreichende Folgen hatten *die Beziehungsprobleme*, die sich im Kreis der Oratorianer auftaten. Verwunderlich waren sie nicht; denn sie waren eine Schar von ganz verschiedener Herkunft. Einige Monate waren die beiden führenden Köpfe, Newman und Faber, stark damit beschäftigt. Besonders die jüngeren Leute in Cotton Hall um Father Wilfrid, wie Faber mit Oratorianer-Name genannt wurde, beklagten sich über Newmans mangelnde Zuwendung, über seine Bevorzugung anderer. Am meisten kritisierten sie nach Angaben Fabers die Unverträglichkeit von Ambrose St. John. Newman stellte sich offen der Auseinandersetzung, die großteils brieflich ausgetragen wurde. Die Differenz lag offensichtlich in der Verschiedenheit der Lebensauffassungen zwischen den Generationen. Zudem war Newman der Ansicht, daß sie zu viele waren, um alle zusammen an einem Ort zur wirklichen Gemeinschaft eines Oratoriums werden zu können. Denn nach der Oratorianer-Regel sollte es möglich sein, in der Rekreation (Freizeit) sich gemeinsam gemeinschaftlich auszutauschen. So kam es nach einer entsprechenden Meinungsbildung zur Gründung eines zweiten Oratoriums in der King-William-Street im Stadtviertel Strand von London Ende Mai 1849.

Bei alledem behielt Newman immer die geistliche Zuversicht und Übersicht. Er schrieb Faber: »Seien Sie guten Mutes, mein lieber Father Wilfrid, und vertrauen und glauben Sie, daß alles gut wird, wenn wir nur bei dem, was wir tun, ruhig und besonnen sind.«

Newman hielt zur Eröffnung des Londoner Hauses eine programmatische Predigt über »Die Aussichten des katholischen Seelsorgers«. Er schilderte die aussichtslose Anfangssituation der Oratorianer inmitten einer Großstadt, die der katholischen Kirche feindlich gegenübersteht. Er gab eine Art moderner soziologischer Analyse für den Ansatz der Verkündigung des Evangeliums. »In dieser riesigen Stadt, inmitten einer Bevölkerung von Einzelwesen, so verstreut, daß jedes einsam ist, so verschiedenartig, daß jedes unabhängig ist vom andern, unter einer Bevölkerung, die gleich dem Ozean vor jedem Versuch einer Beeinflussung und Einwirkung zurückweicht und sich davor verschließt – mitten unter dieser bloßen Ansammlung von Einzelwesen ..., wo keiner seinen unmittelbaren Nachbarn kennt, wo sich alle als tausend kleine Welten (gebärden) und ein jeder seiner eigenen Beschäftigung nachgeht, ohne von den anderen gestört werden zu wollen –, wie können wir, wie kann eine Handvoll Männer da je ein Werk vollbringen, das des Herrn würdig ist, der uns gerufen hat ...?« Und Newman verschärft den Blick auf den Situationsdruck, indem er darauf verweist, daß ja unter Engländern nur das als annehmbar und wahr gilt, was Erfolg hat. Gerade dies aber, Macht, Reichtum, Erfolg, scheint nicht auf der Seite der Oratorianer zu sein. Dieser grandiosen Herausforderung stellt Newman die Erfahrung der Kirche in ihrer Geschichte entgegen und zeigt, daß es eine sich geradezu wiederholende Gesetzmäßigkeit bei der Verkündigung des Evangeliums war: bei Petrus in Rom, bei Gregor von Nazianz in Konstantinopel, bei Ignatius von Loyola angesichts der siegreichen Reformation. Die Herausforderung durch die Welt und die Ablehnung durch die Welt seien für einen katholischen Christen nichts Besonderes, sondern die normale, in der Geschichte immer wiederkehrende Ausgangslage. Sie beweise geradezu »mit einer zwingenden Schärfe, die einem naturwissenschaftlichen Beweis gleichkommt, daß sie (die Kirche) nicht von der Erde stammt, daß sie ihren Halt nicht auf Erden hat ...« Darum ist sie auch nicht umzubringen. Selbst wenn sie über Jahrhunderte durch die Staatsgewalt unterdrückt worden war: »Siehe, die edle Gestalt der alten Kirche erhebt sich plötzlich, so frisch und so kraftvoll, als sei ihr Wachstum nie unterbrochen worden. Sie ist die gleiche wie vor 300 Jahren ..., sie ist dieselbe geblieben. Das ist eben der Vorwurf, den man gegen sie erhebt, daß sie sich nicht ändert.« – Indem Newman so gegen jede Abhängigkeit der Kirche von weltlichen Mächten Stellung nimmt und ihren göttlichen Ursprung aufweist, knüpft er zugleich an seine eigenen Gedankengänge aus der Zeit der Traktarianer an. Mit dem Hinweis auf die Anhänger der apostolischen Bewegung von Oxford als die besonderen Adressaten der Seelsorge und Missionierungsarbeit akzentuiert er seine Eröffnungspredigt. Er beschwört sie, den begonnenen Weg konsequent weiterzugehen bis zur Aufnahme in die wahre Kirche. Er stellt seine eigene Erfahrung als Konvertit wie ein Glaubenszeugnis und Glaubensbekenntnis an den Schluß: »Ich bin der Führung Gottes gefolgt, und er hat mich nicht enttäuscht; ich habe mich seiner Hand anvertraut, und er hat mir gegeben, was ich gesucht habe; und wie er bislang bei mir gewesen ist, so möge er und mögen seine gebenedeite Mutter und alle guten Engel und Heiligen mit mir sein bis zu meinem Ende.« – Im Herbst des Jahres (1849) gab Newman die Predigt zusammen mit anderen, die er als Katholik insbesondere in seiner Pfarrei in Birmingham gehalten hatte als »Vorträge vor gemischten Gemeinden« (Discourses to mixed Congregations) heraus und widmete sie Bischof Nicholas Wiseman.

Wie schnell Newman und seine Mitbrüder die Herzen der armen Leute in ihrer Umgebung in Birmingham erobert hatten, zeigte sich an den Reaktionen der Pfarrgemeinde, als er und St. John im September 1849 nach Bilston zur Aushilfe gerufen wurden. Dort wütete die Cholera, und der Pfarrer war durch die anfallenden Krankenbesuche überfordert. Newman hatte zwar gerade eine schwere Erkältung hinter sich gebracht, ging aber trotzdem. Es habe Tränen, Ängste und Gebete um die glückliche Heimkehr der beiden in der Gemeinde gegeben, so berichtet ein Zeitgenosse in einem Brief an Newman. – In der Tat hatte Newman in der Anfangssituation auch offen um die Christen der neuen Pfarrei geworben. Das ist aus einer der ersten Predigten deutlich zu hören, in der er über »Das Heil des Hörers als Motiv des Predigers« sprach. Er schloß mit der Einladung: »Wir bitten nicht einfach um Euer Vertrauen, meine Brüder, denn Ihr habt uns ja noch nicht kennengelernt.« Aber um zweierlei bat er sie im Sinne seines Denkstils. Sie sollten erstens daran denken, daß sie eine Seele haben, und sie sollten zweitens – wenn schon Gott eine Offenbarung zur Rettung dieser Seelen gegeben hat –, prüfen, ob es eine andere Offenbarungswahrheit sein könne, »als der Glaube, den wir verkünden«.

Im Sommer 1850 griff Newman den pastoralen Gedanken auf, mit dem er die Eröffnungspredigt des Londoner Oratoriums geschlossen hatte. Er hielt dort vom Mai bis Juli zwölf Vorlesungen für die Anhänger der »Religiösen Bewegung von 1833« über »Bestimmte Schwierigkeiten, die von Anglikanern in der katholischen Lehre empfunden werden« (Certain Difficulties felt by Anglicans in Catholic Teaching).

Es sei die erste Pflicht der Katholiken, so schrieb er im Vorwort zu den gleich hernach veröffentlichten Texten über deren pastorale Intention, »jenen Unterkunft zu gewähren, die vor den Toren stehen«. Eingangs zeigte Newman die enge Verbindung der anglikanischen Kirche mit dem Staat auf und arbeitete das Grundprinzip der apostolischen Bewegung von 1833 als den Versuch heraus, die Eigenständigkeit, Unabhängigkeit und Freiheit der Kirche einzuklagen und gegen die staatliche Bevormundung einer institutionalisierten christlichen Glaubensgemeinschaft (Established Church) durchzusetzen. Er beschwor aus der logischen Folgerichtigkeit der Gedankengänge der neunzig Traktate, daß für einen Traktarianer nur *die* Kirche die wahre Kirche Jesu Christi sein könne, die mit der Kirche des Altertums identisch sei. »Gott hat doch nicht umsonst die Seiten des Altertums vor euren Augen aufgeschlagen, sondern hat sie in eure Herzen eingeprägt... Ihr steht unter einer Bestimmung, der Bestimmung der Wahrheit – die Wahrheit ist Herr über euch, ihr seid nicht die Herren über die Wahrheit. – Ihr müßt dorthin gehen, wohin sie euch führt.«

Bei alledem blieb Newman unpolemisch und irenisch. Ja, er betonte ausdrücklich und dankbar, was ihm die Kirche von England an Gnaden vermittelt habe und was sie somit ihren Mitgliedern zu vermitteln vermag. Nur – und darauf insistierte er unmißverständlich –, Leute, denen die Erkenntnis der Mängel in der Überlieferung der Offenbarungswahrheit so weit aufgegangen war wie den Traktarianern, konnten nicht einfach mehr zur Tagesordnung übergehen, sondern mußten in der Verantwortung ihres Gewissens Konsequenzen ziehen. – Und das war der Kommentar eines der prominentesten Zuhörer, des theologischen Journalisten R. H. Hutton (1826–1897): »Noch nie schien eine Stimme besser zum Überzeugen geeignet, ohne zugleich zu provozieren.« Beeindruckt war er davon, daß Newman im zweiten Teil seiner Vorträge auf die in England herrschenden Vorurteile gegenüber der Kirche von Rom einging, und nur zu widerlegen suchte, was gegen ihre Wesensmerkmale vorgebracht wurde: als einige, heilige, katholische und apostolische Kirche. – Der Papst ehrte Newman danach im August 1850 mit der Verleihung des Titels eines Doctor theologiae. Als habe es noch der Statuierung eines Exempels bedurft, daß die Kirche von England zu eng mit dem Staat verflochten war, fällte im selben Jahr der Rechtsausschuß des Staatsrates (Privy Council) ein Urteil gegen den Bischof von Exeter. Dieser hatte sich geweigert, dem Pfarrer George C. Gorham (1787–1857) eine Pfarrei zu übertragen, weil er nicht an die sakramentale Wirkung der Taufe glaubte. Trotz dieser im Grunde häretischen Einstellung sollte er nach Ansicht des staatlichen Organs eine Pfarrgemeinde leiten und wurde auch in der Folge tatsächlich zum Pfarrer ernannt. Der Gorham-Fall hatte nicht nur eine Flut von polemischen Publikationen zur Folge, sondern auch eine große Zahl von Konversionen; darunter so prominente Leute wie Henry Edward Manning, Robert Isaac Wilberforce, James Hope-Scott und viele andere mehr.

Bedauerlicherweise wurde die Wirkung dieser Ereignisse unvermittelt durchkreuzt von einem *Hirtenbrief Wisemans,* den er »Aus dem flaminianischen Tor« betitelte, einem der nördlichen Stadttore Roms, und der wie ein militärisches Manifest klang. Wiseman, der zur *Wiederherstellung der englischen Bistümer und Hierarchie* in Rom weilte und zum Kardinal »von Westminster« ernannt worden war, beschrieb die päpstliche Maßnahme, als ob sie die Politik und Kirche von England beträfe. Heftige Ausbrüche von Presse und Bevölkerung bis hin zum Premierminister waren die Folge dieses politischen Mißgriffs. Die Konvertiten, unter ihnen die Oratorianer, kamen ins Zwielicht der öffentlichen Ungunst. Newman, von ganz anderem politischen Feingefühl, hatte seine eigene Meinung in der Sache und schrieb nach Rom (an George Talbot), sie hätten in England mehr Bedarf an guten Theologen als an der Errichtung von Bischofssitzen und er bitte den Heiligen Vater wie einst Gregor I., qualifizierte Vertreter der Glaubenswissenschaft nach England zu senden.

Ein Manifest für die Laien

Aus diesem Gedankenzusammenhang unterstützte Newman auch den Vorschlag seines Freundes James Moore Cape, fähige katholische Laien unter den Konvertiten, z. B. konvertierte Theologen, die als Verheiratete kein Priesteramt mehr erlangen konnten, sollten in größeren Städten Vorträge über die katholische Kirche halten. Im Gegensatz zu Bischof B. Ullathorne, der »einen Horror vor Laien hat«, schrieb Newman, »bin ich sicher, daß sie heutzutage zur Stärke der Kirche gemacht werden können. Seltsam genug, ich habe gerade in dieser Zeit bis gestern abend zu ihren Gunsten Vorträge gehalten, apropos für unser kleines Oratorium (Oratorium Parvum).« Damit meinte er die gerade gegründete Laiengemeinschaft aus jungen Männern, die sich »Brüder des Oratoriums« nannten und im Anschluß an die Oratorianer sich mit Musik, Malerei und Glaubensschulung befassen sollten.

Bei dieser Lage der Dinge ist es nicht überraschend, daß Newman selbst beschloß, eine Vortragsserie zur Aufklärung der Situation über »Die gegenwärtige Lage der Katholiken in England« zu halten (On the present Position of Catholics in England). Von Ende Juni bis Anfang September 1851 bot er seine Vorträge im größten Raum an, den Birmingham zu bieten hatte, der Getreidebörse. Zur Darstellung dessen, was der nationale Protestantismus innerhalb der anglikanischen Kirche an grotesken Vorurteilen und Vorstellungen über die katholische Kirche hegte, setzte Newman seine große Begabung für Ironie voll ein. Die Hörer seien so mitgegangen, daß man das Lachen noch Straßenzüge weiter gehört habe, berichteten Zeitgenossen. »Ein Urteil, das man sich im voraus über eine bestimmte Frage gebildet hat, die uns gestellt wird, ist ein Vorurteil«, erklärte Newman lapidar; seiner Natur nach herrsche dabei das Herkünftige über die Zukunft. Eine Gemeinschaft und ihre Mitglieder, die aus einer solchen Einstellung heraus leben, mache ihre eigenen Traditionen unfehlbar und damit unwiderlegbar. Beweise man ihnen zum Beispiel genau und mit Sachargumenten aus Geschichte und Logik, daß ihre Vorurteile in einem konkreten Fall falsch sind, seien sie für einen Augenblick verblüfft und still. Aber dann setzen sie auf der Gefühlsebene nach. »Was für kluge Burschen diese Katholiken doch sind! ... So gehen die Jesuiten vor, immer gebildet, differenziert und belesen; ein Protestant hat bei ihnen keine Chance.« – Im praktischen Fall der Konvertiten illustrierte Newman lustvoll die Skalen der Vorurteile: Zuerst werde geleugnet, daß es überhaupt Konvertiten gibt; sodann werde behauptet, daß sie aus falschen Motiven konvertierten oder doch zumindest voreilig gehandelt hätten. Außerdem wird gesagt, daß sie bald wieder zurückkommen werden. Wenn sich das als nicht haltbar erweist, so entsteht die Behauptung, die Konversion habe sich charakterlich ungünstig ausgewirkt, ja, sie seien dadurch beim Unglauben gelandet. Am Ende, wenn die ganze Skala der Vorurteile durchlaufen ist, werde gesagt: Sie waren schon immer katholisch. Um dem Vorurteil treu zu bleiben, vergißt man, daß sie Protestanten waren.

Newman, der sich mit seinen Vorträgen immer in ganz besonderer Weise an den Kreis der »Brüder des Oratoriums« wandte, rief im letzten Vortrag eindeutig zum Kampf und Zeugnis für die Wahrheit des Evangeliums in der Öffentlichkeit Englands auf. »Laßt es genug sein, daß Ihr ein klares Gewissen habt und Gott auf Eurer Seite ist! Eure Kraft liegt in Eurem Gott und in Eurem Gewissen; deshalb liegt sie nicht in Eurer Zahl ... ›Es gibt eine Zeit zu schreiben und eine Zeit zu reden‹; die Zeit zum Reden ist gekommen ... Verbergt Eure Talente nicht in der Serviette und stellt Euer Licht nicht unter den Scheffel! Ich wünsche mir Laien, nicht arrogant, nicht vorlaut, nicht streitsüchtig, sondern Menschen, die ihre Religion kennen, die sich auf sie einlassen, die ihren eigenen Standpunkt kennen, die wissen, welcher Meinung sie sind und welcher nicht, die ihr Glaubensbekenntnis so gut kennen, daß sie darüber Rechenschaft ablegen können, die so viel über geschichtliches Wissen verfügen, daß sie ihre Religion zu verteidigen wissen. Ich wünsche mir intelligente, gut ausgebildete Laien. Ich leugne nicht, daß

Sie solche bereits sind, doch beabsichtige ich, in meinen Forderungen streng und, manche würden sogar sagen, übertrieben zu sein. Ich wünsche mir, daß Sie Ihr Wissen vergrößern, Ihren Verstand heranbilden, daß Sie lernen, Einsicht in das Verhältnis von Wahrheit zu Wahrheit zu gewinnen und die Dinge zu sehen, wie sie sind. Ich wünsche mir, daß Sie verstehen, wie Glaube und Vernunft sich zueinander verhalten, was die Grundsätze und Prinzipien des Katholizismus sind. Ich habe nicht die Befürchtung, Sie werden aufgrund der Vertrautheit mit diesen Themen schlechtere Katholiken sein, vorausgesetzt, Sie hegen einen lebendigen Sinn für Gott droben und sind sich immer bewußt, daß Sie Seelen haben, die gerichtet und gerettet werden sollen. Zu allen Zeiten waren die Laien der Maßstab für den katholischen Geist; sie retteten die irische Kirche vor 300 Jahren und betrogen die Kirche in England... Sie sollten in der Lage sein, dem, was Sie fühlen und meinen, Ausdruck zu geben. Sie sollten die Phantasien und Irrtümer ihrer Gegner anderen so offenlegen können, daß sie sie verstehen. Und Sie sollten ebenso die gegen die Kirche gerichteten Anklagen erklären können, nicht etwa, um blindergebene Frömmler zufriedenzustellen, sondern Menschen mit Verstand, welcher Ansicht sie auch immer sein mögen. Und eine unmittelbare Auswirkung Ihrer Fähigkeit, all dies leisten zu können, wird sein, daß Sie jenes rechte Weltvertrauen gewinnen werden, das Sie so nötig brauchen. Sie werden sich auf sich selbst verlassen, Sie werden ruhig, Sie werden geduldig sein. Unwissenheit ist die Wurzel allen Kleinmuts. Wer um das Gesetz moralischer Konflikte, um die Widersprüchlichkeit der Falschheit, um die Folgen der Verwirrung, um das Ende aller Dinge und um die Gegenwart des (ewigen) Richters weiß, der wird notwendigerweise ›philosophisch‹, durchhaltefähig und großmütig werden.«

Das war das erste Manifest Newmans für die Laienbewegung in der katholischen Kirche. Erst über hundert Jahre später fand es im Laiendekret des Zweiten Vatikanischen Konzils seine öffentliche Anerkennung und lehramtliche Vollendung.

»Das Gute wird nie getan außer auf Kosten derer, die es tun; die Wahrheit wird nie stark gemacht, außer durch die Opfer ihrer Verfechter«, das war der Schluß von Newmans Vortragszyklus über die Lage der Katholiken. Dabei war er sich auch existentiell bewußt, wovon er sprach, denn inzwischen war ein Verleumdungsprozeß gegen ihn anhängig gemacht worden. Im fünften seiner neun Vorträge hatte er auf Veranlassung Kardinal Wisemans einen ehemaligen Dominikaner, Giacinto Achilli (1802–1860), angeprangert, der von einer antirömischen »Evangelischen Allianz« in Eng-

land zu Vorträgen herumgereicht wurde, um über die Verderbnis der Kirche Roms und seine Leiden unter der Inquisition zu berichten. Tatsächlich aber war er wegen mehrerer Sittlichkeitsvergehen in Italien aus dem Orden ausgeschlossen worden. Eigenartigerweise war Wiseman hernach außerstande, Newman die Unterlagen für seine Behauptungen über Achilli zugänglich zu machen. So kam Newman in die schwierige Lage, eineinhalb Jahre lang in der Angst vor drohender Gefängnisstrafe leben zu müssen. Er mußte selbst Zeugen aus Italien herbeischaffen lassen und deren Unterbringung besorgen und finanzieren. Besonders aufreibend war es für ihn, sich mit einer Gerichtsbehörde auseinandersetzen zu müssen, die gegen ihn voreingenommen war. Am Ende wurde er mit der zwar verhältnismäßig geringen Strafe von 100 Pfund belegt. Aber die Tatsache der Verurteilung hinterließ für ihn noch lange in der englischen Öffentlichkeit einen Makel. Anders sah man seine Situation unter Katholiken. In vielen Ländern hatte man den einseitig geführten Gerichtsprozeß verfolgt und für Newman Geld gesammelt. Er konnte es gut gebrauchen, denn das gesamte Verfahren hatte ihn 12000 Pfund gekostet. – Den Geldüberschuß benützte er zum Bau der katholischen Universitätskirche von Dublin, die heute noch in Stephen's Green steht. Eine Teilspende, die ihm über einen holländischen Journalisten angekündigt worden war, ließ er dem Freiburger Erzbischof Hermann von Vicari senden mit dem Wunsch, er solle sich im »badischen Kirchenstreit« einen guten Rechtsbeistand sichern. Der Erzbischof war unter anderem vom protestantischen Großherzog eine Woche lang in seinem Haus am Münsterplatz gefangen gesetzt worden.
Während all dieser Zeit war Newman zudem noch mit dem Neubau des Oratoriums in der Hagley Road des Stadtteils Edgbaston von Birmingham beschäftigt, der seit Mai 1851 in Gang war. Ein Jahr später, im April 1852, konnte er in das endgültige Domizil des Birminghamer Oratoriums übersiedeln. Im November des folgenden Jahres eröffneten die Oratorianer die neugebaute Kirche. Nach vielfachen Umzügen zwischen Oxford, Littlemore, Maryvale, Rom und ersten Provisorien auf englischem Boden hatte Newman nun seine endgültige äußere Bleibe gefunden, das »kleine Nest«, wie es in der Oratorianerregel heißt. Der Aufbruch zu dem langen Marsch in die Richtung des Verheißenen Landes hatte in dieser Hinsicht sein Ziel erreicht. Doch während er in seiner Glaubensgewißheit, die wahre Kirche Jesu Christi gefunden zu haben, unerschüttert blieb und bleiben würde trotz aller äußeren Veränderungen, stand ihm für die Auseinandersetzung seines Geistes und seines Herzens in dieser Kirche noch viel bevor.

IV. KAPITEL
BILDUNG ALS DIENST AM AUFBAU DER KATHOLISCHEN KIRCHE (1851–1865)

»Von Anfang an ist Bildung in diesem weiten Sinne des Wortes meine Grundrichtung gewesen.«

Das Projekt einer katholischen Universität in Irland

Der Erzbischof von Armagh, Paul Cullen (1803–1878), kam im Juli 1851 nach Birmingham und suchte Newman für einen Plan von großer Tragweite zu gewinnen. Als langjähriger Leiter des Studienkollegs für irische Priesterkandidaten in Rom war er Newman schon 1847 erstmals begegnet. Zwei Jahre später war er Bischof von Armagh und damit Primas von Irland geworden. Von da an hatte er sich mit der für Katholiken komplizierten Situation der akademischen Bildung auf den britischen Inseln zu befassen. Die Einrichtung von interkonfessionellen Studienhäusern in Irland durch die britische Regierung seit 1845 (Queen's Colleges) hatte nicht die Freude der irischen Bischöfe über neue Bildungsmöglichkeiten für die Jugend des Landes gefunden. Sie suchten vielmehr, die vermögenden Schichten der irischen Laien davon zu überzeugen, daß dieses staatliche Angebot an die Elite eine Gefahr für deren Glauben und Schwierigkeiten für die Kirche mit sich bringe. So plante Cullen, eine eigene katholische Universität zu errichten, und versuchte, möglichst viele irische Bischöfe für diesen Plan zu gewinnen. Newman sollte Rektor werden, denn sein Name stand für die Tradition der Gelehrsamkeit von Oxford. Zunächst sollte er in Dublin eine Vortragsreihe gegen gemischtkonfessionelle Bildungs- und Erziehungsanstalten halten.

Newman war grundsätzlich bereit, sich in den Dienst dieser Aufgabe zu stellen, für die er hervorragende Voraussetzungen mitbrachte. Bis zum Herbst des Jahres 1851 war er allerdings noch durch seine Vortragsreihe über »Die gegenwärtige Lage der Katholiken« in Birmingham festgehalten. Zudem nahm der Achilli-Prozeß seine psychischen und physischen Kräfte noch über viele Monate in Anspruch. Gerade in jenem November 1851 – zur Zeit, da das Universitätskomitee der irischen Bischofskonferenz ihn zum Gründungsrektor ernannte – »lag ein grenzenloses Meer von Sorgen, Unkosten und Streitigkeiten vor mir, so daß ich richtig Schmerzen davon hatte«. Außerdem stand für den Februar 1852 der Umzug in das neugebaute Oratoriumsgebäude in Edgbaston bevor. Trotz alldem hatte Newman die Aufgabe ihrer Bedeutsamkeit wegen angenommen.

Im Mai begann er mit Vorträgen in Dublin. Er sprach in der Rotunda, einem Versammlungsraum aus dem 18. Jahrhundert (an der oberen O'Connell-Street), an fünf aufeinanderfolgenden Montagen über das Verhältnis der Universitätsdisziplinen zueinander und das Wesen universitärer Bildung. Nach fünf Wochen mußte er abbrechen. »Was meine Vorlesungen betrifft«, notierte er wenige Tage danach, »so haben sie mich wer weiß wieviel Gedanken und Angst gekostet –, immer wieder habe ich aufgehört, ganz außerstande, mit dem Thema weiterzukommen, und nichts außer der Fürbitte der Seligen Jungfrau hat mich bei der Arbeit gehalten. Schließlich habe ich die Reihe abgebrochen, nur weil ich nicht zu meiner Zufriedenheit weitermachen konnte. Drei Tage lang saß ich an meinem Schreibtisch, nahezu vom Morgen bis zum Abend, und habe abends als wertlos beiseite gelegt, was ich den ganzen Tag über getan hatte.«

Was Newman dabei nicht erwähnt, ist die Tatsache, daß noch im selben Monat Juni die Hauptverhandlung im Achilli-Prozeß bevorstand. Er brachte Newmans Verurteilung. Als er ihn hinter sich hatte, war er besser gefaßt als viele seiner Freunde, die über Newmans Verurteilung enttäuscht waren. »Ich habe mich in den Augen eines jeden *moralisch* gerechtfertigt«, so meinte er, und in bezug auf Achilli sagte er, man werde es zwar »keinen Triumph für jenen, aber auch keinen Triumph über mich« nennen. Im Anschluß an die Verhandlung zog sich Newman zwei Tage lang ins Gebet zurück.

Zum Monatsende mußte er wieder nach Dublin, wo Cullen inzwischen Erzbischof von Dublin geworden war und inthronisiert wurde. Zwei Wochen später, am 13. Juli 1852, war er der Festprediger bei der *ersten Synode der katholischen Bischöfe Englands* anläßlich der Wiederherstellung der Hierarchie. In der Marien-Kapelle des Oscott-College deutete Newman in einer Sprache von poetischer Kraft und nach einem Motto des Hohen Liedes das neue Erstarken der katholischen Kirche im Lande als »zweiten Frühling«. Während sonst Werden und Vergehen das Gesetz der Geschichte sei, ereigne sich in der Gegenwart vor aller Augen das Wunder einer zweiten Wiederkehr der katholischen Kirche: »Eine Wiederkehr in der moralischen Welt, so wie jene, die alljährlich in der physikalischen vor sich geht.«

Newman meinte das nicht romantisch noch triumphalistisch, son-

Newmans Arbeitszimmer im Oratorium in Birmingham.

Newmans Bibliothek im Oratorium in Birmingham.

dern heilsgeschichtlich als Zeichen göttlichen Lebens und Wirkens in der Geschichte. Deshalb rief er die Synodenväter auch zur Bereitschaft auf – wie die großen Heiligen aus der Missionierungsgeschichte Englands –, Zeugen für dieses Wirken Gottes zu werden. »Ja, meine Väter und Brüder, nicht nur Lehrer, nicht nur Prediger werden wir haben, sondern auch Märtyrer werden Gott den Boden wieder von neuem weihen. Wir wissen nicht, was uns bevorsteht, ehe wir unser Eigentum zurückgewinnen; wir mühen uns um ein großes, freudiges Werk, aber dem Maß der Gnade Gottes entspricht die Wut seiner Feinde. Sie haben uns willkommen geheißen, wie der Löwe seine Beute begrüßt. Mag sein, daß sie sich mit der Zeit an unseren Anblick gewöhnen, mag aber auch sein, daß sie noch mehr gereizt werden. Die Kirche in England wieder zu errichten, ist ein zu großes Werk, als daß es im Winkel getan werden könnte. Wir haben Grund zu erwarten, daß eine solche Wohltat uns nicht ohne Kreuz geschenkt wird. Es ist nicht Gottes Art, große Segnungen ohne das vorausgehende Opfer großer Leiden herabkommen zu lassen.«

In den folgenden Monaten arbeitete Newman an seinen Vorträgen über das Wesen der Universität weiter. Im November brachte er sie zu Ende. Sie hätten ihn auf eine harte Probe gestellt, »niemand weiß wie sehr«, schreibt er. Sein Arzt warnte ihn, er verkürze sein Leben, wenn er nicht die viele Arbeit aufgebe. Newman mußte ihm Recht geben, aber er sah nicht, wie er sich aus der Doppelbeschäftigung als Gründungsrektor einer Universität einerseits und als Leiter eines Oratoriums andererseits hätte herauslösen können.

Jedenfalls hatte er mit seinen Vorlesungen über die geistige Gestalt einer Universität gleich einen weiten Rahmen abgesteckt und über die ihm unmittelbar gestellte Aufgabe hinausgegriffen. Er machte von Anfang an deutlich, daß er nicht nur zur Situation spreche, sondern grundsätzlich und aus der langjährigen Erfahrung dessen, was er als wahr erkannt habe. Als er seine Vorträge im Februar 1853 veröffentlichte, war daraus eine Art *Theorie der Bildung und der Universität* zugleich geworden. Was die Universität betrifft, so ging Newman von der Forderung aus, daß sie der Theologie einen gebührenden Platz im Fächerkanon einzuräumen habe; denn eine Universität sei nicht, was ihr Name sagt, »eine Institution für das Gesamtgebiet des Wissens«, wenn »über das höchste Wesen nichts vorgetragen und gelehrt wird«. – »Wenn die verschiedenen Wissenszweige, die den Lehrgegenstand einer Universität ausmachen, derart zusammenhängen, daß keiner vernachlässigt werden kann, ohne damit die Vollkommenheit der übrigen zu schädigen...«, was heißt das anderes, als »daß der Ausschluß der Theologie von den öffentlichen Schulen nichts Geringeres bedeutet als eine Minderung der Vollständigkeit und damit eine Schädigung der Vertrauenswürdigkeit und der Wahrheit alles dessen, was tatsächlich in ihnen gelehrt wird?« – Newman geht von der Grundannahme aus, daß »alles Wissen ein Ganzes bildet, da sein Gegenstand..., das Universum, in all seinen Weiten und Tiefen so fest ineinander gefügt (ist), daß wir nicht Teil von Teil noch Prozeß von Prozeß trennen können...« Würde die Theologie an der Universität fehlen, stünden alle übrigen Fächer in der Gefahr, ungehindert auf den Bereich des Göttlichen und Absoluten überzugreifen. So habe zum Beispiel der Volkswirtschaftler das Recht, alle Regeln über Erwerb und richtige Verwendung des Wohlstands zu begründen und auszudenken und die Forschungen in seinem Bereich gemäß seinen Methoden zu verfolgen; »er hat kein Recht zu bestimmen, daß der Wohlstand unter allen Umständen erstrebt werden muß oder daß er der Weg zur Tugend und der Kaufpreis des Glücks ist«. Damit würde er die Grenzen seiner Wissenschaft überschreiten. Ähnlich könne der Arzt empfehlen, aus Gesundheitsgründen die Beschäftigung aufzugeben und sich aufs Land zurückzuziehen. Es liege aber nicht in seiner Fachkompetenz zu beurteilen, ob es dringlichere Dinge im Leben eines Patienten gibt als die Erhaltung der Gesundheit usw.

Aus den inneren Zusammenhängen alles Wissens und der Einwirkung aller Wissenschaften aufeinander ergibt sich für Newman auch eine spezifische Konzeption von Bildung. Er beschreibt sie als eine Geistesverfassung, die er betont als *»freie Bildung«* bezeichnet, weil sie unabhängig ist von anderen Dimensionen des menschlichen Lebens und ihre Bedeutung in sich selbst trägt. Sie stellt ohne Zweckgebundenheit, ohne Rücksicht auf biographische, wirtschaftliche, technische Konsequenzen, die man daraus ziehen kann und darf, einen Wert in sich selbst dar. Dabei verweist Newman auf Aristoteles als denjenigen, bei dem er nicht nur diese Grundeinsicht gelernt habe, sondern der überhaupt als »Orakel der Natur und der Wahrheit« gelten dürfe; denn in vielen Dingen heiße richtig denken »wie Aristoteles denken«.

Bildung ist für Newman »der erworbene Zustand geistiger Erhellung und Gewöhnung, ein persönlicher Besitz, eine Ausstattung des Innern ... Sie besagt wesentlich eine Einwirkung auf die geistige Seite unserer Natur und die Formung des Charakters; sie hat etwas Beständiges und Persönliches eigener Prägung an sich... Wenn wir also von der Mitteilung des Wissens als von Bildung reden, so meinen wir damit eigentlich, daß diese Bildung einen Zustand oder eine Verfassung des Geistes darstellt.« Der Gebildete ist befä-

higt, den Stellenwert all dessen, was ihm in der Wirklichkeit begegnet, zu bestimmen. – Newman setzt sich damit in Gegensatz zu einer Auffassung von Bildung, die allein nach dem Nutzen fragt. Die Universität solle es nicht nur auf die Qualifikation des Menschen zu einem bestimmten Beruf absehen, sondern ihn als Menschen in seiner Ganzheit bilden. Das Ideal des gebildeten Menschen und *das Ziel universitärer Bildung ist nach Newman der Gentleman.* Er hat sich für den Umgang mit der Wirklichkeit in all ihren Dimensionen so sehr qualifiziert, daß er spielend damit fertig wird. »Daher kommt es fast einer Definition des Gentleman gleich, wenn man sagt: Er ist der Mensch, der niemals Unannehmlichkeiten bereitet... Seine Tätigkeit besteht vor allem darin, ganz einfach die Schwierigkeiten wegzuräumen, die der freien und ungestörten Wirksamkeit seiner Umgebung hindernd im Wege stehen... Ebenso vermeidet der wahre Gentleman sorgfältig alles, was einen Mißton oder eine Verstimmung in die Seelen hineintragen könnte, mit denen er zusammenleben muß: jedes Aufeinanderplatzen der Meinungen, jeden Zusammenstoß der Empfindungen ... jede Verdächtigung, allen Trübsinn und Ärger. Sein Hauptanliegen besteht eben darin, es jedermann behaglich und heimisch zu machen. Er hat Augen für jeden einzelnen in seiner Gesellschaft... Er verteidigt sich nie durch ein bloßes Umdrehen des Spießes... Er ist niemals kleinlich und gewöhnlich in seinen Streitgesprächen, nützt nie einen anderen zu seinem Vorteil aus, verwechselt niemals Beleidigungen und verletzende Worte mit Beweisen... Er hat zuviel gesunden Menschenverstand, als daß er sich über Beleidigungen aufregte. Er hat bei seiner vielfältigen Beschäftigung gar keine Zeit, Kränkungen nachzutragen, und ist zu träge und gleichgültig, Groll zu hegen. Aufgrund seiner philosophischen Prinzipien ist er geduldig, nachsichtig und gelassen. Er unterwirft sich dem Schmerz, weil er unvermeidlich, dem Verlust, weil er unersetzlich, und dem Tod, weil er sein unabwendbares Schicksal ist... Ist er ungläubig, so erweist er sich als zu tiefgründig und weitherzig, um die Religion lächerlich zu machen oder gegen sie zu arbeiten. Er ist zu klug, um in seinem Unglauben zum Dogmatiker oder Fanatiker zu werden. Er hat Achtung vor Frömmigkeit und Religiosität; ja, er setzt sich für Einrichtungen ein, die er an sich nicht bejaht, nur deswegen, weil er sie als ehrwürdig, schön oder nützlich erkennt... Er kann daher leicht den Anschein erwecken, als bekenne er sich tatsächlich von Herzen zu einer ganzen Reihe theologischer Wahrheiten, die in seinem Kopfe lediglich als ebensoviele Schlußfolgerungen existieren.«
Doch Newman, der gläubige Gelehrte und lehrende Christ, über-

schreitet die Bildungsebene auf *die religiöse Ebene* des christlichen Glaubens hin, indem er die Differenz zwischen Bildung als Verfeinerung des Geistes und Religiosität als Hingabe an das Geheimnis Gottes markiert.

Hier kommen seine Prinzipien der Oxforder Zeit besonders deutlich zum Vorschein: »Wissen ist nichts im Vergleich zum Tun.« Deshalb darf man sich im Gewissen nicht mit sittlichem Empfinden begnügen, sondern muß sich dem unendlichen An-Spruch stellen: dem individuellen Zuspruch des ewigen Gesetzgebers selbst. Dem religiösen Menschen eröffnet sich eine neue Dimension, sein Leben wird von einem anderen Zusammenhang bestimmt als das des (nur) Gebildeten. So konnten der Kirchenvater Basilius der Große und der Christenverfolger Julian der Abtrünnige von denselben Schulen Athens ihre Bildung beziehen und doch zu entgegengesetzter Einstellung in der Religiosität kommen. –

Newman sah also drei verschiedene Dimensionen menschlichen Lebens, die zwar aufeinander verwiesen sind, aber doch eine je eigengesetzliche Erziehung und Bildung beanspruchen: Wissenschaft, Tugend, Religion. In der praktischen Konzeption der universitären Landschaft schuf Newman deshalb drei lokale Brennpunkte: Universitätsgebäude für Vorlesungen und Übungen, Studentenwohnheime unter der Leitung von Tutoren für die moralische Erziehung junger Menschen und die Universitätskirche als Zentrum der Gottesdienste.

Newman behandelt auch das Verhältnis zwischen Kirche und Wissenschaften. Die drei großen Themen, mit denen der menschliche Verstand sich beschäftige, seien Gott, Natur und Mensch. Dabei hätten sich im Verhältnis von Natur und Gnade, d. h. Vernunft und Offenbarung, Zusammenstöße ereignet, wie z. B. der Name Galileo Galilei in Erinnerung rufe. Tatsächlich aber könnten sich Natur und Offenbarung in dem, was sie letzten Endes als Wahrheit auszusagen haben, nicht widersprechen, weil sie denselben göttlichen Urheber haben. Es bedürfe beispielsweise lediglich der Anerkennung der Grenzen für Naturwissenschaft einerseits und Theologie andererseits und der jeweils gültigen Methoden: der Induktion als dem spezifischen Weg der Physik, der Deduktion als spezifischem Weg der Theologie, um sich gegenseitig freie Forschung zu garantieren.

Ähnlich gebe es für die Literaturwissenschaft Spannungen zur Theologie; denn die Literatur sei wie der Mensch. »Es ist ein offensichtlicher Widerspruch, eine sündelose Literatur des sündigen Menschen schaffen zu wollen.« Den Studenten müsse der Zugang zur gesamten Literatur offenstehen; denn eine Universität sei kein

Kloster und kein Seminar, sondern »eine Stätte, an der Menschen aus der Welt für die Welt befähigt und ausgerüstet werden sollen«. Würde man für den Studenten eine scheinbar christliche Vorauswahl treffen, »würde man ihm die Meister der menschlichen Gedanken, die ihn gewissermaßen gebildet hätten, wegen ihrer beiläufig anhaftenden moralischen Mängel vorenthalten. Man hätte ihm jene verschlossen, deren Gedanken unser Herz ergreifen, deren Worte Aussprüche der Weisheit sind, deren Namen mit ihrem Klang die Welt erfüllen, die Meister ihrer Muttersprache, den Stolz und Ruhm ihrer Landsleute, Homer, Ariost, Cervantes, Shakespeare, nur weil der Alte Adam in ihnen stark lebendig war.« Man muß die Welt zur Universität machen und nicht aus der Universität die Welt, eine pseudochristliche Binnenwelt.
Mit diesen Überlegungen unterläuft Newman zweifellos die Vorstellungen der irischen Bischöfe von einer katholischen Universität. Wie soll da das spezifisch Christliche im Umgang mit der »bösen Welt« eingebracht werden? Für Newman liegt die Antwort eben nicht in der Filterung der Wirklichkeit durch den Lehrer, sondern in der Vermittlung einer Haltung, die den Studenten selbst zur Unterscheidung der Geister qualifiziert. Um diese religiöse Fähigkeit und die damit verbundene ethische Qualität zu vermitteln, setzte schon der Oxforder Newman auf »den persönlichen Einfluß als Mittel zur Verbreitung der Wahrheit«. Im Zusammenhang mit seinen Dubliner Vorträgen sieht Newman als Oratorianer die Verkörperung dieses Ideals in Philipp Neri, der Gründergestalt der Oratorien; ihn machte er zum Vorbild für Lehrer und Studenten. Es gehe darum, sie »mit den Waffen schlichter Demut und ungeheuchelter Liebe« auszurüsten. Dazu bot sich Newman auch selbst als Helfer, Zeuge und Weggenosse für die anstehende Arbeit des Aufbaus einer solchen Universität an. »Ich bin nur fähig, mein Zeugnis abzulegen, meine Vorschläge zu machen und meinen Gefühlen Ausdruck zu verleihen, wie ich es tatsächlich in diesen Vorträgen getan habe. Ich vermag auch ein gewisses Licht auf allgemeine Fragen, auf die Wahl von Wissensgebieten, auf die Bedeutung von Grundsätzen, auf das Ziel gewisser Maßnahmen zu werfen, wozu die Denkarbeit und die Erfahrung meiner Vergangenheit mich befähigen. Ich muß aber um Ihr Verständnis, Ihre Freundlichkeit und Ihr Vertrauen bitten ... Bei alledem darf sich schließlich keiner von uns verwundern, wenn vielleicht die Hand des Herrn über Leben und Tod schwer auf mir ruhen und mich unfähig machen sollte, zur Erfüllung von Erwartungen, die Sie in allzu großer Güte gehegt haben, und von Hoffnungen, in denen ich vielleicht zu zuversichtlich war.«

Wieweit die zuständigen Mitglieder des Universitätskomitees, das aus Bischöfen bestand, diese schriftlichen Äußerungen Newmans zur Kenntnis nahmen, bleibt offen; mündlich vorgetragen hatte Newman in Dublin nur die erste Hälfte seiner Vorlesungen, die er dann in Buchform veröffentlichte. Tatsächlich ging das Jahr 1853 ohne weitere Initiativen von irischer Seite zur Realisierung des Universitätsvorhabens ins Land. Newman reiste öfter nach Liverpool, um dort eine Vorlesungsreihe über die Geschichte der Türken zu halten. Es war ein schlechtes Jahr. Es war klimatisch katastrophal und beeinträchtigte Newmans Gesundheit in hohem Maße. Zweifellos erwies es sich auch psychisch als belastend, daß er vergeblich auf Nachrichten aus Irland wartete.

Im folgenden Jahr 1854 fielen dann die wichtigen Entscheidungen für die Universitätsgründung. Durch eine Aufforderung des Papstes wurde das Universitätskomitee im März zu raschem Handeln veranlaßt. Im Juni wurde Newman in einem feierlichen Akt in der Kathedrale von Dublin zum Rektor der vorgesehenen katholischen Universität installiert. Das gab ihm zum ersten Mal den nötigen öffentlichen Status. Er begann mit der Gründung einer »University Gazette« (Universitätszeitung), in der er wöchentlich Beiträge über grundsätzliche und aktuelle Probleme des universitären Lebens veröffentlichte, die zumeist von ihm selbst stammten. Im November konnte das erste Studiensemester der Universität eröffnet werden. Newman hatte eine glänzende Professorenschaft zusammenbekommen, und eine kleine Schar von Studenten hatte sich immatrikuliert. Zur Eröffnung der philosophischen Fakultät hielt Newman die Einführungsvorlesung, wie er es auch im folgenden Jahr zur Eröffnung der medizinischen und naturwissenschaftlichen Fakultäten tat.

Diese allem Anschein nach erfolgreiche Gestaltung der Anfangsphase der Universität war für Newman selbst mit größten persönlichen Schwierigkeiten verbunden. Die Tatsache, daß er über ein Jahr tatenlos hatte zusehen müssen, daß keine Entscheidungen gefällt wurden, zeigte seine mangelnden Einflußmöglichkeiten. Es war auch deutlich geworden, daß die irischen Bischöfe zur Mehrzahl anderer Ansicht waren als Cullen. Und Cullen selbst sollte seinerseits Newman gegenüber um so mißtrauischer werden, je mehr er dessen unklerikale Konzeption der Universität erkannte und dessen Verbindung mit jungen irischen Laien sah. Kardinal Wiseman hatte im Januar 1854 dem Papst den Vorschlag unterbreitet, daß Newman zum Bischof geweiht werden solle, damit er im Universitätskomitee Sitz und Stimme bekomme und bei allen Mitarbeitern der Universität entsprechendes Ansehen habe. Der Papst

stimmte sofort zu. Wiseman beschrieb Newman die Situation in allen Details, um ihn von der Eindeutigkeit des päpstlichen Votums zu unterrichten. »Seine Heiligkeit« werde ein Breve zur Universitätseinrichtung entwerfen lassen und Erzbischof Cullen zum Kanzler ernennen. »Und lächelnd ließ er (Pius IX.) seine Hände von beiden Seiten des Nackens zur Brust herabgleiten mit den Worten, ›und wir werden Newman das Pectorale (Brustkreuz) schicken, wir werden ihn zum Bischof von Porphyrium oder irgendeinem Ort machen‹. Dies sagte er in seiner liebevollsten Art... Ich glaubte, es werde Ihnen Freude bereiten, die eigenen Worte des Papstes zu haben... – Seit dem Achilli-Urteil hatte ich immer das Empfinden, daß ein Zeichen der Ehrung und Anerkennung und ein Ausdruck der Sympathie *von seiten der Kirche* erforderlich sei, und dies scheint mir der eigentliche Weg zu sein, um dies zu erweisen.«
Newman wurde von allen Seiten zu dieser Bischofsdesignierung beglückwünscht. Sein Heimatbischof Ullathorne redete ihn mit »Lord« an und fragte ihn nach dem gewünschten Datum der Weihe, der Herzog von Norfolk schickte ihm eine massive Goldkette, andere sandten ein Brustkreuz. Nur einer hielt sich zurück: Cullen. Er hatte postwendend nach Rom geschrieben, wie schädlich eine solche Ernennung dem universitären Unternehmen sei und nannte dafür die irisch-englische Eifersuchtssituation und die höheren Gehaltsbezüge, die für einen bischöflichen Rektor notwendig würden, als Begründung. Newman selbst hat im Leben nie erfahren, weshalb die Ankündigung Wisemans nicht in Erfüllung ging. Cullens Brief verschwand für ein Jahrhundert im vatikanischen Archiv.
So hatte sich Cullen durchgesetzt, und in der Folgezeit zeigte sich immer deutlicher, daß er auf eine andere Universitätskonzeption zusteuerte als Newman. Cullens Vorstellung war vom Rahmen theologisch-philosophischer Hochschulen inspiriert, wie er sie selbst in Rom erlebt hatte, und von Priesterseminaren, wie er sie in Irland kannte. Newman dagegen war vom Oxforder Modell ausgegangen; seine Konzeption war aristotelischer Struktur. Ihm ging es um Sachkompetenz; weshalb unter den 32 Professoren, die er zu ernennen hatte, 27 Laien waren und nur 5 Priester. Im Vergleich zu seinen Oxforder Jahren war er auch weitherziger geworden: Es gab Clubräume für die Studenten, Spielmöglichkeiten wie Billard für die Erholungszeiten.
Bald entstanden zwischen Newman und Cullen über die Sachdifferenzen hinaus auch unerträgliche Beziehungsschwierigkeiten: Cullen ließ Newmans briefliche Anfragen oft monatelang unbeantwortet, traf andererseits Entscheidungen, ohne Newman zu informieren. »Wie werde ich mich freuen, wenn das alles vorüber ist«,

schrieb Newman im November 1855 an Bekannte. Doch war er bei alledem alles andere als unerträglich oder finster. John Hungerford Pollen, der junge Architekt der Universitätskirche in Stephen's Green, berichtet, wie sehr Newman Fröhlichkeit ausgestrahlt habe, wie er mit ihm Spaziergänge mit unvergeßlichen Gesprächen geführt habe, wie Newman im Zoo mit Hingabe die Verhaltensweisen exotischer Tiere beobachtet und mit ihm besprochen habe. Im Hause in der Harcourt Street 6, wo Newman lange Zeit seine Wohnung hatte, habe, wenn Newman da war, viel Fröhlichkeit und ein lebendiges Treiben von kommenden und gehenden Besuchern geherrscht.

Nach der Eröffnung der Universitätskirche im Mai 1856 hielt Newman häufig selbst die Predigten über grundlegende Themen des Verhältnisses von Glaube und Vernunft. In der ersten Predigt über den »Verstand als Werkzeug religiöser Schulung« stellte er als Hauptziel einer katholischen Universität heraus, daß die Trennung von Wissenschaft, Sittlichkeit und Religiosität, wie sie sonst in der Welt als Folge der Sünde üblich sei, gerade hier überwunden werden solle. »Der menschliche Geist kann ... unter zwei Hauptgesichtspunkten betrachtet werden: als intellektuell und als moralisch. Als intellektuell erfaßt er die Wahrheit, als moralisch erfaßt er die Pflicht. Die Vervollkommnung des Intellektes nennt man Denkvermögen und Talent; die Vervollkommnung unserer sittlichen Natur ist die Tugend. Es ist unser größtes Unglück in der Welt und unser Kummer, daß beide ... getrennt und unabhängig voneinander sind; daß da, wo Geisteskraft ist, keine Tugend zu sein braucht, und daß dort, wo Rechtschaffenheit, Güte und sittliche Größe ist, kein Talent zu sein braucht. Im Anfang war es nicht so.« Darum ziele seine Bemühung als Rektor der katholischen Universität auf die Integrierung dieser seelischen Grundkräfte von Verstand, Wille und Ehrfurcht. »Ich möchte, daß dasselbe Dach den intellektuellen und den sittlichen Bereich birgt. Frömmigkeit ist nicht eine Art (religiöser) Abrundung der Wissenschaften; und Wissenschaft ist nicht so etwas wie die Feder am Hut ... der Frömmigkeit und ein Gegenstück zu ihr. Ich möchte, daß der denkende Laie religiös und der fromme Geistliche ein denkender Mensch sei... Ich wünsche, daß der Verstand sich mit äußerster Freiheit behaupte und die Religion sich gleicher Freiheit erfreue« mit der Zielvorstellung, »daß sie an ein und demselben Ort sich finden und durch dieselben Personen verwirklicht werden«.

Noch bevor der neue Band dieser »Predigten zu verschiedenen Anlässen« (Sermons on Various Occasions) im Druck erschien, hatte Newman die irischen Bischöfe über seine Absicht informiert, unter den gegebenen Umständen *auf die Leitung der katholischen Universität zu verzichten.* Die Spannung, in der er sich befunden hatte, kommt in einem Brief jener Zeit zum Ausdruck, in dem er einerseits die schwierige finanzielle Lage schildert, in der er sich aufgrund seiner mangelnden Entscheidungsbefugnisse befindet, und andererseits seine eigene persönliche Gemütslage. »Ich war noch nie so mit Sorgen umgeben wie jetzt... Meine Kirche hat mich beinahe 6000 Pfund gekostet – und ich fürchte, ich komme in große Verlegenheit. Mein eigenes Haus hier ist mit 300 Pfund verschuldet. Ich weiß nicht, wie ich klarkommen soll. Niemand hilft mir...«. – Newman kam dann doch klar durch direkte Verhandlungen mit verschiedenen Persönlichkeiten des kirchlichen und staatlichen Lebens in Irland. Jedenfalls war er sich dessen bewußt: »Wäre nicht diese Dubliner Aufgabe, ich wäre ohne ein Kreuz – so daß ich Angst vor ihrem Ende habe, damit nicht eine schlimmere Prüfung kommt... Meine Befürchtung ist, daß ich zu glücklich bin und zu gerne lebe...«.

Da Newman sein Rektorat auch mit der Begründung aufgab, daß er seiner Kommunität in Birmingham fehle, schrieben Cullen und zwei weitere Bischöfe im Juli 1857 an die Oratorianer, sie möchten Newman mit seinem berühmten Namen doch weiter für das Rektorat in Dublin freigeben. Dieses Ansinnen wurde von den Vätern des Oratoriums in Birmingham freundlich, aber entschieden mit Nein beantwortet. So kam es zur Ablösung Newmans von der katholischen Universität in Dublin. Allerdings war zunächst für das neue Semester 1857/58 noch kein Nachfolger ernannt, so daß Newman bis auf weiteres das Amt versah. Er gründete sogar im Januar 1858 die Universitätszeitschrift »Atlantis«, in deren erster Nummer er seinen Beitrag über die »Sendung des heiligen Benedikt« veröffentlichte. Als er am 12. November 1858 endgültig sein Amt aufgab, hatte er in dieser Zeit den St. George's Channel zwischen England und Irland 56mal überquert. Endlich war er wieder für seine Aufgaben als Vorsteher des Oratoriums in Birmingham frei.

Die katholische Universität selbst existierte unter Newmans Nachfolgern noch bis 1882 und wurde dann als University College der neu gegründeten Royal University von Dublin eingegliedert.

Der Fortsetzungskonflikt mit dem Oratorium in London und seine Lösung

Newmans Arbeitskraft war während der Aufbauphase der katholischen Universität durch den Achilli-Prozeß beeinträchtigt und von 1855 an durch einen Konflikt unter den englischen Oratorianern. Es war ihm von Anfang an bewußt gewesen, daß die Aufgabe und das Amt des Gründungsrektors einer Universität fast unvereinbar war mit der Aufgabe, Vorsteher der Oratorianer in England zu sein. Sein Herz gehörte jedenfalls in erster Linie der Sache des Oratoriums. Das läßt sich aus seinen Äußerungen erkennen, daß er eine Zeitlang gehofft hatte, in Dublin ein Oratorium errichten zu können, worin ihn übrigens Cullen unterstützt hatte. Auch bei seinen Vorlesungen in Liverpool über die Geschichte der Türken waren die Anfänge eines Oratoriums dort für ihn von motivierender Bedeutung. – Um so mehr traf ihn der erneute und heftige Konflikt mit den Mitbrüdern des Oratoriums in London. Sie hatten im Oktober 1855 ohne sein Wissen in Rom die Eigenständigkeit für ihr Haus und zugleich eine Veränderung der Regel beantragt. Newman wurde von dieser Nachricht beunruhigt; denn er hatte ja selbst einst 1847 die Anpassung der Oratorianer-Regel an die englischen Verhältnisse in Rom mit ausgehandelt. So eilte er nach der Eröffnung des Wintersemesters 1855 in Dublin nach London zu einem Konsultationsgespräch mit Wiseman. Nach Weihnachten reiste er mit Ambrose St. John nach Rom. »Es macht keine Freude, bei diesem Wetter eilig nach Rom und zurück zu reisen.« Auf dem Hinweg wollten sie bei einigen oberitalienischen Oratorien Erkundigungen einziehen. Wohin sie kamen, hatten die Londoner Oratorianer bereits eine Vorinformation versandt mit der unbegründeten Behauptung, Newman beabsichtige, in England ein Generalat für sich in Anspruch zu nehmen, ein Ansinnen, das jedem Oratorianer unsympathisch erscheinen mußte, weil es gegen die Grundauffassung von der Unabhängigkeit der einzelnen Häuser verstieß. Doch Newmans persönlicher Eindruck entkräftete solche Vorhersagen, und in den Antwortbriefen mußten die Mitbrüder vom Brompton Oratory in London lesen, welch geistliche Ausstrahlung und geistige Autorität Newman vermittelt hatte.

Als sie am 12. Januar 1856 Rom betraten, zog Newman am Stadtrand die Schuhe aus. Barfuß als bittender Büßer wollte er die Ewige Stadt im Winter betreten, um so seine Anliegen vor Gott und den Menschen vorzutragen. – Alessandro Barnabò (1801–1874), erst Sekretär und hernach Kardinalpräfekt der Kongregation für die Ausbreitung des Glaubens (Propaganda fidei, kurz Propaganda genannt) klärte das Problem einfach: Newman hatte vom Papst im Breve von 1847 die Vollmacht erhalten, in England Oratorien zu gründen, und er war somit auch dafür zuständig, ihnen Selbständigkeit zu geben. Der Konflikt zwischen London und Birmingham konnte also von Newman selbst geregelt werden. Daß gleichwohl die Leute unter F. W. Faber so lange in Rom insistierten, bis sie im Oktober des Jahres 1856 doch eine entsprechende Bestätigung ihrer Selbständigkeit von dort erhielten, steht auf einem anderen Blatt.

Die Audienzen bei Pius IX. waren ebenso wie die bei Barnabò voll Freundlichkeit und Einvernehmen. »Der Papst war wohlauf und fröhlich – er schien sich darüber zu freuen, daß er uns zum Lachen brachte... Er behandelte uns, als wären wir die einzigen Menschen auf der Welt, für die er zu sorgen hätte.« Es erwies sich jedenfalls als gut, daß sie nach Rom gekommen waren; denn der Papst zeigte sich über alle Vorgänge im Detail informiert, nicht nur zwischen den Oratorien von London und Birmingham, sondern auch innerhalb des Birminghamer Oratoriums, »und er wollte offensichtlich unsere Ansicht hören«. Newman hielt das Ergebnis der Gespräche in Memoranda fest. »Ich verstehe, daß unser Verhalten als (Oratorianer-)Kongregation so sein sollte: Nie ohne gute Gründe zu handeln, und zwar Gründe, die man darstellen kann, aufgrund solcher aber selbständig zu handeln; unsere Linie zu verfolgen und auf Einwände... Antworten bereitzuhalten. Unsere Augen offenzuhalten und zu beobachten, wie die Dinge in Rom aufgenommen werden... Uns auf unsere eigene Kraft zu verlassen...«.

Im Juni wandte sich Newman in einem umfassenden Schreiben an die Generalkongregation seiner Oratorianermitbrüder in Birmingham und stellte die gesamte »schmerzliche Kontroverse« zwischen ihm und dem Londoner Oratorium dar, nannte deren Verhalten »eine Konspiration gegen das Oratorium von Birmingham mit Hilfe der Kongregation zur Glaubensverbreitung« in Rom, schilderte seine Rom-Reise und schlug vor, daß die beiden Oratorien in Zukunft »Freunde auf Entfernung« sein sollten. Er sprach sich damit für die Trennung der beiden Häuser aus und plädierte für die regelrechte Legitimierung des faktisch schon bestehenden Zustandes.

Als Newman sich dann in einem Schreiben direkt an alle Londoner Mitbrüder wandte, fühlte sich Faber als Vorsteher übergangen. Er schrieb mehrere Monate nicht mehr an Newman. Dann kam im Mai 1856 von ihm ein Brief, in dem er alles Geschehene von der Sachebene auf Gefühle übertrug. »Ist es denn für Sie so unmöglich, uns zu vergeben«, fragte er Newman, »wieder unser Vater zu

sein und den Skandal zu beenden, daß wir in zwei Häusern wohnen und einander nicht besuchen? Was denn an unserem Benehmen ist es genau, was Sie so in Zorn versetzt hat? Was können wir tun, um es wiedergutzumachen, und ist es wirklich so schlimm, daß es einen Bruch unter den Söhnen des heiligen Philipp rechtfertigt?«
Als Newman im Juli 1863 den todkranken Faber besuchte, sagte dieser, er sei bei jenem Konflikt als einziger in der Kommunität dagegen gewesen, daß sich die Mitbrüder, ohne Newman zu unterrichten, an Rom wandten. Er verwies noch einmal darauf, daß er Newman die entscheidende Wende seines Lebens zur Religiosität in einer der denkwürdigen Oxforder Predigten verdanke und deshalb zeit seines Lebens ihm dankbar gewesen sei. F. W. Faber starb kurz darauf im September.

Eine englische Bibelübersetzung?

Newman hatte sich von seinem »irischen Feldzug«, wie er es nannte, schon innerlich verabschiedet, aber ihn noch nicht beendet, als im August 1857 von Kardinal Wiseman ein neuer Auftrag auf ihn zukam. Im Zusammenhang mit den Dekreten der Provinzialsynode von Westminster bat ihn der Kardinal, »in meinem eigenen und im Namen meiner bischöflichen Mitbrüder..., das lange bedachte und gewünschte Werk einer ... mit Anmerkungen versehenen Übersetzung der Bibel« zu übernehmen.
Nach einiger Bedenkzeit, in der sich Newman die Synodendekrete beschaffte und sich darüber informierte, antwortete er ebenso feierlich wie Wiseman angefragt hatte: »Eine größere Ehre, so empfinde ich, hätte mir möglicherweise nicht zuteil werden können, als mir Eure Eminenz erwiesen haben, da Sie mir mitteilten, ich sei für das Amt der Vorbereitung einer englischen Übersetzung der Bibel mit Anmerkungen ausgewählt worden... Ich nehme die mir zugedachte Arbeit ohne Zögern an.«
Alsbald wurden Briefe über die Finanzierung ausgetauscht und Newman von der Bischofskonferenz das Recht des Copyright zugesprochen. Dann folgte eine längere Korrespondenzpause. Newman sammelte einen Mitarbeiterstab und kaufte die nötigen Unterlagen. Im Dezember 1858 teilte ihm dann der Bischof von Charleston im Auftrag von Wiseman mit, daß in den USA eine Übersetzung von seiten katholischer Bischöfe stattfinde und daß man hoffe, Newman sei bereit, mit dem amerikanischen Projekt zusammenzuarbeiten. In seiner Antwort machte Newman noch einmal die Besonderheit des englischen Anliegens der Übersetzung

deutlich, wie es in den Dekreten der Synode festgehalten und ihm im Verlauf der Monate schriftlich nahegebracht worden war, schloß aber mit der Erklärung, daß er bereit sei, jegliche Maßnahme zu akzeptieren, die die Bischöfe Englands vorsehen. Doch aus unerfindlichen Gründen hatten die von der Bischofskonferenz beauftragten Männer – Wiseman, Grant und Ullathorne – ihrerseits nie die Initiative ergriffen und Kontakt mit dem Erzbischof Kenrick von Baltimore in dieser Sache aufgenommen. Newman erhielt keinerlei Antwort mehr, so daß er allmählich davon ausging, der Plan sei fallengelassen worden.
Eine weitere große Chance in Newmans Leben, der katholischen Kirche in England mit seinen besonderen Fähigkeiten zu dienen – in diesem Falle mit seinem später als klassisch bezeichneten englischen Stil –, war ungenützt vorübergegangen. Abgesehen von der geistigen Mühe der Vorbereitung, die sich in ersten Richtlinien und Kriterien für die Übersetzung zeigten, abgesehen von den ersten Kontakten mit Übersetzern und Mitarbeitern, denen Newman wieder absagen mußte, hatte er auch Gelder investiert, die ihm niemand mehr ersetzte.

Die Bedeutsamkeit der Laien für die Kirche

»Die Jahre sind jetzt kostbar, weil sie rar sind wie Edelsteine«, schrieb Newman gegen Ende seiner Dubliner Zeit. Gleichwohl drängte sich ihm in wachsendem Maße das Empfinden auf, daß Leute wie F. W. Faber oder W. G. Ward recht hatten, wenn sie hinter vorgehaltener Hand sagten, alles, was er unternehme, mißlinge ihm. Freilich hätte die Beurteilung der Gründe dafür zwischen ihm und ihnen nicht unterschiedlicher sein können. Auch die nächste Aufgabe, die er im Gehorsam zu seinem Bischof übernahm, sollte zu einer solchen Frustration für ihn führen.
Eine der führenden katholischen Zeitschriften ihrer Zeit war der »Rambler«, der 1848 von dem konvertierten anglikanischen Priester James Moore Capes begründet und zehn Jahre später von zwei hochgebildeten Männern übernommen wurde. Richard Simpson (1820–1876), ebenfalls konvertierter anglikanischer Geistlicher, und Sir John Acton (1834–1902), Schüler des Münchener Kirchenhistorikers Ignaz von Döllinger, behandelten im »Rambler« von 1858 zeitgenössische Themen für gebildete Katholiken Englands mit literarischen, politischen, auch kirchenpolitischen und theologischen Inhalten. Als Sprachrohr selbstbewußter und nicht selten kritischer Laien und durch das intensive Engagement der Oxforder

Konvertiten wurde die Zeitschrift von seiten der Bischöfe mit Argwohn betrachtet. Im ersten Heft des Jahrgangs 1859 war es der Artikel eines staatlichen Schulinspektors, der Anstoß erregte. Scot N. Stokes, Katholik und Schulfachmann mit solider Problemkenntnis, riet zur Zusammenarbeit der Katholiken mit der Regierungskommission für Grundschulbildung, ohne zu wissen, daß die Bischöfe gerade das Gegenteil im Sinn hatten. In der Folge sollte das Blatt unter Zensur gestellt oder der Herausgeber Simpson zum Rücktritt bewegt werden. Ullathorne, der wußte, daß Newman R. Simpson nahestand, weil er ihn persönlich kannte und die Öffentlichkeitsarbeit und den Bildungswert solcher Zeitschriften schätzte, wurde um Vermittlung gebeten. Es war kein schwieriger Auftrag, da Simpson nicht nur Newmans geistige und geistliche Autorität anerkannte, sondern selbst zum Bischof ging, um seine persönliche Unterordnung unter den Wunsch der Bischöfe zu bekunden und um dabei zugleich für den Erhalt der Zeitschrift zu plädieren. Es lag nahe, in Newman seinen Nachfolger zu suchen. Dieser, noch mit der Herausgabe der »Atlantis« in Dublin beschäftigt, entschloß sich erst nach langem Zögern und auf Wunsch der Bischöfe Ullathorne und Wiseman zur Übernahme der Herausgeberschaft. Er tat es nicht zuletzt, um das öffentliche Medium der Meinungsbildung katholischer Laien zu erhalten. In der Ankündigung, die er der ersten von ihm redigierten Nummer voranstellte, betonte er deshalb, daß sich die bewährten Prinzipien der Zeitschrift nicht ändern würden, »Freiheit des Denkens mit Festigkeit im Glauben zu vereinbaren«.

Da die grundsätzliche Berechtigung des Artikels von S. N. Stokes noch in der Diskussion war und der Erklärung zu bedürfen schien, nahm Newman das Problem auf. Er verwies darauf, daß die Bischöfe unbeschadet ihrer Rechte durchaus auch »die Meinung der Laien in all jenen Fragen erfahren wollten, die diese in besonderer Weise betreffen. Wo doch die Gläubigen sogar, wenn die Definition eines Dogmas vorbereitet wird, konsultiert werden.« Damit bezog sich Newman auf die päpstliche Umfrage bei der Vorbereitung des Glaubenssatzes von der ohne Erbsünde empfangenen Gottesmutter Maria (1854). »Mit Sicherheit war der Wunsch, daß sich Laien in den wichtigen Bildungsfragen um die Bischöfe scharen, nicht von einem Mangel an Respekt vor ihnen getragen«, erklärte Newman weiter.

Auf diese von ihm angesprochene *theologische Tragweite des Glaubenszeugnisses von Laien* folgte der Angriff des Dogmatik-Professors am Ushaw-College, John Gillow (1814–1877), der Newman schlicht der Häresie beschuldigte. Auch Bischöfe wie Ullathorne zeigten sich betroffen. Er besuchte Newman umgehend, um ihm seinen Unmut zu bekunden: »Unsere Laien sind friedfertige Leute, und die Kirche ist der Friede. Sie sind tiefgläubig und hören es nicht gern, wenn jemand Zweifel äußert.« Ullathorne bat Newman, die Redaktion wieder aufzugeben, und Newman gehorchte, wie er es zeitlebens Vorgesetzten gegenüber getan hatte, ohne Wenn und Aber. Aber erstaunt war er doch: »Es war doch ziemlich erstaunlich, daß der Bischof mich ohne weiteres von meinen Pflichten entband, ja mich eigentlich zu ihrem Aufgeben drängte...«. Man zwang ihn faktisch, die Zeitschrift an Simpson zurückzugeben.

Lange danach berichtete Newman in einem Brief über diese Unterredung Ullathornes mit ihm: »Ein hoher Prälat sagte mir vor Jahren, als ich sagte, die Laien benötigten Bildung, Leitung, Feinfühligkeit, Rücksicht usw. usw., ›Sie kennen sie nicht, Dr. Newman. Unsere Laien sind eine friedliche Körperschaft – sie sind friedfertig.‹ Ich verstand, daß er meinte: sie sind mächtig unwissend und ungebildet – und wir brauchen sie nicht zu befragen oder sie überhaupt in Betracht zu ziehen... In Rom behandelt man sie nach der Tradition des Mittelalters... Nun gut, nur die Tatsachen werden sie langsam die Tatsache dessen erkennen lassen, was eine Laienschaft im 19. Jahrhundert sein muß.«

Die Verdächtigung, er habe eine häretische Position in seiner Lehre über die Bedeutung der Laien für die Kirche vertreten, brachte Newman nun gerade erst dazu, in der Juli-Nummer, die noch unter seiner Redaktion erschien, die ihm bekannten Beweisgründe aus der Kirchengeschichte offenzulegen, die seine Glaubensüberzeugung begründeten. »Ich für meinen Teil habe mich daran gewöhnt, großes Gewicht auf den Glaubenssinn der Gläubigen (Consensus fidelium) zu legen.« Es war in der Geschichte der Arianer, wo er gelernt hatte, daß zu jener Zeit »die göttliche Tradition, die der unfehlbaren Kirche anvertraut war, weit mehr durch die Gläubigen als durch den Episkopat verkündet und erhalten wurde«. Er konnte deshalb mit historischen Belegen aufweisen, daß »die Laienschaft als Ganzes ihrer Taufgnade treu blieb«, während unter den Bischöfen die Treugebliebenen »mißhandelt und ins Exil deportiert wurden«. Er schloß daraus, daß die Laien als Glaubenszeugen für die katholische Wahrheit zu gelten haben, daß sie darüber hinaus als Gemeinschaft mit einem Glaubensinstinkt bzw. Glaubenssinn begnadet seien und daß sie drittens ein feines Gespür für Irrlehren hätten. Schon sechs Jahre zuvor, in seinen Vorlesungen über das Verhältnis von Christen und Islam in Kleinasien hatte Newman in Liverpool (1853) die Rolle der Laien für die Kirche des Altertums idealtypisch beschrieben: »In jenem frühesten Zeitalter war es einfach der lebendige Geist der Myriaden von Gläubigen, von denen niemand zum Ruhm der Bekanntheit gelangte, die von den Jüngern unseres Herrn den einmal überlieferten apostolischen Glauben empfingen und mit ihm so gut umgingen, ihn so weit verbreiteten und ihn Generation um Generation so treu überlieferten –, die ihn mit solcher Schärfe der Kontur und Ausgefaltetheit im Detail festhielten –, daß sie selbst Ungebildete dazu befähigten, instinktgeleitet zwischen Wahrheit und Irrtum zu unterscheiden und selbst den Schatten von Häresie spontan zurückzuweisen.« – So kam Newman auch in seinem Artikel »Über die Befragung der Gläubigen in Sachen der Glaubenslehre« (On Consulting the Faithful in Matters of Doctrine, 1859) zu dem Ergebnis: »Ich denke, daß die lehrende Kirche sicher glücklicher ist, wenn sie solch begeisterte Anhänger um sich hat, wie es hier dargestellt ist, als wenn sie die Gläubigen vom Studium ihrer göttlichen Lehren wie vom Mitfühlen mit ihren heiligen Betrachtungen fernhält und von ihnen nur einen nicht entfalteten Glauben an ihr Wort haben will, was bei den Gebildeten mit Indifferenz und bei den Einfachen mit Aberglauben enden wird.«

Was ein Jahrhundert später feierlich als katholische Glaubenslehre im Zweiten Vatikanischen Konzil formuliert wurde – »Die Gesamtheit der Gläubigen, welche die Salbung von dem Heiligen haben, kann im Glauben nicht irren. Und diese ihre besondere Eigenschaft macht sie durch den übernatürlichen Glaubenssinn des ganzen Volkes kund...« –, stieß auf die Ablehnung führender Kirchenmänner einer Zeit, die auf dem Weg war, die unfehlbare Verantwortung für die Überlieferung des Glaubens im Papst zu zentralisieren (Erstes Vatikanisches Konzil). Newman sah die beiden Bereiche der Kirche, Lehramt und Laien, lehrende und hörende Kirche in ihrer Verbundenheit und Verwiesenheit aufeinander. Die Stunde, das alles zu erklären, sollte für ihn kommen, als in England die Unfehlbarkeitserklärung des Ersten Vatikanischen Konzils angegriffen wurde. Zunächst aber wurde er erneut von J. Gillow von Ushaw der Häresie bezichtigt und von Bischof Thomas Joseph Brown (1798–1880) von Newport bei der Kongregation für die Glaubensverbreitung in Rom wegen Häresie angezeigt. Newman hörte davon und sandte an Wiseman, der gerade in Rom weilte, einen Brief, in dem er die Bereitschaft signalisierte, jede seiner Aussagen zu erklären, und in dem er seinen Glauben an alle Dogmen der Kirche bekundete. Diesen Brief legte Wiseman aus unbekannten Gründen bei der Kongregation nicht vor. H. E. Manning, inzwischen Dompropst von Westminster, ließ Newman wissen, der Kardinal hoffe, die Angelegenheit bei seiner Rückkehr in

J. H. Newman, 1865, bei der Lektüre von J. Seeleys »Ecce Homo«.

Newman mit einer Gruppe seiner Oratorianer-Mitbrüder (zweiter von links in der vorderen Reihe). Foto aus den späten 70er Jahren des 19. Jahrhunderts.

einer für Newman akzeptablen Weise geregelt zu haben. Von da an hörte Newman nichts mehr, weder von Wiseman noch von der Kongregation in Rom. Dort allerdings blieb er unter dem Verdacht, unbußfertig auf seinen angeblichen Irrtümern zu beharren. Er selber konnte lange Jahre nichts dagegen tun, weil er von dieser Situation nichts wußte.
Der »Rambler« wurde alsbald von Sir John Acton weitergeführt, der ihm schließlich einen anderen Namen und ein anderes Konzept gab. Er glaubte, auch Bezieher vom Kontinent dazugewinnen zu können. Doch durch das päpstliche Breve vom Jahre 1863, das gegen einen Kongreß katholischer Gelehrter in München unter der Leitung seines Lehrers I. von Döllinger gerichtet war, trat auch für Acton die Unvereinbarkeit seiner Vorstellungen mit denen des kirchlichen Lehramts zutage. Mit einem abschließenden Artikel über den »Konflikt mit Rom« in der April-Nummer 1864 machte er deutlich, daß die im Breve beanspruchte Zensurkompetenz der Kirche mit der Auffassung von Freiheit der Forschung in Geschichts- und Naturwissenschaft kollidiere. Er gab als »treuer Sohn« seiner Kirche die Zeitschrift auf und zog sich in ein privates Leben mit ausgedehnten Archivstudien zurück.

Unter der Wolke des Verdachts

Newman »unter der Wolke« des Verdachts von Häresie und Unbotmäßigkeit, das war ein Zustand, der sich über acht Jahre seines Lebens erstreckte und dessen Aufklärung erst 1867 in Rom erfolgte. Aber selbst dann war noch nicht die volle Rehabilitierung seines Ansehens geschweige denn die Anerkennung seiner wirklichen Verdienste für die Kirche erreicht. Newman spürte die Einsamkeit seiner Situation sehr deutlich, auch ohne genaue Kenntnis der Ursachen. Vielleicht läßt sich dies auch aus der Predigt zum Totengedächtnis des Erbauers von Oscott-College (New Oscott), Henry Weedall (1788–1859), im November 1859 heraushören, in der sich Grundzüge seiner eigenen existentiellen Wirklichkeit spiegeln. »Würden wir uns lebhaft vor Augen führen, was die höchste Seligkeit im Dienste Gottes ist und zugleich tatsächlich der gewöhnliche Anteil der Guten, dann fänden wir, daß sie in Dingen besteht, die ihrer Natur nach, geschichtlich gesehen, gar kein Aufsehen erregen können. Sie besteht in einem Leben, das der großen Ereignisse entbehrt, aber reich ist an unscheinbaren; in einem Leben der Pflichterfüllung, glücklicher Unberühmtheit und inneren Friedens, gütigen Verschenkens der Güter an andere, die mit ihnen tagaus tagein in Berührung kommen, des Wachsens und Blühens und Früchtetragens im Hause Gottes und in einem seligen Sterben im Kreise der Brüder.«

Im Dezember des Jahres 1859 fühlt sich Newman zum Rückblick auf sein so schwierig gewordenes Leben gedrängt. Er schreibt »auf den Knien und vor Gottes Angesicht«. Er bekennt das Urdatum seiner Berufung und Gottesgewißheit: »daß Deine wunderbare Gnade, oh mein Herr, mich ganz und gar verwandelt hat, als ich im Alter von 15 Jahren mehr wie ein Teufel als wie ein leichtfertiger Junge war, und mir geschenkt hat, was ich mit Deiner fortdauernden Hilfe nie mehr verloren habe. Damals hast Du mein Herz verwandelt und zum Teil meine ganze geistige Verfassung...«. – Er sieht, daß Gott seinen Wunsch, den er als 30jähriger formuliert hat, Wirklichkeit werden ließ: »Versag' den Reichtum mir. Entrück' mich weit der Macht und des Ruhms Verlockung.« Und er bringt zum Ausdruck, daß er jetzt die Versuchung erlebt zu verzagen: »Was ich fühle, haben offenbar Deine Diener von den ältesten Zeiten an auch vor mir empfunden: Ijob, Mose und Habakuk empfanden vor Jahrtausenden wie ich. Und mit ihren unsterblichen Worten kann ich meine Sache vor Dir führen... Oh befreie mich von dieser schrecklichen Verzagtheit, denn sie ist an der Wurzel all meiner Übel. In der Jugend war ich kühn, weil ich unwissend war – nun habe ich meine Kühnheit verloren, weil meine Erfahrung gewachsen ist. Jetzt bin ich imstande, mehr als vorher die Kosten des Tapferseins um Deiner Sache willen zu berechnen und darum schrecke ich vor den Opfern zurück.«

Was er tat, wurde nicht angenommen, fand keine Anerkennung, schien nicht gebraucht zu werden. Nach dem Fest der Erscheinung im Januar 1860 schreibt er konkreter über seine Situation: »Weil ich leeres Geschwätz nicht weitererzählt, den Großen nicht geschmeichelt und mich nicht zu dieser oder jener Partei bekannt habe, bin ich eine Null. Ich habe keinen Freund in Rom, und in England habe ich nur gearbeitet, um mißdeutet, verleumdet und verhöhnt zu werden. Ich habe in Irland gearbeitet, und immer wieder wurde mir die Tür vor der Nase zugeschlagen. Anscheinend war vieles ein Fehlschlag und, was ich gut machte, wurde nicht verstanden. Ich glaube aber nicht, daß ich das irgendwie in Verbitterung sage... Ich sah bei den Katholiken große Mängel, denen abgeholfen werden sollte, besonders, was Bildung und Erziehung angeht. Natürlich erkannten die, die unter diesen Mängeln lebten, ihren Zustand nicht ... und sie empfanden auch gar keine Dankbarkeit noch Hochschätzung für einen, der etwas tat, um abzuhelfen, hielten ihn vielmehr für unstet oder für verschroben... Diese Erfahrung hat mich natürlich in mich selbst zurückgeschreckt oder besser, mich auf den Gedanken gebracht, daß ich mich mehr Gott zuwenden sollte... Sie hat mich empfinden gelehrt, daß mein großer Trost im Allerheiligsten Sakrament wohnt, und daß, während ich Ihn habe, der in der Kirche fortlebt, die einzelnen Glieder der Kirche, meine Vorgesetzten, keinen Anspruch haben auf meine Bewunderung und nichts bieten, um mein inneres Vertrauen zu begründen, wenn sie auch auf meinen Gehorsam ein Recht haben...

Das ist mein Leben lang mein Gebet gewesen, und Du hast es erhört, daß ich in dieser Welt auf die Seite gesetzt werden möge. Nun laß mich noch einmal beten: Herr, segne, was ich schreibe, und gib ihm Gedeihen – laß es viel Gutes wirken, laß es viel Erfolg haben, aber laß mir dafür zu meinen Lebzeiten kein Lob zuteil werden... – Lehre mich, wie ich mich in den Jahren, die mir noch bleiben, am besten zu Deiner Ehre nützlich machen kann; denn mein augenscheinlicher Mißerfolg entmutigt mich sehr. Mein Gott, es ist mir, als hätte ich all diese Jahre vergeudet, seit ich katholisch geworden bin.«

Das Gymnasium der Oratorianer

Erfolg hatte Newman mit der im Mai 1859 eröffneten St. Philip Grammar School, einem katholischen Gymnasium mit Internat, das im Konvent der Oratorianer seit einiger Zeit geplant worden war. Die beiden bestehenden katholischen Gymnasien in Downside und Stonyhurst waren durch den Zustrom der vielen Konvertitenfamilien sehr rasch überbelegt. Zudem konnte die Konkurrenz eines neuen Gymnasiums zur Hebung des Bildungsniveaus bei den Katholiken beitragen, eines der Hauptinteressen Newmans. Zunächst begann man mit einer kleinen Zahl von Schülern und Lehrern, doch schon bald war ihre Zahl groß genug. Vor allem gelang es immer wieder, besonders qualifizierte Lehrer zu verpflichten wie etwa den Dichter Gerard Manly Hopkins u. a. In den 70er Jahren war der Sohn des Herzogs von Norfolk unter den Zöglingen, und viele der vornehmen Katholiken Englands vertrauten Newman ihre Söhne an. Die Schule war nie besonders groß – sie hatte etwa fünfzig Schüler in den 60er Jahren –, aber sie bewährte sich so sehr, daß sie bis heute existiert und gedeiht.

Das Jahr 1861 wurde für Newman gesundheitlich schwierig. Die Sorgen, die er durchgestanden hatte, und die Erfahrung, seine vielfach bewährten geistigen Vorzüge in dieser Kirche nicht gebrauchen zu können, zeichneten seine Gesichtszüge. Emily Bowles, eine Journalistin, Zwillingsschwester des Oratorianers Frederic S. Bowles (1818–1900), die schon zwei Jahre vor ihm (1843) konvertiert war und viel mit Newman korrespondierte, beschreibt die auffällig veränderte Erscheinung Newmans bei ihrem Besuch in jenem Jahr. »Er war nicht nur für seine Jahre unverhältnismäßig gealtert, sondern sein großes, kräftiges Gesicht war von Furchen durchzogen, die nicht die Jahre hineingezeichnet hatten. Es war zu offensichtlich, daß es Furchen großen Schmerzes waren, Züge der Enttäuschung und geduldigen Leidens beim Scheitern so vieler Hoffnungen. Wenn er redete, wurde sein Ausdruck jeweils milder. Wenn er jedoch still wurde, und sein Gespräch wurde häufig von kurzen Momenten der Zerstreuung unterbrochen, zeigte sich sogar ein Anblick schrecklicher Müdigkeit, einer heftigen geistigen Depression nicht unähnlich.«

Heftigen Kummer sollte ihm auch ein Vorfall an der neuen Schule bereiten. Die häufige Abwesenheit Newmans während des Jahres 1861 könnte dazu beigetragen haben, daß Nicholas Darnell, der Leiter der Philip-Grammar-School, sich immer mehr als ihr Alleinherrscher gebärdete. Darnell (1817–1892), der als einer von Fabers Leuten ins Oratorium gekommen war, war Konvertit und verdienter Mitstreiter im Achilli-Prozeß. Seit zwei Jahren war er der Direktor der neueröffneten Schule. Im Winter 1861/62 kam es zu einer schon länger schwelenden Auseinandersetzung. Daß sie sich gerade an der Zusammenarbeit mit Mrs. Frances Wootten, der Witwe von Newmans Oxforder Arzt, entzündete, die seit ihrer Konversion in der Pfarrei des Birminghamer Oratoriums mitarbeitete und neuerdings die Dienste einer Internatsmutter versah, war vielleicht symptomatisch für die rigide und unnachgiebige Art von Darnell, der in Mrs. Wootten ein Element der Verweichlichung für die Schüler sah. Newman beurteilte das anders, aber er ließ den Konvent der Oratorianer entscheiden. Sie entschieden sich dafür, die Kontrolle über die Schule bei der Gemeinschaft des Oratoriums zu behalten. Darnell verhielt sich kompromißlos und trat aus dem Oratorium aus. Und fast das ganze Lehrerkollegium, das unter seinem Einfluß stand, trat zurück und verließ ebenfalls die Schule. Newman hatte eine schwierige Krise zu lösen; es gelang ihm innerhalb von wenigen Wochen, die Schule wieder zu eröffnen. Ambrose St. John wurde der neue Direktor. Mit Thomas Arnold, der wenige Jahre vorher von ihm als Professor für Literatur an die katholische Universität in Dublin geholt worden war, konnte er einen Mann mit bekanntem Namen verpflichten, dessen Vater gleichen Vornamens Schulleiter der berühmten Internatsschule von

Rugby war. Newman selbst übernahm von da an häufiger bestimmte Dienste. Er hielt die Prüfungen ab; insbesondere bearbeitete er Partien klassischer Autoren für die Aufführungen lateinischer Theaterstücke in Erinnerung an seine eigene Schulzeit bei George Nicholas in Ealing.

Pläne für ein Oratorium in Oxford

Den großen Oxforder Konvertiten selbst als Leiter einer katholischen Priestergemeinschaft in Oxford zu sehen und damit als Mittelpunkt katholischen Geisteslebens – wen hätte diese Aussicht unter allen, die der katholischen Kirche in England weiteres Gedeihen wünschten, nicht fasziniert? Allerdings sah man dieser Möglichkeit unter Anglikanern mit gemischten Gefühlen entgegen, und nicht nur bei ihnen! Auch unter den Katholiken gab es solche, die befürchteten, daß Newmans Faszination katholische Jugendliche geradezu ins anglikanische Oxford locken würde. Andere aber gingen davon aus, daß sowieso katholische Eltern in wachsender Zahl ihre jungen Leute dahin sandten, seit man 1854 die Pflicht zur Unterzeichnung der anglikanischen Neununddreißig Artikel aufgehoben hatte. Newman sympathisierte von 1854 an mit den Plänen, in Oxford ein College oder ein Studentenwohnheim (»Hall«) für Katholiken zu errichten. Er distanzierte sich jedoch von dem Plan, eine Gedächtniskirche für die Oxforder Konvertiten zu bauen, weil er darin ein polemisches Unternehmen sah, das die anglokatholische Kraft in der anglikanischen Kirche schwächen würde.
1864 wurde Newman preiswert ein Grundstück angeboten, und da Ullathorne ihn aufforderte, die katholische Seelsorge in Oxford zu übernehmen, kaufte er das Land im Oktober. In der Zwischenzeit hatten sich Henry E. Manning, vom Domkapitel in Westminster, und William George Ward, ebenfalls ein Oxforder Konvertit und jetzt Herausgeber der katholischen Zeitschrift »Dublin Review«, mit ihren Befürchtungen vor der gemischten Erziehung und vor Newmans Einfluß in Oxford bei Kardinal Wiseman und bei der Kongregation für Glaubensverbreitung in Rom durchgesetzt. Noch im Dezember desselben Jahres kam von der Kongregation eine deutliche Abmahnung gegen den Besuch protestantischer Universitäten. Daraufhin verkaufte Newman das Land wieder ohne zu zögern.
Der Bischof von Birmingham, zu dessen Diözese Oxford gehörte, gab jedoch noch nicht auf und bat Newman im Frühjahr 1866 erneut darum, die katholische Pastoral in Oxford zu übernehmen

und dort eine Kirche zu bauen. Nach einigem Widerstreben gab Newman schließlich im Sommer Ullathorne zum zweiten Mal seine Zustimmung. Im Dezember kam dieses Mal zudem die Erlaubnis von Rom, in Oxford ein Oratorium zu errichten, was in den Kreisen der gebildeten katholischen Laien Englands große Freude auslöste.

Da erhielt Newman im März 1867 von Ullathorne einen Brief, in dem er in besorgtem Ton berichtet, es gäbe in Rom eine Lobby, die das Gerücht verbreite, Newman habe seine Schule gegründet, um Jugendliche zum Studium in Oxford heranzubilden.

Es seien vor allem der England-Berater Pius' IX., Monsignore George Talbot, Herbert Vaughan, später Erzbischof von Westminster, Jesuiten-Patres von der Redaktion der Zeitschrift »Civiltà Catolica« und andere. Sie seien in Verbindung mit Manning, inzwischen seit 1865 Erzbischof von London, und Thomas Grant, Bischof von Southwark, die beide gegen ihn an Kardinal Barnabò geschrieben hätten. Ullathorne riet ihm, unverzüglich nach Rom zu reisen. Aus einem Brief, den Talbot an Manning schrieb, läßt sich der Tenor der Anschuldigung gegen Newman plastisch fassen: »Es ist völlig richtig, daß in Rom eine Wolke über Dr. Newman hängt, seitdem der Bischof von Newport ihn wegen Häresie in seinem Artikel für den Rambler angezeigt hat... Dr. Newman ist der gefährlichste Mann in England«; denn er habe die Theorie über die Laien aus dem Rambler-Artikel in die Praxis umgesetzt und wiegle die Laien gegen die Hierarchie auf.

Die Anschuldigungen gegen Newman waren für Leute, die ihn nur einigermaßen fair beurteilten, unhaltbar, so daß sich selbst Bischof T. J. Brown aus Newport, der gerade in Rom weilte, jetzt für ihn einsetzte. – Doch endgültig wurde »die Katze aus dem Sack gelassen«, so Newman, als im April des Jahres 1867 die katholische Wochenzeitschrift »Weekly Register« durch einen pseudonymen Artikel die Nachricht veröffentlichte, der Papst habe entschieden, daß *Newman von Oxford fernzuhalten* sei. Jetzt gab auch Ullathorne zu, daß es zusätzlich zur Erlaubnis der Kongregation vom Dezember des Vorjahres eine »geheime Order« Roms gebe, wonach zwar Oratorianer, *nicht aber Newman selbst* in Oxford residieren durften. Er selbst hatte geglaubt, dieses Verbot rückgängig machen zu können.

Die englische Laienschaft war aufgebracht und stellte sich in einer öffentlichen Erklärung hinter Newman. »Wir sind sehr schmerzlich berührt über einige anonyme Angriffe gegen Sie... Wir bringen unsere Dankbarkeit zum Ausdruck für alles, was wir Ihnen schulden und versichern Ihnen, wie herzlich wir die Dienste, die

Gott durch Sie unserer heiligen Religion erwiesen hat, schätzen.« Die im »Tablet« und im »Weekly Register« veröffentlichte Erklärung trug Hunderte von Unterschriften, davon nicht wenige von Leuten des Adels bzw. von Parlamentsmitgliedern. Newman stellt in einem Dankschreiben an die katholischen Laien fest, an den Beschuldigungen, die ja unzutreffend seien, habe er nicht so schwer zu tragen, wenn er vergleiche, »daß ich hundertmal lieber das Wohlwollen und die Zuneigung all dieser mir befreundeten oder mir unbekannten Menschen erhalten habe, als daß ich der unwahren Darstellung entgangen wäre, aus deren Anlaß mir dies bekundet wurde«.

Newman betrachtete die Enthüllungen als Glück im Unglück; denn seine Mitbrüder hatten die Pastoration in Oxford schon aufgenommen, und er selbst wollte innerhalb der nächsten Wochen, am zweiten Sonntag nach Ostern, ebenfalls beginnen: »Ich hatte meine Predigt für diesen Tag schon fertig.«

Ullathorne hatte Newman geraten, nach Rom zu gehen. Das tat Newman nicht; statt dessen gingen seine Mitbrüder Ambrose St. John und Henry Bittleston. Letzterer berichtete von der entscheidenden Situation im Gespräch mit Barnabò. Auf die Vorlage der Kopie von Newmans Brief vom 19. Januar 1860 (an Wiseman), in dem er seine Bereitschaft erklärte, auf alle Anfragen an seinen Artikel im »Rambler« antworten zu wollen, habe der Kardinal »wie vom Blitz getroffen« reagiert. »Warum, sagte er, war Kardinal Wiseman in der Propaganda und wir haben nie von diesem (Brief) gehört? Er sagte, das mache Sie ganz rein (moralisch, nehme ich an); aber über Wiseman wußte er nicht was sagen; alles, was er sagen konnte, war: Nun, jetzt ist er tot, ruhe er in Frieden. Er sagte noch, Ambrose müsse den Brief mit zum Papst nehmen. Er müsse hingehen und ihn Monsignore Talbot zeigen.« Ambrose St. John schreibt in seinem Bericht von Rom an Newman, daß Talbot Newmans Schreiben von 1860 an die Kongregation gekannt habe: »Zu meinem Erstaunen erzählte mir Talbot gestern kühl, er habe den Brief gesehen, aber habe das vergessen oder nicht mehr gewußt und erklärte: ›Der arme Newman, als man eine Erklärung von ihm forderte, bat er nur, nicht nach Rom kommen zu müssen‹, und es paßte gut dazu, daß er mir riet, Deinen Brief an Wiseman dem Papst nicht zu zeigen.« – Ganz anders habe Barnabò gesprochen, so ergänzt Ambrose St. John Bittlestons Aussagen: Er »war aufrichtig, warmherzig, sagte, er mag Dich; daß Du ein Heiliger seiest; Heilige würden verfolgt wie Pallotti... Er sagte zu mir: ›Ich kenne beide, Manning und Newman; ich kenne Manning am besten, ich liebe Newman...‹«.

Was auch immer für Worte gemacht wurden, aufgrund der Gegebenheiten sah sich Newman genötigt, im August 1867 seine von Ullathorne unterstützten Pläne eines Oratoriums für die Studenten in Oxford für immer aufzugeben.

Manning und Newman

Im gleichen Monat schrieb nun eigentümlicherweise Manning an Newman, er habe den Wunsch, ihre Beziehungen zu klären. »Ich zweifle, ob es unter Ihren Freunden viele gibt, die wahrhafter und warmherziger gewünscht haben, Sie aufblühen und Ihre Macht und Mittel zum Dienst der Kirche wachsen zu sehen.« Newman antwortete offen, daß Manning ihn fälschlicherweise für einen Führer der liberalen Katholiken um den »Rambler« gehalten habe, die als »kaum noch katholisch« eingestuft worden seien. »Ich schreibe das als Protest und als einen Appell an die Nachkommen.« Newman machte sich eine Notiz über die Korrespondenz, in der er festhielt, daß Manning ihm wenigstens gestehen mußte, schon aus Prinzip könne er Newmans Anwesenheit in Oxford nicht zulassen, und Newman fragt sich, weshalb er das nicht schon vor drei Jahren gesagt habe, wenn er sich wirklich für seinen Freund halte. Er fand, Manning sei hinterhältig mit ihm umgegangen.

Zum offenen Austrag kam die »Rambler«-Affäre zwischen beiden erst zwei Jahre später, als Manning 1869 in einer Flugschrift mit der rhetorischen Frage konfrontiert wurde, ob er nichts von den Intrigen wisse, mit denen man einen der Meister des Geistes dieser Epoche so lange Zeit zur Untätigkeit verurteilt habe – einfach dadurch, daß man sein Entschuldigungsschreiben an die römischen Behörden hintangehalten habe. Manning konnte sich diese Anfrage nicht erklären, schrieb jedoch Newman, das Pamphlet habe insofern Gutes bewirkt, »daß wir Licht hereinlassen auf die Mißverständnisse dieser letzten Jahre«. Newman antwortete, daß er zur Korrespondenz, die sie zwei Jahre vorher 1867 geführt hatten, nichts hinzuzufügen habe. »Ich weiß nicht, ob ich auf meinen Kopf oder auf meinen Fersen stehe, wenn ich mit Ihnen aktiv zu tun habe. Trotz meiner freundschaftlichen Gefühle, ist das das Urteil meines Verstandes.« Manning fand Newman »sehr schwierig«.

In der Tat war Newman Leuten wie Manning gegenüber in einer schwierigen Lage, weil er durch die Überzeugung von der Durchsetzungskraft der Wahrheit Gottes heilsoptimistisch lebte und dachte. Er unterschätzte die Gefahren des Bösen in der Welt nicht, er kämpfte vielmehr kompromißlos gegen jede Art von religiösem

Liberalismus. Aber er wußte, daß es keinen anderen Ort des Lebens gibt als den der Welt und daß Gottes Gnade stärker ist als alles Böse. So bleibt am Ende des Briefwechsels zwischen Manning und Newman der Eindruck, den Letzterer schon im Frühjahr 1867 so formuliert hatte: »Manning gehört zu *einer* Religion, ich zu einer anderen.« Manning gehörte zu den Kirchenführern, die durch Bewahrung statt durch Bewährung vor dem Bösen schützen wollen, er war im Vergleich zu Newman heilspessimistisch eingestellt. Wie kompliziert der Unterschied zwischen Theorie und Praxis war, hatte Newman in einem Memorandum festgehalten: Wie hätte er sich nicht über den Erfolg ehemaliger Schüler der Philip-Grammar-School bei ihrem Studium – das zumeist in Oxford oder Cambridge stattfand – freuen sollen? Wie hätte er diese Freude den Betreffenden und ihren Eltern gegenüber nicht anerkennend äußern sollen? Aber damit erwies er sich als ungehorsam in bezug auf die oberhirtlichen Richtlinien, die gegen konfessionell gemischte Erziehung und Bildung lauteten. Denn im Oktober 1867 hatte auch Ullathorne pflichtgemäß einen Hirtenbrief gegen den Besuch »Protestantischer Universitäten« in allen Kirchen verlesen lassen. Diese Auffassung blieb für den katholischen Episkopat Englands vorherrschend bis 1895, noch nach Mannings Tod (gest. 1892). Über drei Jahrzehnte waren so die begabten Katholiken Englands von einer akademischen Bildung an den besten und traditionsreichsten Hochschulen der Welt durch eine sehr umstrittene Entscheidung des Episkopats ausgeschlossen.

In der »dunklen Nacht« der Läuterung

Newmans Bemühungen, den Katholiken an Institutionen freier Bildung den Dienst der wahren Lehre Christi zu erweisen, waren gescheitert. Gründlicher, als er in seinem Tagebucheintrag von 1863 noch ahnen konnte: »Die Lage und Verfassung der katholischen Gemeinschaft bessern zu wollen durch sorgfältige Überarbeitung ihrer argumentativen Grundlage..., durch die Mitteilung richtigerer Ansichten, durch die Weitung und Verfeinerung ihres Geistes, mit einem Wort durch Bildung, ist (in ihren Augen...) eine Beleidigung. Es deutet darauf hin, daß sie in wichtigen Punkten Mängel aufweisen. Von Anfang an ist Bildung in diesem weiten Sinn des Wortes stets mein Anliegen gewesen. Und neben der Enttäuschung, die daraus entstand, daß damit Konversionen verhältnismäßig in den Hintergrund traten..., hat diese Grundlinie die leitenden Kreise hier und in Rom ernstlich verdrossen.«

Newman setzte auf die Auferbauung des Leibes Christi und wollte dazu die Glieder qualifizieren, um sie in einem Zeitalter wachsender Glaubensauseinandersetzungen für die Aufgabe der Mitverantwortung des Glaubens und seiner Bezeugung vorzubereiten. Dieser seiner positiven und prospektiven Sicht des Heilsdienstes der Kirche war die einschränkende und polemische Sicht maßgeblicher Kreise in der Kirche seiner Zeit entgegengesetzt. »Bei der Propaganda«, das heißt bei der Kongregation für die Glaubensverbreitung, »sind Konversionen und sonst nichts der Beweis dafür, daß man etwas tut... Konversionen sind mir nicht das Wichtigste, sondern die Erbauung der Katholiken. So sehr habe ich mir das Letztere zum Ziel gesetzt, daß alle Welt bis heute bei der Behauptung bleibt, ich empfähle Protestanten, nicht katholisch zu werden. Wenn ich als meine wahre Meinung geltend mache, daß ich davor zurückschrecke, aus gebildeten Menschen übereilte Konvertiten zu machen..., so gebe ich damit nur zu verstehen, daß die Kirche ebenso für Konvertiten bereitet werden muß wie Konvertiten für die Kirche. Wie kann man das in Rom verstehen?« –
Newman war durch sein heilsgeschichtliches Denken seinen Zeitgenossen voraus, die vor allem apologetisch und kontrovers-theologisch dachten. Zu leiden hatte er darunter, daß er die Mängel einer solchen Einstellung sah und ihm alle Hände gebunden waren, sie zu überwinden. »*Ich* möchte tatsächlich gerne den Versuch machen, die großen Tagesfragen des Unglaubens und anderes mehr zu widerlegen, aber die Propaganda(kongregation) und der Episkopat, die selbst nichts tun, betrachten jeden, der es versucht, mit dem größten Mißtrauen. Sie geben für das, was man rechtmacht, keine Anerkennung, stürzen sich dagegen mit Strenge auf jeden Punkt, an dem man einen Fehler gemacht haben mag.«
So wurde das religiöse Genie durch das Mittelmaß seiner frommen Vorgesetzten zur Untätigkeit verurteilt und über die Jahre in die »dunkle Nacht« der Läuterung getrieben. Vier Jahre lang – 1860–1863 – veröffentlichte er nichts, wohl machte er Aufzeichnungen für sich selbst. Im Januar 1863 schrieb er in sein Tagebuch: »Heute morgen beim Aufwachen überfiel mich die Empfindung, nur den Platz zu versperren, so stark, daß ich mich nicht dazu bringen konnte, unter meine Dusche zu gehen. Ich sagte mir, was nützt es denn, seine Kraft zu erhalten oder zu vermehren, wenn nichts dabei herauskommt. Wozu für nichts leben? ... Wofür lebe ich denn? Was tue ich eigentlich für irgendein religiöses Ziel? Ach, dies ist ständig in meinen Gedanken, schon seit Jahren... – Wie war doch mein Leben einsam und vergrämt, seit ich katholisch geworden bin. Hier ist der Gegensatz: als Protestant empfand ich

meine Religion kümmerlich, aber nicht mein Leben, und nun, als Katholik, ist mein Leben kümmerlich, aber nicht meine Religion.«

Diese Texte aus seinem geistlichen Tagebuch appellieren beim Leser an eine sorgfältige spirituelle Verstehensfähigkeit; denn Newman hat nicht etwa aus Wehleidigkeit oder übergroßer Sensibilität geschrieben. Es handelt sich um Dokumente, die das innerste Ringen eines in der religiösen Praxis über Jahrzehnte erprobten Menschen bekunden, der von sich sagen konnte, daß ihm der lebendige Sinn für die Gegenwart Gottes seit seiner Jugendzeit nie verlorengegangen sei. Er selbst beurteilt seine Niederschrift so: »Ich habe gleichsam meiner Seele zum Trost geschrieben.« Das war im Oktober 1867, als er auch noch die Leiden um das Projekt eines Oratoriums in Oxford bestanden hatte. Gerade in dieser Situation kann er feststellen, daß er jetzt »keine innere Not leide, von der ich mich schreibend lösen müßte. Ich will mich unter das Bild des Patriarchen Ijob stellen, ohne die Absicht, mich mit ihm zu vergleichen. Erst widerstand er kraftvoll den Vorwürfen seiner Freunde, dann folgt eine lange Beteuerung seiner Unschuld und schließlich lesen wir: die Worte Ijobs sind zu Ende. Meine Worte sind auch zu Ende – ich habe zu Kardinal Barnabò gesagt: Viderit Deus – Gott habe ich meine Sache anheimgestellt...«.

Das Jahr 1863, das für ihn so arm an Aussichten und Hoffnungen begonnen hatte, sollte mit einer außergewöhnlichen Provokation enden. Er hatte in diesem Jahr zwar nichts publiziert, aber doch in vielfältiger Weise private Aufzeichnungen gemacht, Studien zu philosophischen Problemen über Glaube und Gewißheit, umfangreiche Briefe über wichtige Themen geschrieben, wie etwa zur Einheit der Kirche, zur Mariologie, zur Sklaverei, zu kirchlichem Gehorsam, zur Berufung in Gottes Dienst. Es war das Jahr, in dem er mit einer Reihe von alten Freunden, die in der anglikanischen Kirche verblieben waren, wieder Kontakt bekam: Mit W. J. Copeland, mit F. Rogers, mit J. Keble, R. W. Church, I. Williams. – Im Dezember 1863 erschien in der weitverbreiteten Zeitschrift »Macmillan's Magazine« eine Rezension zu J. A. Froudes »Geschichte von England« von Charles Kingsley (1819–1875), Professor für Geschichte an der Universität Cambridge. In dieser Rezension stand unvermittelt die Aussage: »Wahrheit um ihrer selbst willen ist nie eine Tugend des römischen Klerus gewesen. Father Newman belehrt uns, daß sie das nicht zu sein brauche und im allgemeinen nicht einmal sein solle, daß List die Waffe ist, welche der Himmel den Heiligen gibt...«.

Und die Reaktion eines Freundes auf diesen Angriff: »Es ist ein seltsames Los, aber ein großes Zeichen von Gottes Liebe, daß Du in Verborgenheit und so mißverstanden sein sollst, genauso wie Du es hier warst (in Deiner Oxforder Zeit).« Diese Interpretation von Newmans Schicksal konnte nur von einem Menschen kommen, der selbst einen tiefen Glauben hat; denn Glaube heißt »Feststehen in dem, was man erhofft, Überzeugtsein von Dingen, die man nicht sieht« (Hebr 11, 1). Es war Edward Bouverie Pusey, der an Newman so schrieb.

V. KAPITEL
VERTEIDIGUNG DES GLAUBENS UND DER WAHRHAFTIGKEIT DES LEBENS (1864–1870)

»Der Grund, weshalb das Niveau der Heiligkeit bei uns so niedrig ist, unsere Erfolge so gering, unser Blick für die Wahrheit so getrübt, unser Glaube so blutleer...
liegt vielleicht darin, daß wir nicht wagen,
einander das Geheimnis unseres Herzens anzuvertrauen.«

Die Jahre 1864 bis 1870 wurden für Newman eine Zeit, in der er sich zur Verteidigung seines persönlichen Glaubens, der Religion im allgemeinen und des römisch-katholischen Glaubens im besonderen herausgefordert sah. Er verfaßte drei wichtige Bücher. Als Rechtfertigung seines biographischen Glaubensweges schrieb er in relativ kurzer Zeit die »Apologia pro vita sua« (1864). Als Antwort auf das »Eirenikon« (d.h. Friedensschrift) von E. B. Pusey beschrieb er exemplarisch ebenfalls in ganz kurzer Zeit die katholische Lehre über Maria (1866). Und eine umfassende Darstellung der Glaubenszustimmung folgte nach jahrelanger Vorbereitung in einem Essay zur Rechtfertigung des Glaubensaktes (»Grammar of Assent«, 1870). Im nachhinein weiß man, daß diese Arbeiten zu den Hauptwerken Newmans zählen. Um so mehr zeigt dies – auf dem Hintergrund des Gerangels um die Möglichkeit, in Oxford ein Oratorium zu gründen (bis 1867) –, daß Newman über geniale Fähigkeiten zur Behandlung der zeitgenössischen theologischen Probleme verfügte, ganz abgesehen von seiner unwahrscheinlichen Konzentrationskraft und seiner durchtrainierten Arbeitsdisziplin. Bei dieser rein menschlichen Beurteilung der Vorgänge wird allerdings meist vergessen, wie sehr für Newman selbst all seine Lebensgefühle ins Spiel kamen und gerade auch in der *Schönheit seiner Sprache* ihren Ausdruck fanden. Entscheidend aber war für Newman, daß er bei solchen Arbeiten dem *inneren Ruf* Gottes folgte. Wenn er sich mitunter dagegen wehrt, als Theologe bezeichnet zu werden, so deshalb, weil seine Arbeiten zu wenig systematisch und zu sehr aus dem Zusammenhang der alltäglichen Notwendigkeiten entstanden sind. Sie hatten für ihn persönlich einen religiösen Ursprung, insofern er sich im Gewissen dazu verpflichtet erfuhr. Das gilt für die Herausforderung durch Kingsley, der ihm und dem katholischen Klerus Unwahrhaftigkeit unterschob; das gilt für den Wiedervereinigungsvorschlag im »Eirenikon« von Pusey, in dem zeitgebundene extreme theologische Meinungsäußerungen als die katholische Lehre mißverstanden wurden. Das gilt in gewissem Sinne auch für sein vergleichsweise systematisches Buch des »Entwurfs einer Glaubenszustimmung«, in dem er die epochale Herausforderung widerlegt, der Glaube des einfachen Mannes sei in einem Zeitalter des Rationalismus, der Wissenschaften und der aufkommenden Technologie wissenschaftlich nicht verantwortbar.

Die Apologie des Lebens

Als Folge der Herausforderung durch Kingsley entspann sich zwischen Newman und ihm eine Korrespondenz, ausgelöst von Newmans Rückfrage, womit er seine ungeheuerlichen Behauptungen beweisen könne. An den von Kingsley herangezogenen Textstellen einer Predigt konnte Newman zeigen, daß er sie unverstanden oder böswillig heranzog. Darauf wurde Kingsley weitschweifig und großmütig und war bereit, Newmans interpretierendes Wort als Beweis dafür anzunehmen, daß er es bei seiner damaligen Predigt nicht so gemeint habe. Nun deckt Newman scharfsichtig die Unlogik auf: »Mein Wort? Mir fehlen die Worte! Bis jetzt war ich der Annahme, daß es gerade mein Wort ist, dem der Prozeß gemacht werden sollte.« Mit der Veröffentlichung dieser Korrespondenz hatte Kingsley sozusagen die erste Runde verloren. – Er verfaßte deshalb eine Flugschrift, in der es ihm darum ging zu zeigen, daß man Newman einfach nicht trauen könne, weil sein Leben in Widersprüchlichkeiten verlaufe und unehrlich sei: Er habe schon in seiner anglikanischen Zeit insgeheim eine katholische Bewegung geführt; er rechtfertige sich durch »ökonomischen« Umgang mit der Wahrheit, durch schlaue Dialektik und »schlangenhafte« List, der man nicht beikomme, weil sie im Stil römischer Moralprinzipien alles für erlaubt halte, was ihr ins Konzept paßt.

Im nachhinein erinnerte sich Newman daran, daß er mitunter vor und nach seiner Konversion solchen Vorwürfen begegnet war und sich insgeheim mit ihrer Widerlegung befaßt habe. Aber »ich dachte nie daran, daß ich ein solches Buch zu schreiben hätte. Jahrelang sagte ich mir, wenn jemand mit Rang und Namen mich angreifen würde, würde ich die Herausforderung annehmen, aber ich stellte mir nie mehr als einen gelegentlichen Schlagabtausch vor ... – Aber am Palmsonntag (1864), als Mr. Kingsleys Pamphlet erschien, war es ganz sicher für mich ... Jetzt oder nie –, ich war verpflichtet, mich sofort an die Arbeit zu machen.«

Newman war in eine Situation gebracht worden, in der er zumindest auf alle, die ihn nicht kannten, unglaubwürdig wirkte, ganz gleich, wie er jetzt gegen die Beschuldigungen Kingsleys argumentieren würde. »Ich sagte mir: ich muß den wahren Schlüssel zu meinem ganzen Leben geben; ich muß zeigen, was ich bin, damit man sieht, was ich nicht bin, und damit das Phantom, das an meiner Stelle umgeht, vernichtet wird. Ich will, daß man mich als lebendigen Menschen kennenlernt und nicht als ein Schreckbild, das sich in meine Kleider hüllt. Falsche Vorstellungen werden durch Beweise vielleicht widerlegt, aber vertrieben werden sie allein durch wahre Vorstellungen. Ich will nicht meine Gegner, sondern meine Richter besiegen... Ich will, soweit das möglich ist, die Geschichte meines Geistes schreiben; ich will meinen Ausgangspunkt feststellen, will zeigen, auf welchen äußeren Anlaß oder Zufall *meine Überzeugungen* zurückzuführen sind, wieweit und wie sie sich innerlich entwickelten, wie sie gefestigt, verbessert und miteinander verknüpft wurden, wie sie in Widerstreit gerieten und sich änderten; ferner, wie ich mich gegen sie verhielt, wie, wieweit und wie lange ich sie mit den kirchlichen Verpflichtungen, die ich eingegangen war, und mit der Stellung, die ich innehatte, für vereinbar hielt. Ich muß zeigen – das allein entspricht der Wahrheit –, daß ich zu den Lehren, die ich verteidigte und so viele Jahre lang verteidigt habe, (menschlich gesprochen) teils durch die Anregung protestantischer Freunde, teils durch die Lektüre von Büchern und teils durch eigene Geistesarbeit gekommen bin. Ich muß also Rechenschaft geben über die Tatsache, die vielen so seltsam erscheint, daß ich einer Kirche wegen... ›Verwandtschaft und Vaterhaus‹ verließ...«.

In den 31 Großfolianten der »Briefe und Tagebücher« Newmans, die das Oratorium von Birmingham in den letzten 30 Jahren herausgab, gibt es gewiß viele aufregende Phasen. Zu den erregendsten jedoch gehört die Entstehungszeit der »Apologia pro vita sua« (im Band XXI). Vom Ostermontag 1864 bis zum Juni beantwortete Newman fast keine Briefe mehr. Aber er schrieb von sich aus eine Reihe von Briefen mit dem Vermerk »vertraulich« an alte Freunde aus der anglikanischen Zeit in Oxford. Wie gut war es, daß im Jahr zuvor eine Reihe von ihnen wieder Kontakt mit ihm aufgenommen hatte! Jetzt konnte er sie bitten, ihm Unterlagen von früher zu schicken, seine Druckfahnen zu lesen, seine Berichte zu beurteilen: das Erscheinungsbild John Kebles, das er entwarf, die Gestalt Richard Hurrell Froudes, die er zeichnete, die Vorgänge zum Tract 90, die Krisenphase ab 1841... Er bat Frederic Rogers, William J. Copeland, Richard William Church, William Froude um Hilfe.

John Keble schrieb ihm spontan, er solle sich doch über solchen »Unrat wie Kingsleys Pamphlet nicht ernsthaft Sorgen bereiten«: »Wir – wenn ich so sagen darf – möchten, lieber J. H. N. –, die ganze Christenheit möchte, daß Du Deinen Stand gegen den Unglauben dieser Zeit einnimmst, der uns alle so schnell zu umschlingen scheint.«

Newman antwortete ihm: »Ich will die Wahrheit erzählen und die Sache Gottes Händen überlassen.« Von der zweiten Aprilhälfte (21. 4.) bis fast Mitte Juni (12. 6.) schrieb Newman Tag für Tag von morgens bis abends, oft sechzehn Stunden am Tag, nahm sich kaum Zeit für die Mahlzeiten. »Ich schreibe diesen Brief während des Essens« – »ich schreibe gegen die Zeit« – »meine Hand ist müde« – »meine Finger sind fast 20 Meilen am Tag gelaufen« – »der Stoff wuchs mir unter der Hand.«

Er mußte selbst die verschiedenen Arbeitsprozesse nebeneinander durchführen; niemand konnte es für ihn übernehmen: Gedächtnisarbeit zur Erstellung der Fakten, Briefe sammeln, Textskizzen entwerfen, schreiben, verbessern, Reinschrift anfertigen, Druckfahnen korrigieren. Jeden Donnerstag war eine Fortsetzung fällig. Er hatte dem Verleger zugestimmt, daß nur auf diese Weise ein großes Publikum erreicht werden könne. Ein neues Buch würden nur wenige lesen, und er hätte es auch nicht so rasch auf den Markt bringen können, wie es der Angriff Kingsleys erforderlich machte.

Als er von Richard William Church gebeten wurde, sich Zeit zu lassen, um die Quellen auch ausgiebig auszuwerten, antwortete er: »Es ist fast absurd von mir, mir nicht mehr Zeit zu nehmen, aber ich schreibe keine Geschichte der (Oxford-)Bewegung... Ich habe keine Absicht, die Sache auf den Punkt zu bringen, außer (zu zeigen), daß ich nicht unehrlich gehandelt habe. Und ich möchte die Phasen meines Wandels darstellen und was mich hinderte, schneller zu handeln.«

Am 20. Mai, einem Freitag, arbeitete er Tag und Nacht hindurch, 22 Stunden ununterbrochen, wie er im Tagebuch festhält. Doch die äußere Anstrengung kann man erst richtig beurteilen, wenn man sie im Bann der inneren Spannung sieht. Über die Abfassung des ersten Kapitels bis 1833 bekennt er einem Freund: »Ich kam nicht voran vor Weinen vom Anfang bis zum Schluß.« Einem anderen schreibt er: »Ich war niemals unter solcher Anstrengung des Kopfes und solcher Pein des Herzens... Mir kamen beständig die Tränen... Ich bin sicher, kühlen Blutes oder einen Monat später hätte ich nicht sagen können, was ich sage. Und dann die dritte große Sorge und Angst, daß ich *nicht gut* sage, was so wichtig ist.«

Newman als Kardinal.

Hauskapelle Newmans nach seiner Erwählung zum Kardinal.

Zum ersten Mal gerann das unruhige und scheinbar bruchstückhafte Leben John Henry Newmans unter seiner eigenen Feder zu einem Ganzen. Was aus der Sicht verschiedener Gruppierungen von Menschen in Kirche und Gesellschaft so widersprüchlich, zerrissen, ja »unehrlich« ausschaute, wurde als eine konsequente Dynamik erkennbar, die einen roten Faden hatte und aus einem einzigen Prinzip ihre Kraft bezog: aus der Sehnsucht nach der Wahrheit, von der er einst in seiner Jugendzeit gesagt hatte, daß er »sie umarme, wo immer ich sie fände«. Jetzt, da es darum ging, die verschiedenen Entscheidungen seines Lebens aufzuhellen und zu erklären, mußte und konnte er vor aller Welt offenlegen, daß es ihm immer nur um die Einlösung des konkreten Vertrauens auf *Gottes Vorsehung* zu tun war. Niederlage bei einem Examen, Übereifer im Kampf für eine besondere Studienordnung, öffentliches Auftreten für Reformimpulse in der Kirche, Beiträge zur Führung einer kirchenpolitischen Bewegung, Ausstieg aus kirchlichen Ämtern und Absonderung aus dem öffentlichen Leben in die Zurückgezogenheit des stillen Zwiegesprächs mit Gott: das alles wurde jetzt als kompromißloser und stetiger Gehorsam der Vorsehung Gottes gegenüber erkennbar. Dies war der rote Faden, der die verschiedenen Aufbrüche, die scheinbar verschlungenen Pfade seit seiner Jugendzeit miteinander verband: »Heiligkeit vor dem Frieden – Wachstum, der einzige Beweis für Leben!« So entstand eine Biographie, die die Lebensbewegung des Beschriebenen aus der radikalen Zuordnung zu dem »freundlichen Licht« erkennen ließ, das im Dunkel führte und das allein den Weg zur Heimat weisen konnte und weisen wird, auch wenn dieser Weg nur schrittweise vor den Füßen sichtbar wird.
Obgleich er sich nach der Begegnung mit vielen, ja den meisten seiner Freunde wieder trennen mußte, weil er nur so seinem Gewissen treubleiben konnte, sah er gerade auch sie im Glanze dieses Lichtes und in dieser Einmaligkeit und Schönheit, die jedem Menschen nur von Gott zukommt. So erkannten sich John Keble, Edward Pusey, Frederic Rogers, Richard William Church, Isaac Williams und die vielen andern an einem Ort in der Geschichte der Kirche dieses Jahrhunderts, den sie durch den Zusammenhang mit der Biographie Newmans einnahmen. Selbst Edward Hawkins war betroffen von der Art und Weise, wie er in Newmans Leben vorkam und schrieb voll Rührung über die »große Freude, daß Sie derart freundliche Gefühle mir und anderen Ihrer alten Freunde gegenüber zum Ausdruck gebracht haben«.
Gerade weil es Newman um die Wahrhaftigkeit ging, hatte er auch nicht vor, die anglikanische Kirche als solche anzugreifen oder ab-

zuwerten. Hatte sie ihm doch durch ihren Anteil an Katholizität den entscheidenden Zugang zu den Vätern und damit zur Kirche von Rom als der »wahren Herde Jesu Christi« ermöglicht. »Ich möchte keineswegs etwas gegen die Staatlich-errichtete Kirche (von England) sagen, insofern sie eine Gemeinschaft ist, die die dogmatische Wahrheit verkündet, wie ich annehme, daß sie es gegenwärtig tut.«

Es macht den Charme und die Faszination dieser Glaubensbiographie aus, daß ihr Verfasser immer wieder zeigen muß, wie sehr die Lebensentscheidungen, zu denen er sich verpflichtet sieht, in die Einsamkeit der kleinen Gruppe führen. Weder im Rahmen der Universität, von der er höchste Begabung bescheinigt bekommt, noch im Rahmen der Staatskirche, deren Botschaft er historisch und systematisch durch und durch kennt und attraktiv vorzutragen weiß, gehört er zur Mehrheit, zu den Erfolgreichen. Vielmehr führen ihn seine Einsichten in Gottes Führung und Fügung auf die Schattenseiten des Lebens, zu Verzicht und Unbekanntheit. Aber er bleibt bei alledem humorvoll und ausgewogen, durchsteht die Wege, die ihn durch tiefe Schluchten führen, wie es im Psalm 23 heißt. – Andererseits wurde er auch der getreue Zeuge für die aus einem breiten Strom kommende katholische Wahrheit gegen Extremisten und kennzeichnet so in seinem letzten Teil der Apologia die Position, die er durch die Vorsehung innerhalb der katholischen Kirche zugewiesen bekommt.

Vorspiel über die Unfehlbarkeit der Kirche und die Freiheit der Wissenschaft

In diesem letzten Teil seiner Glaubensgeschichte – »seit 1845« – nahm Newman zur Situation des Glaubens in der gegenwärtigen Gesellschaft unter zwei thematischen Aspekten Stellung: dem des Unglaubens und dem der Unfehlbarkeit der Kirche. – Zunächst stellt er fest, daß sein Glaube an Gott im Kontrast zu der Menschheitsgeschichte steht, die keineswegs von sich her die Beziehung zu Gott aufweist. »Ich gehe also von der Existenz eines Gottes aus, die mir, wie gesagt, so fest steht wie die Gewißheit meiner eigenen Existenz... Die Welt scheint einfach die große Wahrheit Lügen zu strafen, von der mein ganzes Wesen erfüllt ist, und die Wirkung auf mich ist notwendigerweise nicht weniger verwirrend, als wenn dieselbe Welt meine eigene Existenz leugnete. Wenn ich in einen Spiegel blickte und darin mein Gesicht nicht sähe, so hätte ich ungefähr dasselbe Gefühl, das mich jetzt überkommt, wenn ich die lebendige, geschäftige Welt betrachte und das Spiegelbild ihres Schöpfers in ihr nicht finde.« – »Das Menschengeschlecht muß von der Wurzel her in irgendein furchtbares Unheil verstrickt sein. Es hat die Verbindung mit den Absichten seines Schöpfers verloren. Das ist eine Tatsache, so sicher wie die Tatsache seiner Existenz; und darum ist die Lehre von dem, was die Theologen Erbsünde nennen, in meinen Augen fast eben so gewiß, wie die Existenz der Welt und die Existenz Gottes.«

Wenn Gott die Menschen und ihre Geschichte nicht im Skeptizismus enden lassen will, dann muß man annehmen, daß er angesichts eben dieser Menschheitsgeschichte eine institutionelle Vorsorge getroffen hat, und das heißt, eine Autorität vorgegeben hat, der er die Wahrheit über die Zielbestimmung des Menschen anvertraute und die er zugleich mit der Fähigkeit ausgestattet hat, diese Wahrheit zu erhalten, und das heißt: mit Unfehlbarkeit. Soweit konnten und können auch die anglikanischen Leser mit Newman mitgehen; denn die Unfehlbarkeit im Sinne einer *Unverderbbarkeit der Kirche* gehört mit zu ihren Glaubensauffassungen. »So komme ich auf die Unfehlbarkeit der Kirche zu sprechen als einer Einrichtung, die der Schöpfer in seinem Erbarmen getroffen hat, um die Religion in der Welt zu erhalten, die Freiheit des Denkens einzurenken, die an sich unleugbar eine der vornehmsten Gaben der Natur ist, und sie vor ihrem eigenen selbstmörderischen Übermut zu retten... Ich behaupte also: eine Macht, die in religiösen Fragen Unfehlbarkeit besitzt, ist in der Ordnung menschlicher Angelegenheiten ein wirksames Werkzeug, um die maßlose Energie des aggressiven, boshaften und unzuverlässigen Verstandes in harte Zucht zu nehmen und in seine Grenzen zurückzudrängen.«

Erinnert man sich daran, daß Newman bereits 1845 in seinem »Essay über die Entwicklung der christlichen Lehre« von der Existenz eines unfehlbaren Lehramtes in der wahren Kirche Jesu Christi ausging, so werden seine ganz unabhängigen Überlegungen zur Zuständigkeit und Tragweite dieses Amtes wenige Jahre vor der formellen Dogmatisierung im Ersten Vatikanischen Konzil (1869/70) um so brisanter. Da ist einmal die Zuständigkeit des kirchlichen Lehramtes: das, was zur Offenbarung gehört, die der Kirche anvertraut ist, selbst festzulegen und auch die Grenzen und Beziehungen zu anderen Wahrheitsansprüchen in Gesellschaft und Wissenschaft zu bestimmen. Sie erhebt »den Anspruch, mit Sicherheit jeden einzelnen Teil der göttlichen Botschaft, die der Herr seinen Aposteln übergeben hat, seinem wahren Sinn nach zu erschließen. Sie erhebt den Anspruch, ihre eigenen Grenzen zu wissen und bestimmen zu können, was sie unbedingt entscheiden kann und was nicht.« Damit bestimmt Newman die dogmatisch notwendige Position in der Mitte zwischen zwei Extremen. Das eine sieht er im religiösen Liberalismus, der jegliche dogmatische Verbindlichkeit für Glaubensaussagen ablehnt und damit den Ernst der Selbstoffenbarung Gottes dem Menschen gegenüber relativiert. Die andere Position wurde im Vorfeld zum kommenden Konzil von Leuten vertreten, die meinten, alles, was der Papst sage, sei unfehlbar, und diese ihre Meinung sei dogmatisierbar. Newman warnt davor, »daß die kirchliche Obrigkeit zufällig von einer gewalttätigen, maßlosen Partei unterstützt wird, die Meinungen zu Dogmen erhebt und der es vor allem darum zu tun ist, jede andere (theologische) Schule unmöglich zu machen«.

Endlich kommt Newman auf einen dritten Themenkreis zu sprechen: *Glaube und Wissenschaft.* So sehr er dem Lehramt der Kirche die Kompetenz zur Sicherung der Offenbarungsüberlieferung zugesprochen hat, so wichtig ist für Newman andererseits der Spielraum der Freiheit, den das Lehramt für die Forschung zu gewähren habe. Dabei geht es ihm nicht nur um die Zuständigkeit der *naturwissenschaftlichen* und der *historischen Forschung* für ihren eigenen Bereich. Er fordert den Spielraum der Freiheit auch und gerade für die Theologie, für deren Pluralität in theologischen Schulen, wie sie in der Geschichte der Kirche des Mittelalters üblich waren; sie dürfen nicht einer Zentralisierung geopfert werden. Ohne *die Freiheit in der theologischen Forschung* käme sich jeder Theologe überwacht vor und würde sich nicht getrauen, seine Ansichten zu äußern. »Dann würde er in der Tat wie die persischen Soldaten unter der Peitsche kämpfen, und man könnte mit Recht sagen, die Freiheit seines Geistes sei durch die unfehlbare Autorität erdrückt worden.«

Damit verweist Newman noch einmal auf seine Vision, wie die Theologie fruchtbare Vorschläge für das Heutigwerden der Offenbarung einzubringen habe. Einerseits nämlich durch die Respektierung der Forschung eines jeden einzelnen bedeutsamen Theologen, andererseits durch das Kräftespiel der wissenschaftlichen Auseinandersetzung theologischer Schulen. »Jeder menschliche Schriftsteller ist gerechter Kritik unterworfen. Aber zwingt man ihn, seine Akten zu schließen, gut, so verliert man vielleicht dadurch ein Werk, das im ganzen trotz gelegentlicher Irrtümer – direkt oder indirekt je nach Art des Themas – eine der besten Verteidigungen der Offenbarung gewesen wäre, die der Welt jemals gegeben wurden« – darauf hatte er in seinen Dubliner Vorträgen aufmerksam gemacht. Nun verwies er auf die Bedeutsamkeit der nationalen Schulen der Theologie: »Sie mäßigen die Neigung, welche die lokalen Einflüsse Italiens auf den Heiligen Stuhl ausüben könnten. Es versteht sich von selbst, daß Rom einen italienischen Grundzug hat, wie die gallikanische Kirche einen französischen; und es geschieht ohne Beeinträchtigung des Eifers und der Hingabe, womit wir uns dem Heiligen Stuhl unterwerfen, wenn wir dies offen zugeben. Die Katholizität ist nach meinem Empfinden, wie schon gesagt, mehr als ein bloßes Merkmal der Kirche, sie ist nach dem Willen Gottes auch ein Schutz für sie.«

Die »Apologia pro vita sua« zeigte der englischen Öffentlichkeit, daß Newman nicht nur keinen Groll gegenüber der Kirche von England und ihren Vertretern hegte, sondern daß er ihr mit Großzügigkeit und Zuneigung begegnete, obgleich er sie nicht mehr für die wahre Kirche Jesu Christi halten konnte. Er brachte in der englischen Öffentlichkeit ein neues Bild des katholischen Priesters zum Vorschein, der alles andere als eng und ferngesteuert war, vielmehr die Kultiviertheit besten englischen Denkstils mit römisch-katholischem Glauben verband. Es war sein Comeback in die Öffentlichkeit der englischen Gesellschaft. Dementsprechend reagierten auch seine Freunde: »Leg Deine Feder nicht mehr aus der Hand, jetzt, da Du sie mit solcher Kraft und zur Bewunderung von *allen* wieder aufgenommen hast«, schrieb ihm James Hope-Scott (1812–73), ein Konvertit, der sein juristischer Berater in der Phase der Universitätsgründung war. Gruppen katholischer Priester aus verschiedenen Diözesen Englands sandten ihm Dankadressen. In zahlreichen Rezensionen wurde die Redlichkeit seines Lebens gerühmt und das Opfer, das er für seine Glaubensüberzeugung gebracht hatte, hervorgehoben. Ullathorne bot ihm, wie schon gesagt, nicht zuletzt unter dem Eindruck seiner Apologia die Seelsorge in Oxford an. Andere wie H. E. Manning, H. Vaughan, W. G. Ward fühlten sich in ihren theologischen Meinungen angegriffen, und das zu Recht.

Das Buch bekam, allein schon seines brillanten Stiles wegen, einen Stellenwert in der Wirkungsgeschichte der englischen Literatur als Klassiker des viktorianischen Zeitalters. Bereits im Mai des folgenden Jahres 1865 wurden die zunächst als Flugschriften erschienenen Kapitel zu einer Monographie zusammengefaßt unter dem Titel »Geschichte meiner religiösen Überzeugungen«, der später zum Untertitel der »Apologia pro vita sua« wurde. Fast jedes Jahr erschien in der Folgezeit eine Neuauflage dieses Buches.

Glaubensgeschichtlich wurde die Apologia bald mit den Bekenntnissen des Heiligen Augustinus verglichen. Unzählige Menschen haben seither bekannt, daß diese Autobiographie der newmanschen Glaubensgeschichte ihren eigenen Weg zur Bekehrung be-

einflußt habe, sei es eine Bekehrung zu tieferem Glauben an Gott, sei es die Bekehrung zur römisch-katholischen Kirche. Die Wirkungsgeschichte der Rechtfertigung des Lebens eines Menschen zwischen Gott und der Welt zeigt, daß sie auch zu einem *Klassiker der geistlichen Bücher* in der Weltliteratur geworden ist.
Im Juni des Jahres 1865 brachte Newman sein bestes poetisches Werk zunächst anonym in der Zeitschrift »The Month« an die Öffentlichkeit, im folgenden Jahr als kleine Monographie: »Der Traum des Gerontius« (The Dream of Gerontius). Das dramatische Gedicht handelt vom Sterben eines Menschen. Es schildert die Zwischenphasen der Begegnung der Seele mit ihrem Schutzengel und deren Dialog miteinander, bei dem die Seele sich selbst zum Läuterungsaufenthalt im Fegfeuer verurteilt. Die Dichtung fand sehr gute Aufnahme und hohes Lob in Rezensionen. Richard William Church schrieb im »Guardian«, es erinnere an Dantes Divina Commedia. »Das ließ mich erröten«, schrieb ihm Newman, »wenn ein alter Mann erröten kann.«
Von seinen Freunden R. W. Church und F. Rogers bekam Newman in diesem Sommer, 1865, eine Geige geschenkt. Drei Geigen sandte ihm ein Geschäft zur Auswahl. Er hatte lange nicht mehr gespielt und probierte sie an Beethoven-Quartetten aus, die er »hervorragender fand als je..., so daß ich buchstäblich vor Entzükken laut aufschrie«. Erst jetzt, nachdem die Fingerkuppen wieder geheilt seien, könne er sich bedanken.
»Jedenfalls... konnte ich feststellen, daß ich eine ganz wunderbare Geige bekommen habe – wie ich nie zuvor eine hatte. Denk' Dir, daß ich erst zwischen sechzig und siebzig eine solche bekommen habe – und angefangen zu lernen habe schon mit zehn Jahren. Immerhin glaube ich wirklich, daß sie zur Erhöhung meiner Arbeitskraft und zur Verlängerung meines Lebens beitragen wird. Ich habe nie mehr geschrieben, als wenn ich Geige spielte. Ich schlafe immer besser nach Musik. Es muß einen elektrischen Strom geben, der von den Saiten durch die Finger ins Gehirn geht und das Rükkenmark hinunter. Vielleicht ist Denken Musik.«
Wie sehr sich Newmans Leben durch die Möglichkeit verändert hatte, vor der Öffentlichkeit Rechenschaft über sich abzulegen und die Erfahrung zu machen, daß die Menschen auf ihn positiv reagieren, ihn und seinen Weg akzeptieren, selbst wenn sie anderer Meinung sind und andere Wege gehen, das zeigte sich in Newmans veränderter Selbsteinschätzung. Auch die Kraft und der Mut, mit eigenen Schriften wieder an die Öffentlichkeit zu treten, waren zurückgekehrt. »Bis zur Apologia hielt man mich für vergangen und vergessen. Die Kontroverse, aus der sie entstand, und dann die Sa-

che mit dem Oxforder Oratorium und der ›Traum des Gerontius‹ haben mich präsent gemacht. Und nun müßte ich wirklich schwer zu befriedigen und sehr undankbar den Menschen und Gott gegenüber sein, wenn ich nicht die positive Meinung, die man über mich bekundet, gebührend schätzen würde«, schreibt er in sein Tagebuch: »Eine Reaktion hat eingesetzt, und niemand weiß, wo ihre Grenzen sein werden.«

Kritik an einem Vorschlag zur Wiedervereinigung der Christen

Schon im Februar 1865 hatte Pusey – im Zusammenhang mit der seit kurzem neu begonnenen Korrespondenz – Newman nach der Bedeutung des Titels »Königin des Fegfeuers« für Maria gefragt. Er hatte ihn in Schriften Frederic William Fabers gefunden. Newman antwortete, Faber sei ein Dichter gewesen, fügte jedoch als theologische Zuordnungsmöglichkeit hinzu, es habe mit Marias besonderer Stellung im Heilsplan zu tun, daß sie für die Christenheit als die große Fürbitterin eine Wirkungsgeschichte zeige. Offensichtlich arbeitete Pusey an einem mariologischen Thema und wollte den Unterschied zwischen anglikanischer und katholischer Auffassung behandeln. Im September veröffentlichte er eine Friedensschrift zur Wiedervereinigung, die er als »Eirenikon an den Verfasser des ›Christlichen Jahres‹« (d.h. John Keble) richtete unter dem Titel »Die Kirche von England, ein Teil der Einen Heiligen Katholischen Kirche und ein Mittel um die sichtbare Einheit wiederherzustellen«. Er wollte damit auf ein Buch H. E. Mannings antworten über »Das Wirken des Heiligen Geistes in der Kirche von England. Brief an den Hochwürdigen E. B. Pusey« (1864). – Anfang September bot Pusey in einem Brief sein neues Buch Newman an; war jedoch besorgt, ihm ein Werk kontrovers-theologischer Literatur zuzumuten. Newman nahm das Angebot dankend an; denn geradlinig offene Kontroverse sei ihm lieber als jene Art von Literatur, die insgeheim von Voraussetzungen ausgehe, die einem wehtun.
Bei diesem Briefwechsel wußten beide noch nicht, daß sie zufällig am gleichen Tag, dem 12. 9. 1865, ihren alten Freund John Keble in dessen Pfarrhaus in Hursley besuchen würden. Pusey war zwar ein häufiger Gast dort, Newman jedoch hatte die beiden seit der Oxforder Zeit, also seit über zwei Jahrzehnten, nicht mehr gesehen. Er berichtet über die denkwürdigen Stunden in einem Brief: »Keble war an der Tür; weder erkannte er mich, noch ich ihn. Wie geheimnisvoll dieser erste Anblick von Freunden ist! Denn als ich ihn

dann aufmerksam betrachtete, war es das alte Gesicht und die alte Art, aber zuerst waren Wirkung und Eindruck anders.« Pusey, der schon im Zimmer saß, muß Newman voll Überraschung ebenfalls aufmerksam angesehen haben. »Ah, dachte ich, Du denkst, wie alt ich geworden bin, und da sehe ich mich in Dir – obgleich ich denke, Du hast Dich stärker verändert als ich ... – Ich hätte ihn überall wiedererkannt, sein Gesicht hat sich nicht verändert. Aber es ist, als ob man ihn durch ein gewaltiges Vergrößerungsglas sehen würde... Seine Brust ist sehr breit, und er hat, glaube ich, einen Bauch... Als wir drei zusammen um einen Tisch saßen, hatte ich Gedanken, so schmerzlich, wie ich mich sonst keines erinnern kann, obwohl es kein akuter, sondern ein drückender Schmerz war. Da waren drei alte Männer, die in der Blüte ihrer Jugend kraftvoll zusammengearbeitet hatten. So weit ist es mit ihnen gekommen – arme menschliche Natur! – Nach zwanzig Jahren kommen sie an einem Tisch zusammen, ohne einen gemeinsamen Grund oder offene freie Gedanken zu haben. Gleichwohl freundlich, ja sich unterordnend und kampfbereit, in ihrer Art zu sprechen –, und alle mit gebrochener Aussicht. – Pusey ist ganz voll von seinem Buch... Er ist voll Polemik und Hoffnung. – Keble ist davon so verschieden wie nur möglich; er ist so wonnig wie immer...« Newmans Zuneigung zu Keble war und blieb größer; ihm vertraute er in einem der letzten Briefe – Keble starb wenige Monate hernach im März 1866 – sein Mißbehagen über Puseys »Eirenikon« an.

Von verschiedenen Seiten dazu gedrängt, schrieb Newman schließlich innerhalb weniger Tage eine Antwort auf Puseys Buch in einem »Brief an den Hochwürdigen Dr. theol. E. B. Pusey aus Anlaß seines Eirenikon« (Januar 1866). Aus den zahlreichen Themen, an denen Pusey die Verschiedenheiten und Übereinstimmungen zwischen der Kirche von England und der Roms gezeigt hatte, waren die Unfehlbarkeit der Kirche bzw. des Papstes, die Lehre von Maria der Jungfrau und Gottesmutter, das Fegfeuer, der Ablaß u. a. Ansatzpunkte, um die Hindernisse sowohl wie die Möglichkeiten einer Wiedervereinigung der Christenheit aufzuzeigen. Puseys Hypothese war einfach: Wenn die römisch-katholische Kirche bei dem Stand ihrer Lehre im Konzil von Trient bleibt (1545–1563) und die anglikanische Kirche ihre 39 Artikel aus demselben Jahrhundert tridentinisch auslegt, dann ist der Weg zur Verständigung und Wiedervereinigung begehbar. Im Grunde war dies schon der Versuch Newmans in seinem 90. Traktat, das katholische Glaubensgut innerhalb der anglikanischen Kirche zum entscheidenden Reformpotential zu machen.

Newman betonte in seiner Antwort zunächst den Stellenwert des Eirenikon, das nicht nur die Meinung Puseys, sondern vieler gesprächsbereiter Anglikaner zum Ausdruck bringe und insofern von hoher Bedeutsamheit sei. Er spricht dabei Pusey persönlich an: »Es ist nicht nötig, mit den Einzelheiten Deines Planes oder mit den darin niedergelegten Grundsätzen übereinzustimmen, um die wichtige Tatsache zu begrüßen, daß Du aufgrund Deiner persönlichen Kenntnis der anglikanischen Gemeinschaft und aufgrund Deiner Erfahrungen in bezug auf deren Zusammensetzung und Tendenzen die Zeit für gekommen hältst, daß Du und Deine Freunde... die Möglichkeit eines solchen Unternehmens ins Auge fassen können... Von Deiner frühen Jugend an hast Du Dich der Staatskirche geweiht und nach 40- bis 50jähriger ununterbrochener Tätigkeit in ihrem Dienst erstrecken sich Deine Wurzeln und Deine Zweige über jeden Teil ihres weiten Gebietes. Mehr als jeder andere Deiner Zeitgenossen bist du der Repräsentant und der unermüdlich Handelnde gewesen, durch den ein großes Werk zustande gekommen ist. Und weit mehr, als dies gewöhnlich der Fall ist, hast Du Dein ganzes Leben lang das Vertrauen Deiner Mitbrüder genossen und auch verdient...« – Newman ging es vor allem darum, eine theologische Methode in die Beweisführung zu bringen. Während Pusey seine theologischen Quellen einfach chronologisch aufgelistet hatte und Theologen von Rang aus dem Mittelalter ebenso genannt hatte wie modische Autoren von geringerer Bedeutung aus der Gegenwart, forderte Newman, die zitierten Quellen theologisch zu gewichten. Auch meinte er, Pusey habe zwischen Zeugnissen für die rechte *Lehre* und Zitaten über die Frömmigkeits*praxis* nicht unterschieden.

Newman griff in der seit seiner Traktarianer-Zeit üblichen Hochschätzung der Schrift und der Kirchenväter auf deren Zeugnis als maßgebliche Quelle zurück und differenzierte die Aussagen der folgenden Jahrhunderte dementsprechend. Dabei konnte er, sozusagen nebenbei, die schwierige Frage nach der Bedeutung der Heiligen Schrift im Verhältnis zur mündlichen Überlieferung einer Lösung zuführen. Er zeigte, wie Schrift und Überlieferung sowohl bei den Katholiken wie bei den Anglikanern als wesentliche Quellen des Glaubens zumindest faktisch anerkannt werden: »Weder sagt Ihr, daß die ganze Offenbarung in dem Sinne in der Schrift sei, daß reine bloße Logik sie aus dem heiligen Text herleiten könne; noch sagen wir, daß sie nicht in der Schrift sei in einem indirekten Sinn, in dem Sinn nämlich, daß die Tradition der Kirche fähig ist, sie dort zu erkennen und zu bestimmen.«

Newman konzentrierte sich allein auf die zentralen Aussagen der

Lehre über Maria, die Mutter Jesu. Er unterteilte seine Darstellung im ersten Teil in vier wichtige Themenkreise: Maria die zweite Eva; Marias Heiligkeit und Erbsündelosigkeit; Maria die Mutter Gottes; Maria die Fürbitterin der Christen. Auf der Grundlage dieses ersten Teiles konnte er dann auch in einem zweiten Durchgang gegen anglikanische Mißverhältnisse und römisch-katholische Übertreibungen Stellung nehmen. Dabei konnte Newman zeigen, daß jene überschwenglichen Formen der Marienfrömmigkeit, die Konvertiten neuerdings aus südländischen Bereichen in die katholische Kirche Englands eingeführt hatten und die auch bei Anglikanern auf Kritik stießen, keineswegs repräsentativ für die katholische Lehre waren.

Wiederum hatte Newman sich einen Weg der Mitte zwischen der minimalisierenden Tendenz protestantischer Christlichkeit innerhalb der anglikanischen Kirche und dem Weg eines gefühlsmäßigen oder intellektuellen Extremismus auf katholischer Seite gebahnt. Als er im Dezember seinen »Brief an Pusey« beendete, der zu einem Buch ausgewachsen war, schrieb er zum Schluß im Vorblick auf die anstehende Weihnachtszeit: »Mögen die heiligen Vorgänge dieser Zeit uns alle in Einheit zusammenbringen! Mögen sie alle Bitterkeit auf Eurer (also Puseys) wie auch auf unserer Seite hinwegnehmen! Mögen sie alle eifersüchtige, sauertöpfige, stolze und eingebildete Gegnerschaft auf unserer Seite ersticken! Mögen sie alle bekrittelnde, mäkelnde, gekünstelte Beweisführung auf Eurer Seite zunichte machen! Möge jene strahlende Liebe Frau, die Allerseligste Jungfrau... wirksam für die Bekehrung ihrer Feinde eintreten!« Als Newman Pusey gegenüber die Sorge äußerte, ob er denn bei einem solch kontroverstheologischen Thema auch nicht verletzend geschrieben habe, war Puseys Antwort: »Ich erinnere Dich, was Du mir kürzlich geschrieben hast: ›In Deiner Hand fühle ich mich sicher.‹«

Jedenfalls nahm Pusey Newmans Antwort zum Anlaß, ein *zweites Eirenikon* zu schreiben, dieses Mal an Newman selbst. Es begann mit den Worten: »Laß mich Dir zuerst für die Liebe danken, die Du in Deinem Brief gezeigt hast, eine Liebe, die die große Freude meiner Jugend war und die jetzt meine alten Tage aufhellt.« Und nachdem er seinerseits die Zeugnisse der Glaubens- und Theologiegeschichte über die Gottesmutter und die Lehre von ihrer Empfängnis ohne Erbschuld ausgebreitet hatte, brachte er abschließend seine Hoffnungen auf die Wiedervereinigung zum Ausdruck. »Bei Gott sind alle Dinge möglich. Die Wunder seiner bisherigen Beweise der Barmherzigkeit sind Erstangebote für noch größere Wunder nachher. Das erste Brechen des Eises ist kein so sicheres

Zeichen des kommenden Tauwetters wie die von Gott uns eingegossene Liebe ein Zeichen für noch größere Gaben seiner Liebe ist.« – Auch einen *dritten Band des Eirenikon* veröffentlichte Pusey. Ein Teil seiner Eirenika wurde ins Französische übersetzt und in der katholischen Kirche Frankreichs ernsthaft diskutiert. – Puseys große Hoffnungen wurden dann durch das Erste Vatikanische Konzil heftig enttäuscht.

Das Jahr 1866 neigte sich seinem Ende zu. Im Dezember starb das Pony, das James Hope-Scott den Oratorianern 1852 geschenkt und das sie ungezählte Male zum Landhaus nach Rednal gebracht hatte. Newman setzte ihm ein literarisches Denkmal durch einen Brief an den Schenkenden, indem es heißt: »Charlie, das tugendhafte Pony... ist schließlich gestorben. Es hat seine aktiven und nützlichen Gewohnheiten bis zum letzten Sommer ausgeübt – bene meritus, sed non emeritus (wohl verdient, aber nicht pensioniert). Dann wurde es hoffnungslos steif, lahm und elend. Sein Geist war klar bis zuletzt – und ohne seine Zuneigung zu den Menschen zu verlieren, begann es eine lebhafte, aber leider nicht lange Freundschaft mit einem unverschämten Kerl von Esel, der es ob seiner Steifheit erniedrigte, neckte und von einer Seite der Weide bis zur anderen hetzte. Es liegt unter zwei Weidenbäumen, die durch ihren Wuchs und ihre Schönheit ein lebendes Denkmal sein werden.., während sich sein Geist im Fegfeuer der Vierfüßler befindet. Friede seinen Manen! Ich nehme an, daß ich für ein Pferd den heidnischen Spruch gebrauchen darf.«

Rechtfertigung der Gewissheit im Glauben

Glauben hieß für einen Menschen wie Newman, sein ganzes Leben aus dem Verhältnis zu Gott entwerfen. Deshalb traf er seine Lebensentscheidungen aus dem »Feststehen im Unsichtbaren« (vgl. Hebr 11,1). So ist es nicht verwunderlich, daß er über die Elemente dieses Feststehens, dieses Glaubensvorgangs oft nachdachte, darüber predigte und schrieb. Wie die Vernunft des Menschen beschaffen sei und wie der Glaube, was die Vernunft zu erkennen vermag im Universum der Dinge und was der Glaube darüber hinaus, wie die Vernunft mit Beweisen arbeitet und der Glaube sich scheinbar mit Annahmen zufrieden gibt: das alles waren Überlegungen, die Newman schon in den Oxforder Universitätspredigten zwischen 1826 und 1843 angestellt hatte. Im Glauben greife der Mensch über das Erkennbare hinaus auf das Unsichtbare und vertraue auf das Zeugnis anderer. Aber Glaube sei von der Vernunft nicht so verschieden, daß er unvernünftig werde, sagte Newman in einer dieser Predigten 1839. »Wenn die Vernunft die Fähigkeit ist, auf gegebene Gründe hin Wissen zu erwerben, so ist ein Glaubensakt... eine Ausübung der Vernunft als ein Werkzeug zum Erwerb indirekter Kenntnisse von Dingen, die außer uns sind.« Man könnte im Sinne Newmans sagen: Wer betet, erfährt etwas von der tragenden Kraft Gottes. Er setzt dabei die denkerische Annahme in Wirklichkeit um, daß der Stimme des Gewissens ein lebendiges Gegenüber entspricht, das sich in seinem Gewissen spiegelt. Oder: daß dem *Sinn für Ver-Antwortung* (sense of duty) ein Gegenüber entspricht, dem der Mensch antwortet und sich zu verantworten hat. Das Recht, auf diese Annahme zu bauen, hat der Mensch genauso, wie er auf die Annahme baut, daß ihn Wasser trägt. Dafür ist gerade der Lebenslauf Newmans ein Beweis, der von der Annahme getragen ist, daß Gottes Vorsehung wirkt.

In den folgenden Jahren nach seiner Konversion schien die Thematik Glaube und Vernunft mitunter weit im Hintergrund, sie beschäftigte aber auch dann Newmans Denken. Im Zusammenhang mit den Vorträgen über Wesen und Tragweite universitärer Bildung in Dublin spielte die Spannung zwischen Glaube und Wissenschaft eine bedeutsame Rolle und ist in vielen seiner Briefe nachlesbar. So konnte er 1870 im Rückblick sagen: »Es ist ein Thema, das mich 20 oder 30 Jahre lang gereizt hat. Ich fühlte, daß ich etwas darüber zu sagen hatte, aber wann immer ich es versuchte, verschwand die Vision, die ich gesehen hatte, verlor sich in einem Dikkicht, rollte sich wie ein Igel zusammen oder wechselte die Farbe wie ein Chamäleon. Ich habe eine Reihe von Anfängen, vielleicht ein Dutzend, die zu nichts führten, jeder vom anderen verschieden, und aus verschiedenen Jahren...«

1860 schrieb William Froude (1810–1879), der Bruder seines verstorbenen Freundes Richard Hurrell, daß bei ihm einer der Hauptgründe, weshalb er nicht konvertieren werde, darin liege, daß es in der Theologie so wenig wie in anderen Wissenschaften einen *absolut sicheren Beweis* geben könne. Es bleibe jeweils bei einem Rest von Ungewißheit. Häufig handle es sich nur um mehr oder minder deutliche Wahrscheinlichkeiten. Selbst wenn die höchste Form von Wahrscheinlichkeitskonstellationen vorläge, erschiene es ihm unverantwortlich, darauf Glauben im absoluten Sinn zu begründen. Newman antwortete ihm, daß er schon seit einiger Zeit überlege, ob er nicht die Thematik *Gewißheit und Zweifel* aufgreifen solle. Doch wenn man daran gehe, gehe es um einen »wissenschaftlichen Aufweis des Christentums, und es bedürfe der Kräfte eines Genies, um das zu leisten«.

Um jene Zeit hatte Newman, ermutigt durch den Erfolg seiner Dubliner Vorträge über Glaube und Wissenschaften, bereits begonnen, ein *»Philosophisches Notizbuch«* zu führen (Philosophical Notebook), das sich über die Jahre 1859–1864 erstreckt mit Zusätzen bis 1874. Zwei Jahre vor seinem Tode, 1888, gab er ihm den Titel »Diskursive Befragungen über metaphysische Gegenstände«. Er skizzierte darin Erkenntnisse über ganz verschiedene Themen: Abstraktionsfähigkeit, Elemente des Gedankens, Materie und Geist, Gottesbeweis aus dem Gewissen u. a. Ursprünglich hatte er vor, ein Opus Magnum (Großes Werk) über Religionsphilosophie zu schreiben. Dann plante er ein überschaubares Werk, in dem er zwei wesentliche Problemkreise erhellen wollte: Erstens, daß wir glauben können, was wir nicht verstehen können; und zweitens, daß wir glauben können, was wir nicht absolut beweisen können. Daraus wurde sein Essay einer Zustimmungslehre. Dieser »Essay« hatte eine aufwendige Vorgeschichte und gelang ihm nicht so schnell wie die meisten seiner anderen Bücher. Im Jahre 1866, als er aus gesundheitlichen Gründen auf ärztlichen Rat hin den August in der Schweiz verbrachte, taucht in seinen Briefen an die Mitbrüder zu Hause immer wieder das Stichwort von der »Gewißheit« (certitude) auf, an der er besonders während regnerischer Tage gearbeitet habe. Damals, »als ich in Glion oben war, oberhalb des Genfer Sees, kam mir ein Gedanke als Schlüssel, als das ›Sesam öffne dich‹ der ganzen Sache, und ich schrieb ihn sofort nieder und verfolgte ihn um den Luzerner See herum. Als ich dann heimkam, begann ich ernsthaft und bin langsam damit durchgekommen.« Newman hatte erkannt, daß für die Analyse des Glaubensaktes die Zustimmung, die der Mensch gibt, der springende Punkt ist, und daß jemand dann Gewißheit erlangt hat, wenn er sagen kann: ich weiß, daß ich weiß...
Zwei Jahre später, als er das nervenaufreibende Hin und Her mit dem Projekt eines Oxforder Oratoriums hinter sich hatte, zog er sich im März 1868 in das kleine Landhaus der Oratorianer in Rednal zurück, um an dem Manuskript seines Buches über die Zustimmung zu arbeiten. In den folgenden Monaten notierte er eine der wichtigsten Unterscheidungen seiner Arbeit, die aufs neue seine Hochschätzung für Leben und Tatsachen zeigt. Er unterscheidet zwischen *begrifflicher und wirklicher* Zustimmung. Begriffliche Zustimmung zu Gott liege dann vor, wenn es dabei jemand nur um Worte, um pure Rede, um das Nachdenken darüber zu tun ist. Wirkliche Zustimmung komme zustande, wenn jemand aus seinem Herzen Gott in seiner Wirklichkeit selbst meint. Nur letztere bringt lebendigen Glauben mit sich, der das Leben des Menschen

beeinflußt. Aber auch das Reden und Reflektieren sind wichtige Bestandteile des menschlichen Umgehens mit der Wirklichkeit, weil nur auf diese Weise die Richtigkeit der Begriffe überprüft wird. Andernfalls besteht die Gefahr, daß sich Glaube in Gefühle auflöst, statt sich bei der Wirklichkeit des lebendigen Gottes festzumachen, die im Wort seiner Selbstoffenbarung angeboten wird.

Im Juli 1868 findet Newman, daß ihn die Arbeit fast zur Verzweiflung treibt, weil ein Problem das andere hervorbringe und keine umfassende Struktur und Lösung abzusehen seien. Er arbeitete auf völlig originelle Weise am Phänomen des Glaubensaktes, ohne auf Bücher zurückzugreifen, die mit dem Thema zu tun hatten. Immerhin hatte er den ersten Teil ausgearbeitet, der über »Zustimmung« handelte und den er schon am Genfer See grundlegend skizziert hatte. Nun wollte er den zweiten Teil über »Gewißheit« und den dritten über »Beweis« schreiben. Ende 1868 kommt ihm seine Arbeit vor, wie wenn er »einen Tunnel durch einen Berg« graben müßte: »Ich habe die Arbeit angefangen, und sie ist für meine Kraft fast zu viel«, vertraute er einem Freund an.

Im April 1869 begann die Drucklegung des Werkes, es wurde jedoch erst im März 1870 fertig. In den Monaten dazwischen hatte Newman in Charles Meynell (1828–82), dem Philosophieprofessor des Oscott College, einen Kritiker gesucht und gefunden, der mögliche Einwände aus dem Lager der katholischen Religionsphilosophie vorwegnehmen konnte. Im nachhinein dankte ihm Newman für die aufmerksame Lektüre der Druckfahnen und manch anregende Rückfrage.

Als dann das »Essay zur Hilfe für eine Zustimmungsgrammatik« (Essay in Aid of a Grammar of Assent) in den Buchläden erschien, wurde die gesamte Auflage bereits am ersten Tag verkauft (15. März 1870). Angesichts solch hoher Erwartungen warnte Newman Freunde und Bekannte: Das Buch werde jeden enttäuschen. Er hatte dabei wohl die Schwierigkeit der Leser vor Augen, mit einem solch originell verfaßten philosophischen Entwurf zurechtzukommen. Gleichwohl sah Newman den wahren Stellenwert des Essay, wenn er schrieb: »Ich habe fünf konstruktive Werke in meinem Leben geschaffen, und dies ist das schwerste, obgleich alle schwer waren: mein Prophetisches Amt (der Kirche), das in Brüche ging, mein Essay über Rechtfertigung, das ganz gut Bestand hat – und drei katholische: Entwicklung der Lehre, Universitätsbildung und das letzte, das ich ein Essay zur Hilfe für eine Zustimmungsgrammatik nannte.«

In der endgültigen Fassung des Buches hat er seine Gedanken in

zwei große Teile gruppiert. Im ersten Teil wird der *Zusammenhang von Erfassung und Zustimmung* analysiert. An einer zentralen Stelle sagt Newman: »Worauf ich direkt ziele, ist, zu erklären, wie wir ein Bild von Gott gewinnen und dem Satz, daß Er existiert, eine reale Zustimmung geben. Um das zu tun, muß ich natürlich zunächst von einem ersten Prinzip ausgehen. Und dieses erste Prinzip, das ich annehme – und zwar ohne den Versuch, es zu beweisen –, ist..., daß wir von Natur aus ein Gewissen haben.« Die persönliche Erfahrung der lebendigen Stimme des Gewissens mache dem einzelnen seinen eigenen unersetzbaren Zugang zur Verpflichtungsinstanz seines Lebens erfahrbar. Wodurch? Durch die Erfahrung, selber ein Wesen zu sein, das die Instanz der Ver-Ant-Wortung in sich trägt, den »Verpflichtungssinn«, wie Newman sagt. Das lebendig wahrzunehmen, bringe auch ein lebendiges Gottesverhältnis hervor: die Vorstellung, das Bild des fordernden und lenkenden Herrschers für das eigene Leben, des Richters, der das Gute fordert und fördert, das Böse richtet und straft.
Wie für das Gottesbild der natürlichen Religion, so gibt es nach Newman auch für *das Gottesbild der Offenbarung* zwei Erfassungsmöglichkeiten; den Begriff von der göttlichen Dreieinigkeit, der als solcher keine lebendige Zustimmung weckt. Andererseits auch die konkret bildhaften Aussagen der Bibel, die uns in persönliche Nähe zu Gott bringen: Jesus Christus als der Sohn Gottes, der Vater, von dem der Sohn Zeugnis gibt und seine Sendung hat; der Geist, der Jesus durch Kreuz und Leiden zur Herrlichkeit der Auferstehung leitet; der Geist, der jeden glaubenden Menschen in der Taufe zu neuer Geschöpflichkeit umschafft (Joh 3,15). Solche konkreten Vorstellungsmöglichkeiten engagieren den Menschen als Ganzen mit seinem Denken und seiner Vorstellungskraft und wecken einen entsprechend umfassenden Zustimmungsakt des Glaubens.
Im zweiten Teil seines Buches geht es Newman um *Zustimmung und Folgerung.* Jeder Mensch habe ein Organ für die konkreten individuellen Folgerungen und Entscheidungen, die niemand anders als er selbst in seinem Alltag fällen kann. Newman nennt es den *illative sense* (Folgerungssinn), aber er lächelt dabei über den von ihm erfundenen, kompliziert klingenden Ausdruck. Er bezeichne die ganz alltägliche Fähigkeit eines jeden Menschen, das in gegebener Situation Richtige zu suchen und zu finden. Gerade dann, wenn keine ausgefalteten Gedankenschlüsse gezogen werden und wenn die Gründe des Handelns nur im Abwägen von Wahrscheinlichkeiten bestehen, betätige und bewähre sich der Folgerungssinn. – Der Christ nun bediene sich dieses *illative sense* in seinem konkreten Leben auf der Grundlage des Prinzips, das ihm durch die

Glaubenszustimmung in der Taufe eingegossen, besser: eingeprägt worden ist: das Bild von Jesus Christus selbst. Dies ist das Prinzip der Bekehrung eines jeden; es ist das Prinzip des Glaubens, das den Glauben schenkt und ihn belohnt; es ist das Prinzip der Vergemeinschaftung der Christen zu der einen Glaubensgemeinschaft der Kirche. Auf der *Schöpfungsebene* kommt das Zusammenspiel Gottes mit dem Menschen in der Betätigung des Gewissens zum Zug. Auf der *Erlösungsebene* kommt das Zusammenspiel Gottes mit dem Menschen durch das eingeprägte Bild von Jesus Christus in jedem Christen zum Zug: Der Christ läßt den geheimnisvoll gegenwärtigen Herrn zum Prinzip seines Folgerungssinnes werden. Zustimmung als natürlicher Glaube und Zustimmung als christlicher Glaube sind von Newman schöpferisch genial in einer ersten *elementaren* Weise dargestellt worden. Grammatik einer Zustimmungslehre nennt er dies und Versuch, weil er seine persönliche große Leistung bescheiden einstuft. Es sei keine Religionsphilosophie im Sinne der historischen Entwürfe anderer Philosophen und Theologen. In der Tat setzt er sich wenig mit anderen religionsphilosophischen Entwürfen auseinander; ja, er gesteht, er habe jahrzehntelang alle verwandte Literatur gemieden, um seinen eigenen Gedanken entfalten zu können. Um so mehr ist die Eigenständigkeit seines Entwurfs von Bedeutung und Wert für die künftige Auseinandersetzung.

Newman geht es darum, für die denkenden Katholiken eine Rechtfertigung ihres Glaubens in einer Zeit der Vorherrschaft naturwissenschaftlichen Denkens zu schaffen. Er wollte die Grundlagen für die Glaubensgewißheit darlegen. »Wenn unsere Handlungen, eine nach der anderen, und unsere tägliche Lebensführung gleichmäßig auf ein unsichtbares Wesen ausgerichtet werden sollen, dann brauchen wir etwas Höheres als ein bloßes Abwägen von Argumenten, um unseren Geist zu festigen und zu kontrollieren. Aufopferung von Vermögen, von Namen oder Stellung, Glaube und Hoffnung, Selbstüberwindung, Gemeinschaft mit der Welt des Geistlichen setzen einen realen Halt an den Gegenständen der Offenbarung voraus und eine anhaltende Intuition in sie, die mit einem anderen Namen Gewißheit heißt. – In diesem Ergebnis können wir in der Tat – philosophisch betrachtet – den Hauptunterschied zwischen einem Christentum dem Namen nach und lebendigem Christentum zusammenfassen. Vernünftige, kluge Leute (d.h., die sich für solche halten), Leute, die den eigentlichen Sinn des ›Gott-lieben-über-alles‹ nicht begreifen, sind bei den Wahrheiten der Religion mit einem solchen Maß der Wahrscheinlichkeit zufrieden, wie es ihnen in ihren weltlichen Geschäften dient. Aber jene, die entschlossen

Newman, 1888.

ihr Alles auf die Hoffnungen der künftigen Welt setzen, halten es für vernünftig und finden es notwendig, ehe sie den neuen Weg einschlagen, einige klare und unveränderliche Punkte zu haben, mit denen sie anfangen. Sie fordern..., sicheren Grund unter ihren Füßen zu haben. Sie sehen sich nach mehr um als nach menschlichen Überlegungen und Folgerungen; nach nichts Geringerem als dem ›starken Trost jener unwandelbaren Dinge‹, wie der Apostel sagt, ›in denen es Gott unmöglich ist zu lügen‹ (Hebr 6, 18): seinem Ratschluß und seinem Eid.«

Wie sich in Newmans Briefen aus dem Jahre 1870 zeigt, war die Wirkungsgeschichte der »Grammar of Assent« eigentlich von kirchenpolitischen Vorgängen überschattet, von der Diskussion um die Unfehlbarkeitserklärung des Ersten Vatikanischen Konzils. Die eigentliche Wirkung des Buches weist weit über Newmans eigene Zeit hinaus, und es ist bis heute noch kaum in der christlichen Religionsphilosophie genügend beachtet worden. Newmans Entwurf von 1870 steht wie ein Fels in der Landschaft seines Jahrhunderts. Aldous Huxley sah darin eine der scharfsinnigsten Psychologien des Denkens und sicherlich die eleganteste Darstellung dieser Thematik (1957). J. M. Cameron nennt Newman aufgrund dieses Buches »einen Menschen mit Einfällen eines philosophischen Genies«, auch wenn er kein Berufsphilosoph gewesen war. »Er hat jedoch Besseres geleistet als sonst irgend jemand – er sah genau, wo auf der Landkarte des Diskurses die kritischen Gebiete liegen« (1974).

Wie sehr Newman seine Zustimmungslehre im Gesamtzusammenhang seiner Lebenserfahrung konzipiert hat und seine eigene Glaubensgewißheit vom 15. Lebensjahr als Erfahrungshintergrund für seine Überlegungen eine Rolle spielte, zeigt die Erklärung, die er wenige Jahre später, in seinem *autobiographischen Memoire vom Juni 1874* über den Zusammenhang von Gewißheitserfahrung und Gewißheitsreflexion abgibt. Er sehe den Unterschied zwischen den vom Heiligen Geist gewirkten Glaubensprinzipien in seinem Leben und der Geisteshaltung seiner Jugendjahre als eine Illustration dessen an, was er in seinem »Essay über die Zustimmung« von der Zuverlässigkeit einer genuinen Gewißheit geschrieben habe. Daraus könne man auch die Spannung zum bloßen Fürwahrhalten erkennen, das mancher eine bestimmte Zeitlang als Gewißheit erachte. Er sagt dort: »Eine Religion ist kein Satz, sondern ein System, ein Ritus, ein Credo, eine Weltanschauung, ein Pflichtenkreis, alles in einem. Und eine Religion annehmen ist weder ein einfacher noch ein vielfacher Akt der Zustimmung zu ihr, auch nicht eine Überzeugung, ein Vorurteil, kein bloßer Akt des Bekennens, des Vertrauens, des Meinens, der Spekulation, sondern die Zusammenfassung all dieser verschiedenen Arten von Zustimmung.« Er selbst habe bei der großen Wandlung, die in ihm als 15jährigem vor sich gegangen sei, zu drei Lehren eine Zustimmung gegeben, die er als Gewißheit bezeichne, zur Heiligen Dreifaltigkeit, zur Inkarnation und zur Vorherbestimmung des Menschen durch Gott.

Ende Oktober des Jahres 1870 schrieb Newman über das letzte seiner großen Bücher in seinem Tagebuch: »Das Buch ist das Ergebnis eines sehr alten Wunsches und einer langdauernden Mühe. Ich weiß nicht, was es wert ist, aber ich bin jetzt glücklicher, das Werk endlich getan und aus der Hand bekommen zu haben. Ein Autor, oder wenigstens ich, kann über seine Bücher, ehe sie geschrieben sind, ebensowenig etwas voraussagen, wie Väter voraussagen können, ob ihre Kinder Jungen oder Mädchen, dunkel oder blond, sanft oder eigensinnig, gescheit oder dumm sein werden. Das Buch zu schreiben, habe ich seit zwanzig Jahren verlangt; und nun, da es geschrieben ist, erkenne ich es nicht ganz als das, was es meiner Absicht nach hätte werden sollen, obwohl ich annehme, daß es das doch ist.«

Mark Pattison (1813–1884) von Lincoln College, Oxford, der einst zur Oxford-Bewegung gehört hatte, aber später zum Skeptiker wurde, fühlte sich durch das Essay über die Zustimmungslehre an die Denkatmosphäre des Oriel Common Room der 30er Jahre erinnert: »Ich kann wahrlich sagen, neben seinen literarischen und intellektuellen Qualitäten übte das Buch ganz stark einen Einfluß auf meinen religiösen Sinn aus, in einer Art und Weise, wie es kein Buch seit langer Zeit getan hat.«

VI. KAPITEL
DIE UNFEHLBARE KIRCHE JESU CHRISTI UND DAS GEWISSEN DES CHRISTEN (1869–1876)

»Spräche der Papst gegen das Gewissen im wahren Sinne des Wortes, dann würde er Selbstmord begehen.«

Die Vorbereitung des Ersten Vatikanischen Konzils begann nach der Veröffentlichung der Enzyklika »Quanta cura« von 1864, in deren Anhang ein Syllabus errorum (eine Zusammenstellung von Irrtümern) der modernen Zeit angefügt war. Die Aufarbeitung der kirchlichen Situation angesichts der Herausforderungen der Moderne ließ eine Versammlung der Lehrer der Kirche geraten erscheinen, zumal das letzte Konzil über dreihundert Jahre zurücklag (Trienter Konzil 1545–1563).

Im Frühjahr 1868 ließ der Papst durch Kardinal Caterini bei Bischof Ullathorne anfragen, ob Newman als Konsultor in einer der Vorbereitungskommissionen mitarbeiten wolle; in diesem Fall müsse er sich vor Jahresende in Rom einfinden. – Newman wog in einem privaten Memorandum ausführlich die Gründe ab: Er sah die Chance seiner Mitarbeit, besonders für den Ruf seines Oratoriums; aber die Gegengründe überwogen: seine angegriffene Gesundheit, seine derzeitige Arbeit an der Fertigstellung des Essays über die Zustimmungslehre, seine schlechten Erfahrungen mit Synodalkomitees – etwa in Birmingham 1852 –, die ihm noch immer in schlechten Träumen nachgingen. »Es gibt einige Dinge, die ich tun *kann* – andere, die ich *nicht kann.*«

Als Bischof Thomas J. Brown von Newport im Herbst 1869 mehrmals drängte, er solle doch mit einem englischen Bischof nach Rom gehen und sich schließlich selbst anbot, ihn als Konzilstheologen zu engagieren, obgleich er selbst aus Altersgründen schon befreit sei, antwortete Newman: »Es gibt nichts, das ich dort tun könnte, was andere nicht auch tun können.« Und als Bischof Brown keine Ruhe gab, erinnerte Newman schließlich offen auch an den anderen Grund: »Es gab einen englischen Bischof vor genau 10 Jahren, der ohne ein Wort an mich (das alles geregelt hätte) und trotz der heiligen Weisung von Matthäus 18, 15 eine meiner Schriften bei den Autoritäten in Rom denunzierte. Er ist es, der gegen mich in Rom ein solches Vorurteil bewirkte, daß ich … dieses Mal ruhig an meinem Platz zu Hause bleibe.«

Newman sah seine Beziehungen zu den Behörden in Rom noch immer von den Folgen der vergangenen Verdächtigungen beeinträchtigt. Zudem wußte er, daß er besser allein als in Gremien arbeiten konnte; dies war schon seine Selbsteinschätzung zu Beginn der Oxford-Bewegung. Vor allem aber wußte er natürlich um die bestehende Kontroverse über die päpstliche Unfehlbarkeit. Er hätte sich auf jeden Fall all der Eiferer erwehren müssen, die über eine theologisch verantwortbare Position hinaus mit extremen Forderungen argumentierten und zum Teil eine persönliche Unfehlbarkeit des Papstes für alle Äußerungen vertraten. In England waren das vor allem H. E. Manning, W. G. Ward, H. Vaughan, Leute aus dem Londoner Oratorium und andere. Diese Führer der englischen Ultramontanisten dachten und fühlten »römischer als Rom« (James Derek Holmes). George Talbot war zu Beginn des Konzils nicht mehr unter seinen Widersachern in Rom, er hatte aufgrund einer beginnenden Geisteskrankheit in eine Anstalt eingeliefert werden müssen.

Gerade mit William George Ward, dem Redakteur der Zeitschrift »Dublin Review«, einem ehemals glühenden Verehrer Newmans und jetzt einem seiner offenen Gegner, war seit 1866 eine Kontroverse entstanden. Ward hatte in seinem Buch »Autorität der Lehrentscheidungen, die keine Glaubensdefinitionen sind«, eine Position vertreten, die die Katholiken päpstlichen Äußerungen gegenüber über Gebühr im Gewissen zu verpflichten suchte. Dagegen hatte Ignatius Henry Dudley Ryder (1837–1907), einer der Oratorianer, die später Newmans Nachfolger in der Leitung des Oratoriums wurden, die nötige Kritik unter dem Titel »Idealismus in der Theologie« in einem Buch zusammengefaßt. Die Polemik über extreme Forderungen im Verständnis der Unfehlbarkeitslehre der Kirche, die sich in der »Dublin Review« abspielte, wurde natürlich dem Oratorium Birmingham insgesamt und insbesondere Newman zur Last gelegt.

In einem hausinternen Schreiben »Brief an Ignatius Henry Dudley Ryder und Stanislas J. Flanagan« vom Februar 1868 hatte Newman seine Auffassung über die Unfehlbarkeit der Kirche aus dem Zusammenhang der Entwicklung der christlichen Lehre skizziert. Newman schreibt in bezug auf den Papst: »Allerdings würden wir ihn nicht für jederzeit unfehlbar halten wie einen Apostel, da wir ja nur sagen, er sei unfehlbar ex cathedra... Ich nehme also an, daß das Glaubensgut der Kirche oder dem Papst in folgendem Sinne anvertraut ist: Wenn der Papst auf dem Lehrstuhl des Heiligen Petrus sitzt oder wenn ein Konzil von Konzilsvätern und Lehrern um ihn herum versammelt ist, dann kann das Glaubensgut... ihrem Geiste mit jener Fülle und Exaktheit dargeboten werden, mit der es ständig (nicht nur bei Gelegenheiten) im Geiste der Apostel präsent war.« – In bezug auf den theologischen Umgang mit der Entwicklungs- und Unfehlbarkeitslehre sagte Newman bei dieser Gelegenheit: Theologen, die im nachhinein die Zusammenhänge zwischen neuen Glaubenssätzen und dem gesamten Glaubensgut herauszufinden suchen, erkennen die neuen dogmatischen Formulierungen als *Herleitungen* aus dem Glaubensbekenntnis als dem formulierten Glaubensgut. Aber in Wahrheit sind sie bereits ursprüngliche Bestandteile desselben. Sie sind dem Geist der Apostel *auf einmal* mitgeteilt und werden durch den Geist der Konzilsväter *in zeitlich begrenzter* Erleuchtung durch Gottes Gnade ans Licht gebracht.«

Während des Konzils im Vatikan

Am 8. Dezember 1869 wurde das Erste Vatikanische Konzil in Rom eröffnet. Newman wurde durch die Presse und durch Briefe einiger Bischöfe über die jeweiligen Vorgänge informiert. Er erkannte, wie sehr gerade manche Bischöfe durch die angeheizte Stimmung für die Definition der Unfehlbarkeit des Papstes besorgt waren. Die deutschen Bischöfe hatten einen gemeinsamen Hirtenbrief am Vorabend des Konzils veröffentlicht, der von der Inopportunität, also der zeitlichen Ungelegenheit einer solchen Glaubenserklärung sprach. Félix Dupanloup, Bischof von Orléans, war ebenfalls dieser Auffassung. Auch Newmans alter Vertrauter und Berater aus den Dubliner Universitätsjahren, Bischof David Moriarty von Kerry (1814–1877), war in Sorge; er hatte Newman auf der Durchreise nach Rom konsultieren wollen, aber nicht angetroffen. Newman schrieb ihm: »Die Angst vor einer unbekannten Definition (in einer Zeit), da alles ruhig ist, beunruhigt insgeheim viele. Welche Häresie verlangt nach einer Entscheidung? Was haben wir getan, daß wir nicht in Ruhe gelassen werden? Bisher waren Glaubensentscheidungen ernste Notwendigkeiten, nicht fromme Ergüsse... Wo ist der Arius oder Nestorius, dessen Häresie die Heilige Kirche veranlaßt zu sprechen? ... Ich weiß, daß dies der Sache nach Ihre Gefühle sind.«
Newman war schon im Vorfeld des Konzils von zahlreichen Leuten besorgt angefragt worden. So hatte er im September 1869 nach einem Gespräch mit einem maßgeblichen Laien skizzenhaft seine eigene Position festgehalten: »Warum, wenn ich an die Unfehlbarkeit des Papstes glaube, will ich nicht, daß sie definiert wird? ... Weil sie nicht so definiert werden kann, daß es nicht

mehr Fragen aufwirft als beantwortet.« Aber trotz seiner eigenen Besorgtheit antwortete Newman seinen Korrespondenten beruhigend: »Wenn die Kirche im bevorstehenden Konzil etwas über päpstliche Unfehlbarkeit sagt, wird es so genau formuliert sein, mit solchen Vorsichtsmaßregeln, Bedingungen und Eingrenzungen, daß es so wenig zu dem hinzufügt, was *jetzt* geglaubt wird, als man sich denken kann... Die Definition wird nicht sein, was sich Protestanten darunter vorstellen: Eine Erklärung, daß ›was immer der Papst sagt, unfehlbar ist‹. Sie wird nicht Handlungen wie die des (Papstes) Honorius unfehlbar machen usw. ... Sehen Sie, wie eng Fälle von Entscheidungen ex cathedra eingeschränkt sein werden! Papst Honorius hatte an die Patriarchen des Ostens zwei Briefe geschrieben, die von späteren Päpsten und Konzilien als häretisch erklärt wurden.«

Allerdings konnte er – je nach Fassungskraft des Adressaten – auch auf mögliche Schwierigkeiten in der Sache hinweisen. Bis jetzt, schrieb er, ist es die Kirche, die unfehlbar ist. »Aber definiere seine (nämlich des Papstes) Unfehlbarkeit, und er wird allein handeln. Gut – Gott wird ihn leiten...«

Als das Konzil begonnen hatte und die Initiativen der ultramontanen Gruppe zum Höhepunkt kamen, schickte Newman an Ullathorne, seinen eigenen Orts-Bischof, einen Brief zur Entlastung seines Gewissens nach Rom; »einen der leidenschaftlichsten und vertraulichsten Briefe«, die er je geschrieben hatte. »Ich danke Euer Lordschaft sehr herzlich für den höchst interessanten und zeitgemäßen Brief. Wenn solche Briefe herumgereicht werden dürften, würden sie viel dazu beitragen, den vielen Geistern, die zur Zeit bekümmert sind, wenn sie nach Rom schauen, wieder Sicherheit zu geben... Was mich persönlich angeht, so erwarte ich Gott sei Dank keinerlei Kummer; aber ich kann nicht anders als mit den verschiedenen Seelen mitzuleiden, die leiden, und ich sehe voll Angst, Entscheidungen verteidigen zu müssen, die für mein Privaturteil nicht schwierig sein mögen, aber äußerst schwierig angesichts historischer Tatsachen... – Warum sollte eine aggressive und unverschämte Gruppe ›das Herz des Gerechten traurig machen dürfen, dem der Herr keinen Kummer bereitet hat‹? ... Angesichts dieser Gedanken frage ich mich beständig, ob ich nicht meine Gefühle veröffentlichen soll. Aber alles, was ich mache, ist zu jenen großen Kirchenvätern beten, deren Fürbitte die Sache entscheiden mag... Wenn es Gottes Wille ist, daß die Unfehlbarkeit des Papstes definiert werden soll..., habe ich nur meinen Kopf vor der anbetungswürdigen, unerforschlichen Vorsehung zu beugen...

Ich denke, Sie werden mir erlauben, vor Ihnen Gefühle zu äußern, die ich meistens für mich behalte.«
Dieser Brief, der zuerst unter englischen Bischöfen in Rom herumgereicht wurde, geriet dann unversehens in eine römische Zeitung, wurde dann in Ausschnitten in Münchener Zeitungen veröffentlicht und kam schließlich mit Entstellungen in England in die Presse. Am selben Tag, an dem das Essay über die Zustimmungsgrammatik veröffentlicht und ausverkauft wurde, mußte Newman an eine englische Zeitung schreiben, sein Brief sei nur ungenau wiedergegeben worden. Aber er stand gleichzeitig zu dem grundsätzlichen Inhalt, daß er die Machenschaften um die Unfehlbarkeitserklärung bedaure.
Als nach längerem Hin und Her mit der örtlichen Presse die peinliche Situation ausgestanden war, konnte er abschließend sagen: »Ich bin froh, daß ich es getan habe; außerdem tut es mir nicht leid, daß ohne meine Verantwortung... die allgemeine Tendenz dessen, was ich geschrieben habe, veröffentlicht worden ist.«
»Wenn es Gottes Wille ist, daß eine Definition zu Gunsten der Unfehlbarkeit des Papstes durchkommt, werde ich mich sofort unterwerfen –, aber genau bis zu jenem Moment werde ich von Herzen und ernstlich dagegen beten.«
Am 18. Juli 1870 wurde die Definition der Unfehlbarkeit des Papstes von der Mehrheit der Bischöfe in Rom als Glaubenssatz angenommen. Eine große Minderheit war vorher abgereist, um nicht dagegen stimmen zu müssen. Als Newman den Text des Dogmas zu lesen bekam, war er beruhigt. Die Einschränkungen, die er für notwendig gehalten hatte, waren formuliert. Nach dem Dogma können die zur Erhaltung und Entfaltung des Glaubens notwendigen Entscheidungen vom Papst nur getroffen werden, wenn er »ex cathedra spricht, das heißt das Amt als Hirte und Lehrer aller Christen ausübt«, und wenn er zweitens »in seiner höchsten apostolischen Autorität über die Glaubens- oder Sittenlehre« sich in einer die gesamte Kirche verpflichtenden Weise äußert.
Zunächst sollte das Konzil im Oktober 1870 fortgesetzt werden, und insofern sah Newman noch eine Unsicherheit in bezug auf den Stellenwert der Definition. Sie hätte ja noch in weitere Definitionen eingebunden und von ihnen ergänzt und beschränkt werden können. Außerdem bestand die Unsicherheit, wie sich die große Minorität der Bischöfe, die vorzeitig abgereist waren, zu dem Glaubenssatz verhalten würde. Als im Verlauf des Herbstes 1870 deutlich wurde, das Dogma werde auch von immer mehr Bischöfen der Minorität als solches angenommen, sah Newman keinen Grund mehr, dies nicht auch selbst zu tun. In diesem Sinne schrieb

er an Georges Darbois, den Erzbischof von Paris: »Die Unfehlbarkeitslehre ist nun mehr als hinreichend veröffentlicht worden. Persönlich hatte ich nie einen Schatten von Zweifel, daß es gerade das Wesen der Religion ist, vor dem Irrtum zu schützen... Ich tendierte immer zu der Auffassung, daß ein allgemeines Konzil der auslegende Lehrer des Glaubensbekenntnisses ist, genauso wie die Richter Englands die legalen Ausleger der Gesetze unseres Reiches sind. Ein allgemeines Konzil mag unglücklicherweise in seinen Handlungen gehindert sein... Es ist deshalb besser, daß der persönliche Auftrag Christi an Petrus, die Völker zu lehren..., seinem eindeutigen Nachfolger anvertraut wurde...«

Nach dem Bekanntwerden der Definition bekam Newman – wie er schon vorausgesehen hatte – viele Zuschriften von Leuten, die sich in Glaubensschwierigkeiten befanden und sich an ihn wandten. Die Ehefrau eines konvertierten ehemaligen anglikanischen Geistlichen, die selbst Konvertitin war, berichtete ihm ihre Glaubensnot. Newman entfaltete ihr die Grundprinzipien des neuen Glaubenssatzes auf der Grundlage des Glaubens an die Unfehlbarkeit der Kirche. Sie bedankte sich und schrieb: »Es war in der Tat ein Trost, solche Worte der Wahrheit und Nüchternheit zu lesen nach all den heftigen und fanatischen Ankündigungsdrohungen, die während der vergangenen Wochen in unseren Ohren geklungen haben.« Sie versprach, Newmans Rat zu beherzigen und schloß ihren Brief mit der Bitte: »Wir haben alles um des Glaubens willen verloren – oh beten Sie, daß wir nicht auch diesen noch verlieren!«

Als im Zuge der nationalstaatlichen Bewegungen des 19. Jahrhunderts am 20. September 1870 Rom von italienischen Truppen erobert und der Kirchenstaat dem neuen Nationalstaat Viktor Emmanuels einverleibt wurde, sah Newman darin ein Zeichen des Leids, das über den Papst und das Papsttum gekommen war und das nach seinem Verständnis für Passion eine Weise der Zeugniskraft für das Evangelium darstellte. So hatte er in einer Predigt vom Oktober 1866 über »Der Papst und die Revolution« im Gegensatz zu anderen die Bedrohung der weltlichen Macht des Papsttums theologisch eingeordnet. Als eine Gruppe in der Kirche darauf drängte, man solle die weltliche Macht des Papstes zu einem Glaubenssatz erheben, war Newman von der Unhaltbarkeit eines solchen Ansinnens überzeugt. Er war zwar der Meinung, in irgendeinem Sinne werde wohl weltliche Macht für den Papst erhalten bleiben. Da aber das Gebet immer offen sein müsse für die Möglichkeiten, die allein Gott in seiner Vorsehung verwirkliche, so müsse man als Beter auch ins Auge fassen, daß Päpste ohne irdischen Herrschaftsbereich die Unabhängigkeit der Kirche leiten

und gewährleisten könnten, genauso wie die Bischöfe ja schon seit längerer Zeit, nachdem sie weltliche Macht verloren hatten, ihr Amt in der Kirche erfolgreich ausübten. So war für Newman der Verlust des Kirchenstaates kein Glaubensproblem. »Vielleicht ist es für die menschliche Natur zu viel, wenn ein Mann geistlich unfehlbar und zugleich weltlicher Herrscher sein soll – und das Papsttum konnte nicht den Gipfel in kirchlichen Angelegenheiten erklimmen, ohne weltlichen Fall.« »Die Definition im Juli hat die Entthronung im September schon enthalten.«
Nicht selten gab es im Leben des katholischen Newman Gerüchte, er werde die Kirche Roms wieder verlassen. Als er von einem Briefschreiber direkt darauf angesprochen wurde, nach der jüngeren geschichtlichen Entwicklung in der römischen Kirche bestehe für ihn doch eher der Anlaß, wieder zur anglikanischen zurückzukehren, antwortete er ihm: »Ich könnte mich genauso leicht dazu entscheiden, ein Anhänger Garibaldis oder ein siamesischer Zwilling zu werden. Seien Sie versichert, es gibt genauso viele Chancen, daß ich wieder Anglikaner werde wie der irische Riese oder der Clubkönig.«
Nur von weitem konnte Newman *die tragische Entwicklung I. v. Döllingers* verfolgen. Mitten im Konzilsverlauf glaubte Döllinger ihn zu einem »Trompetensignal« aufrufen zu sollen, wie es Newman einst als Motto dem ersten Tract der Oxford-Bewegung vorangestellt hatte. Doch beim Vatikanischen Konzil war für Newman die Situation völlig verschieden. Bei der Oxford-Bewegung hatte er gehofft, die Kirche durch eine Reform auf ihren apostolischen Ursprung zurückführen zu können und sie von ihrer staatlichen Abhängigkeit zu befreien. Jetzt ging es darum, in der zweifellos wahren Kirche extremen Gruppierungen die wahre Mitte für die Unfehlbarkeitslehre zu zeigen. Bei dieser innerkirchlichen Korrektur glaubte Newman auf die Durchsetzung der Kraft des Geistes Gottes vertrauen zu sollen. Er war zutiefst Theologe, nicht nur Historiker, während Döllinger sich als Professor der Kirchengeschichte vor allem vor einer Auseinandersetzung mit den machtpolitischen Strukturen der Kirche sah, die er im Spiegel der Jahrhunderte kannte und deren negative Auswirkungen auf die Vermittlung des Evangeliums er sah. »Ich stimme mit Döllinger nicht überein«, schrieb Newman im April 1871, »weder in bezug auf die Wahrheit der (Unfehlbarkeits-)Lehre noch in bezug auf die Gültigkeit ihrer Definition. Der geringste Grund, den ich dafür aufgreifen würde, wäre der, daß es eine Pflicht ist zu glauben, weil dies (für das Heil) am sichersten ist.« Doch er billigte Döllinger zu, daß er eine große Zahl von Leuten mit Ansehen und Autorität hinter sich zu haben

scheine und daß es zu einer eigenen deutschen Tradition in der Stellungnahme zum Unfehlbarkeitsdogma kommen könne. – Döllinger wurde noch im selben Monat April 1871 vom Münchner Erzbischof exkommuniziert, obwohl der Bischof von Rom aus Spielraum genug gehabt hätte, um zu verhandeln und den endgültigen Bruch zu vermeiden oder zumindest zu verzögern. Newman sprach von »bedauernswerten Handlungen«, wie sie in der Kirchengeschichte den »Tadel späterer Zeiten« nach sich ziehen.
Doch Ende 1871 konnte Newman absehen, daß die Altkatholiken »unter dem Schutz der Regierung« nicht mehr als eine Sekte werden könnten. Damit sah er Döllingers Chancen, durch seine Kritik zur Kirchenreform beizutragen, als gescheitert an. Für Newman war das entscheidende Kriterium für die Beurteilung von Döllingers Handlungsweise, ob sie sich auf den *Dienst an der Vermittlung des wahren Glaubens* positiv oder negativ auswirke, ob z. B. die Gefahr der Verbreitung des Unglaubens in der Gesellschaft verstärkt werde. Diese Gefahr sah er in der Wirkungsgeschichte der Initiative von Döllinger in der schismatischen Gruppe der Altkatholiken gegeben. – Gleichwohl behielt Newman seine persönliche Sympathie für Ignaz von Döllinger. 1879, als er als neukreierter Kardinal auf der Rückreise von Rom war, wollte er ihn besuchen. Der Arzt mußte es ihm aus gesundheitlichen Gründen verbieten. Beide starben im selben Jahr 1890, ohne sich noch einmal wiedergesehen zu haben.

Kontakte und Abschiede: Verwandte und Freunde

Im Juni 1871 hatte sich Newmans Verhältnis zur Familie seiner Schwester Jemima und seinem Schwager John Mozley, die noch immer in Derby wohnten, soweit entspannt, daß er einige Tage zu ihnen zu Besuch kam. Er genoß die Zeit mit seinen nächsten Verwandten. Tom sah er zum letzten Mal; der Buchdrucker und Verleger starb im Oktober 1872 im Alter von 67 Jahren. Zum Andenken an die Tage sandte er seiner Schwägerin Anne Mozley ein Exemplar seiner »Predigten zu verschiedenen Gelegenheiten« (Sermons on Various Occasions, 1. Auflage 1857). Sie bedankte sich herzlich dafür: »Während wir noch bei der Freude und dem Gewinn Deines entzückenden Besuches verweilten, war es eine beglückende Überraschung, heute morgen Deinen Gruß und das beiliegende Buch zu bekommen.« Anne wurde später diejenige aus seiner Verwandtschaft, der Newman die Herausgabe seiner Briefe aus anglikanischer Zeit anvertraute.

Seine Schwester Harriett war bereits inmitten der Schwierigkeiten mit der irischen Universität 1852 gestorben. Mit seinem Bruder Francis, inzwischen Professor für Latein an der Londoner Universität, verband ihn nur eine spärliche Korrespondenz.
Das Jahr 1873 brachte Newman die Situation seines Alters besonders akut zum Bewußtsein. Innerhalb weniger Monate verlor er drei seiner besten Freunde.
Ein alter Freund aus den Oxforder Jahren, der Jurist Serjeant Edward B. Bellasis (1800–1873), starb im Januar. Sie hatten sich 1839 auf dem Höhepunkt der Oxford-Bewegung kennengelernt, Bellasis war ihm 1850 in die katholische Kirche gefolgt und hatte im Jahr darauf die Verteidigung im Prozeß gegen Achilli übernommen. »Einer der besten Menschen, die ich kannte«, hatte ihn Newman einmal genannt. »Ich fühlte tief, daß ich einen meiner besten, beständigsten und liebsten Freunde verloren habe – und doch ist es ein großer Trost, über Worte hinaus, zu denken, daß ich einen solchen Freund, der mich gewiß weiterhin liebt, bei Gott habe.« Die Söhne Richard Garnett und Henry Lewis Bellasis traten im Verlauf der nächsten Jahre (1875–1877) ins Oratorium von Birmingham ein und übernahmen dort in der Folgezeit führende Aufgaben.
Anfang April 1873 machte Newman einen Abschiedsbesuch bei seinem langjährigen Freund Henry Wilberforce in Woodchester, der bald darauf starb. Seit seiner Tutorentätigkeit in Oriel war Newman mit ihm befreundet. Er hatte ihn bei seiner Konversion 1850 begleitet und ihn als Herausgeber des »Standard« bzw. hernach des »Weekly Register« hoch geschätzt. Ungezählte Briefe zeugen von der außergewöhnlichen Freundschaft beider, die es Newman ermöglichte, ihm über alle möglichen Vorkommnisse seines Lebens zu schreiben, um seine Meinung oder auch nur sein Echo zu erfahren.
Schließlich erhielt Newman, kaum war er von der Beerdigung von Henry Wilberforce zurückgekehrt, die Nachricht vom Tod von James Hope-Scott (1812–1873), der ebenfalls ein Oxforder Freund und Konvertit (1851) war. Als Jurist war er auch mit Serjeant Bellasis eng befreundet gewesen. In seiner Totenrede in der Jesuitenkirche von Farm-Street in London sprach Newman über ein Thema, das an die Predigten der Traktarianer-Bewegung erinnert: »In der Welt, doch nicht von der Welt«. Newman betonte, daß er nur »ein paar kurze Worte... von Herz zu Herz« sage. Unter den drei Perspektiven, die er aufzeigte, war zweifellos die dritte für ihn am wichtigsten. Er schilderte die »hohen natürlichen Gaben« und den erfolgreichen Berufsaufstieg seines Freundes. Er sah »im Gegensatz dazu... seine einzigartige Ehrgeizlosigkeit und Frömmigkeit«.

Vor allem erkannte er ihn als einen von Gott auserwählten Menschen an dem Kennzeichen von außergewöhnlichem Kreuz und Leid. »Er hat in vergangenen Jahren die trostvolle Nähe anderer verloren und mußte nun andere trostlos zurücklassen.« Er habe dazu bis zum Schluß »Dein Wille geschehe« gesagt. »Auch wir müssen es ihm nachsprechen«, sagte Newman. »Wir wollen uns darüber im klaren sein, daß Gott jene, die er liebt, hinwegnimmt, einen nach dem andern, zu der für seinen ewigen Gewinn geeignetsten Zeit. Was können wir nüchternen Ernstes anderes wollen, als eben den Willen Gottes?«

Die Welt war leerer und ärmer geworden für Newman. Er hielt erneut Einkehr und zog Bilanz. Im Juni 1874 begann er, ein »Autobiographisches Memoire« für seinen Freund Ambrose St. John, das seine Kinder- und Jugendzeit ebenso schildert wie die Oxforder Jahre und bis in die Zeit der Tutorentätigkeit reicht. Es sollte seinem Freund Material geben, um nach seinem Tod die allenfalls notwendige Verteidigung seines Lebens im Interesse des Birminghamer Oratoriums besser wahrnehmen zu können. Damals konnte Newman noch nicht ahnen, daß der um fast eineinhalb Jahrzehnte jüngere St. John bald darauf sterben werde.

Ende August des Jahres überfiel ihn erneut der Gedanke, daß er nutzlos und zu Müßiggang verurteilt sei. Dieses Mal aber war das Empfinden dabei, daß seine Zeit ja vorüber sei und sein Leben sich dem Ende neige. »Ich habe ein so niederdrückendes Gefühl, daß ich mein Leben lang nichts getan habe – und vor allem, daß ich jetzt überhaupt nichts tue... In bezug auf die großen Kontroversen des Tages..., etwa die Frage der Göttlichkeit des Christentums usw., hält man mich für eine vergangene Größe... Meine Zeit ist um. Ich bin passé; mag sein, daß ich zu meiner Zeit etwas geleistet habe – jetzt aber kann ich nichts mehr tun. Andere sind an der Reihe... Für mich ist es jetzt genug, mich auf den Tod vorzubereiten, denn etwas anderes wartet jetzt nicht mehr auf mich, es ist nichts anderes mehr zu tun. Und Er, der mein ganzes Leben lang so wunderbar bei mir gewesen ist, wird mich auch jetzt nicht verlassen; ich weiß es – wenn ich auch keinen Anspruch auf Ihn habe...«

Die Kontroverse mit dem Premierminister über Papst und Gewissen

Während Newman von solchen Gedanken erfüllt war, arbeitete William Ewart Gladstone (1809–1898), der mehrmalige englische Premierminister, bereits an einer Flugschrift, in der er darstellte, daß er die Loyalität der englischen Katholiken als Staatsbürger ihrer Königlichen Majestät durch das Unfehlbarkeitsdogma von 1870 prinzipiell in Frage gestellt sehe. Anfang November 1874 wurde die Schrift veröffentlicht: »Die vatikanischen Dekrete in ihrer Auswirkung auf zivile Untreue: ein politischer Vorwurf« (The Vatican Decrees in their bearing on Civil Allegiance, a political Expostulation). 150 000 Exemplare hatte man bis zum Jahresende verkauft. Von allen Seiten wandten sich Katholiken an Newman, er solle Gladstone antworten. Und Newman sah, daß nach all den öffentlichen Äußerungen ultramontaner Vertreter zur Auslegung des Glaubenssatzes von der Unfehlbarkeit seine Stunde gekommen war. Wochenlang bemühte er sich zunächst vergeblich um einen Ansatz zur Antwort; denn die Angriffe Gladstones richteten sich eigentlich an die Adresse derer, die die Unfehlbarkeitskompetenz maßlos ausgeweitet hatten, so als ob der Papst mit allem, was er sage, endgültige Verhaltensrichtlinien vorgebe. Gladstones Schrift schien zu diffus für eine wirkungsvolle Entgegnung. Doch als Newman seine Argumentationslinie gefunden hatte, konnte er den Text in wenigen Wochen schreiben. Er wählte den Stil eines »Briefes an den Herzog von Norfolk« (A Letter addressed to the Duke of Norfolk, on Occasion of Mr. Gladstone's Expostulation of 1874). Der junge Herzog war der Repräsentant der katholischen Laien Englands, und Newman kannte ihn aus den Jahren seines Schulbesuchs an der St. Philip-Grammar-School des Oratoriums auch persönlich. Beim Erscheinen seines über 100 Seiten starken Buches an Norfolk richtete Newman zugleich ein persönliches Begleitschreiben an Gladstone: »Ich konnte nicht anders, als Ihnen zu schreiben. Ich war von ganz verschiedenen Seiten dazu aufgerufen worden. Und mein Gewissen sagte mir, daß ich, der ich in hohem Maße der Grund für so viele gewesen war, Katholiken zu werden, sie jetzt nicht im Stich lassen dürfe.« Zu einem seiner Freunde sagte Newman prophetisch über sein jüngstes Werk: »Ich bin sehr kühn – und darf nicht überrascht sein, wenn ich einige Leute sehr ärgerlich mache. Aber wenn ich schreiben soll, will ich sagen, was ich zu sagen habe.«

In den Eingangsgedanken zu seiner Antwortschrift ging Newman unter anderem davon aus, einige der maßgebenden englischen Katholiken seien selbst schuld, daß ein Mann von der religiösen Toleranz und dem menschlichen Format wie der Premier Gladstone die Definition dieses Glaubenssatzes von der Unfehlbarkeit zum Anlaß für eine Flugschrift genommen hatte. Durch manche unhaltbare Auslegung des vatikanischen Dogmas sei eine Atmosphäre der Überhitzung und Feindseligkeit in der englischen Öffentlichkeit entstanden. »Ich gestehe mit tiefem Schmerz«, so Newman, »die Katholiken haben es sich zum großen Teil selbst und niemandem sonst zuzuschreiben, daß sie sich einen so tief religiösen Geist entfremdet haben. Es gibt, wie man zugeben muß, Leute unter uns, die sich schon seit Jahren so aufgeführt haben, als wäre mit bösen Worten und anmaßenden Taten keinerlei Verantwortung verbunden. Sie legten Wahrheiten der seltsamsten Form dar, sie spannten Grundsätze so weit, daß sie beinahe zerrissen. Sie taten alles, was sie vermochten, um das Haus in Brand zu stecken, doch sie überließen es schließlich anderen, die Flammen zu löschen.«

Gladstone hatte die Auffassung vertreten, die Äußerungen der römischen Kirche widersprächen denen der Kirche in ihrer frühen Geschichte, insbesondere der Kirche des Altertums. Newman verwies deshalb auf die Praxis der Bischöfe und Päpste von alters her, ohne Rücksicht auf die staatlichen Verhältnisse, öffentlich Zeugnis für den Offenbarungsglauben und das Sittengesetz abzulegen. »Die Geschichte der Kirche ist sicherlich in der Vergangenheit – im Altertum wie im Mittelalter – geradezu die Verkörperung jener Tradition apostolischer Unabhängigkeit und Freimütigkeit des Wortes gewesen, die jetzt in den Augen der Menschen ihr schwerstes Vergehen darstellt.« – Newman legte weiter dar: Wie die Überlieferung der Offenbarung dem Schutz der Kirche anvertraut sei und darum die Kirche auch als eine von Gott eingesetzte Realität zum Glauben des katholischen Christen gehöre, so sei es mit dem Amt des Papstes in dieser Kirche. »Wir müssen entweder den Glauben an die Kirche als eine göttliche Institution völlig aufgeben oder sie heute in der Gemeinschaft anerkennen, deren Haupt der Papst ist. Bei ihm allein und in seiner Umgebung findet man den Anspruch, die Vorrechte und Pflichten, die wir mit dem von Christus eingesetzten Reich Gottes identifizieren. Wir müssen die Dinge so nehmen, wie sie sind: an eine Kirche glauben heißt an den Papst glauben ...«

Aber Newman unterscheidet dabei sehr wohl zwischen dem vom Geiste Gottes gestützten Dienst des Papstes an der Überlieferung des Evangeliums und den Schwächen, die manche Päpste in der Leitung der Kirche und des Kirchenstaates immer wieder gezeigt haben. »Ich bin weit davon entfernt zu behaupten, die Päpste seien niemals im Unrecht gewesen und man dürfe sich ihnen nie widersetzen oder ihre Exkommunikationen seien immer von Nutzen. Ich bin nicht verpflichtet, die Politik oder die Handlungen bestimmter Päpste zu verteidigen, weder vor noch nach der Empörung gegen ihre Autorität im 16. Jahrhundert ...«

In diesem Zusammenhang gibt Newman seinen Lesern einen pro-

phetischen Ausblick, der die zeitgenössischen Ereignisse um den Verlust des Kirchenstaates in das große Gefälle der Säkularisationswogen innerhalb der abendländischen Gesellschaft einordnet. »Ich habe auf den traurigen Zustand hingewiesen, in den der Heilige Stuhl in den letzten Jahren versetzt worden ist, so daß der Papst menschlich gesprochen sich in der Gewalt seiner Feinde befindet und moralisch ein Gefangener in seinem Palast ist. Dieser Zustand menschlicher Schwachheit kann nicht immer währen, früher oder später wird nach Gottes Erbarmen eine Wendung zum Besseren einsetzen... Doch eines kann ohne ein fast wunderbares Eingreifen nicht eintreten, nämlich eine Rückkehr zu dem allumfassenden religiösen Gefühl, zur öffentlichen Einstellung des Mittelalters. Der Papst selbst nennt jene Jahrhunderte ›die Zeiten des Glaubens‹. Ein solcher alles durchdringender Glaube kann gewiß für eine zukünftige Zeit wieder bestimmt sein. Aber soweit wir gegenwärtig darüber urteilen können, müssen bis dahin erst Jahrhunderte vergehen.«
Daß sowohl die Kirche als auch der Staat vom einzelnen Loyalität fordern, bestätigt Newman; denn beide erlassen allgemeingültige und verbindliche Gesetze und Vorschriften. Um diese Verbindlichkeit real wirksam werden zu lassen, müsse jedoch der einzelne sich in seinem Gewissen ansprechen lassen. So sei es die persönlich verantwortende Stellungnahme des einzelnen, durch die die allgemeinen Vorschriften erst Wirksamkeit bekämen. Allgemeine Gesetze würden nicht automatisch gehalten. So müßten auch Katholiken letzten Endes den Gehorsam persönlich und *von ihrem Gewissen her* leisten. »Wie hätten denn sonst die einzelnen Katholiken ihre Seelen retten können, als es einen Papst und Gegenpäpste gab, von denen jeder für sich Gehorsamspflicht forderte?«

Newmans Lehre vom Gewissen

Die gegenseitige *Verwiesenheit der päpstlichen Unfehlbarkeit und des individuellen Gewissens* ist für Newman der Ort, an dem die Probleme in der Kontroverse mit Gladstone zu lösen waren. Doch dazu mußte er zunächst klären, was er unter Gewissen verstand und was nicht. Seine »Auffassung von Gewissen ist... sehr verschieden von derjenigen, die in der heutigen Zeit in der Wissenschaft, in der Literatur und in der öffentlichen Meinung verbreitet ist.« Newmans Auffassung »gründet auf der Lehre, daß das Gewissen die Stimme Gottes ist; während es heute überall zum guten Ton gehört, es in irgendeiner Weise als eine Schöpfung des Menschen zu betrachten«. Newman nimmt die Solidarität aller christlichen Kirchen in England sowie aller religiösen Gemeinschaften in Anspruch, die an das Gewissen appellieren. Wenn sie »vom Gewissen reden, dann meinen sie das, was wir meinen, nämlich die Stimme Gottes in der Natur und im Herzen des Menschen zum Unterschied von der Stimme der Offenbarung. Sie sprechen von einem Prinzip, das in uns eingepflanzt wurde, ehe wir noch irgendeine Erziehung erhalten hatten, obwohl Erziehung und Erfahrung für dessen Kräftigung, Wachstum und rechte Ausbildung notwendig sind. Sie betrachten es als ein wesentliches, grundlegendes Element des Geistes ..., als den inneren Zeugen sowohl für das Dasein Gottes als auch für seine Weisung.« Somit hatte Newman die Basis für seine Argumentation weit über die katholische Kirche hinaus verbreitert und auch die Grundeinstellung des Anglikaners Gladstone mit in seine weitere Beweisführung eingebunden. Dann setzte er zu seiner eigenen theologischen Definition des Gewissens an. »Es ist ein Bote von Ihm (Gott), der sowohl in der Natur als auch in der Gnade hinter einem Schleier zu uns spricht und uns durch seine Stellvertreter lehrt und regiert. Das Gewissen ist

der ursprüngliche Statthalter Christi
ein Prophet in seinen Mahnungen
ein Monarch in seiner Bestimmtheit
ein Priester in seinen Segnungen und Bannflüchen.

Selbst wenn das ewige Priestertum in der Kirche aufhören könnte zu existieren, würde im Gewissen das priesterliche Prinzip fortbestehen und seine Herrschaft ausüben.«

Trotz dieser umfassenden christologischen Interpretation des »Echos der Stimme Gottes«, wie er das Gewissen in seinem Essay einer Zustimmungslehre genannt hatte, war sich Newman gleichwohl scharfsichtig und kühl der gesellschaftlichen Realitäten bewußt, in die hinein er seine Umschreibung sprach. »Worte wie diese gelten heute in der großen Welt der Philosophie als eitles, leeres Geschwätz. Mein ganzes Leben hindurch gab es einen entschlossenen Krieg, fast hätte ich gesagt eine Verschwörung gegen die Rechte des Gewissens, wie ich es dargestellt habe. Literatur und Wissenschaft haben sich in großen Institutionen zusammengetan, um es niederzuwerfen. Stolze Bauten sind als Festungen gegen jenen geistigen unsichtbaren Einfluß aufgerichtet worden, der für die Naturwissenschaft zu subtil und für die Literatur zu tiefgründig ist. Lehrstühle an Universitäten hat man zu Sitzen einer feindlichen Tradition gemacht. Zeitungsschreiber haben Tag um Tag den Geist unzähliger Leser mit Theorien angefüllt, die seinen Rechtsanspruch umstoßen sollen ... Man sagt uns, das Gewissen sei nur

AMBROSE ST JOHN. DIED MAY 24.1875.
JOHN HENRY CARDINAL NEWMAN
BORN FEB 21.1801. DIED AUG 11.1890.

Newmans Grab beim Exerzitienhaus der Oratorianer in Rednall bei Birmingham. Er ist im Grab seines Freundes Ambrose St. John beigesetzt.

eine Eigentümlichkeit von primitiven und ungebildeten Menschen, seine Einsprechungen seien nur Einbildung, sogar der Begriff der Schuld, den jene Einsprechung mit Nachdruck geltend macht, sei einfach irrational. Wie kann es, so fragt man, eine Willensfreiheit geben, wie eine sich daraus ergebende Verantwortung in jenem endlos ewigen Netzwerk von Ursache und Wirkung, in dem wir hilflos gefangen liegen? Und welche Vergeltung haben wir zu fürchten, wenn wir keine wirkliche Wahl hatten, das Gute oder das Böse zu tun?«

Aber auch jenseits der Wissenschaft unter dem Volk, auch dort, wo von Menschenrechten die Rede ist, wird ein ganz anderer als der auf Gott bezogene Begriff des Gewissens vertreten. »Wenn die Menschen die Rechte des Gewissens verteidigen, dann meinen sie in keiner Weise damit die Rechte des Schöpfers, noch die Verpflichtung des Geschöpfes ihm gegenüber in Gedanken und Taten; sie verstehen vielmehr darunter das Recht zu denken, zu sprechen, zu schreiben und zu handeln, wie es ihrem Gutdünken oder ihrer Laune paßt, ohne dabei irgendwie an Gott zu denken... Man nimmt an, jeder habe einen Freibrief darauf, eine Religion zu haben oder nicht, sich dieser oder jener anzuschließen und sie dann wieder aufzugeben... (Das Gewissen) ist das Recht auf Eigenwillen (geworden).«

Anders Newman: Gewissen als Echo der Stimme Gottes im Menschen mit prophetischen, königlichen und priesterlichen Zügen: das gebildete und kultivierte Gewissen ist der Grund, auf den sich sowohl staatliche wie auch kirchliche und in diesem Fall auch päpstliche Autorität allein stützen kann. Sonst gibt es keinen Grund im einzelnen Menschen und seiner Freiheit. Es wäre ein Mißverständnis von Gottes Schöpfung und Erlösung, wenn man zwischen dem Gewissen, das in den Bereich der Natur und Schöpfung gehört, und der Kirche, die zu der Erlösungs- und Befreiungsinitiative Gottes gehört, einen Gegensatz konstruieren würde. Denn schließlich ist die Kirche zum Schutz und zur Überlieferung des Evangeliums Gottes gestiftet und erhalten worden.

In lapidarer Zusammenfassung sagt deshalb Newman: »Spräche der Papst gegen das Gewissen im wahren Sinne des Wortes, dann würde er Selbstmord begehen. Er würde sich den Boden unter den Füßen wegziehen. Seine eigentliche Sendung besteht darin, das Sittengesetz zu verkünden und jenes ›Licht‹ zu schützen und zu stärken, ›das jeden Menschen erleuchtet, der in diese Welt kommt‹ (Joh 1).« Wenn schon das Vierte Laterankonzil von 1215 den Grundsatz prägte: »Was gegen das Gewissen geschieht, führt zur Hölle«, dann ist damit auch gesagt, daß ein katholischer Christ in

konkreten Fällen seines Handelns nicht gegen sein Gewissen als die letzte verbindliche Instanz für sein Tun handeln darf. Dies gilt auch und gerade, wenn bestehende Gesetze oder die Gebote Vorgesetzter dagegen sprechen.
In wünschenswerter Anschaulichkeit und Prägnanz gibt Newman am Ende seiner Ausführungen über das Gewissen eine Zusammenfassung in einer Anmerkung, die zweifellos ihn selbst schon zu einem tiefsinnigen Schmunzeln gebracht haben wird. »Ich füge noch folgende Bemerkung hinzu: Wenn ich genötigt wäre, bei Trinksprüchen nach dem Essen ein Hoch auf die Religion auszubringen (was freilich nicht ganz das Richtige zu sein scheint), dann würde ich trinken: auf den Papst – jedoch zuerst auf das Gewissen – und dann erst auf den Papst.«
In den folgenden Kapiteln seines »Briefes an den Herzog von Norfolk« erläutert Newman den Stellenwert des Unfehlbarkeitsdogmas und belegt seine eigene theologische Meinung, daß es sich dabei um einen klar umgrenzten Geltungsbereich handle und um eine Vollmacht, die ganz *in den Dienst* an der Offenbarungsüberlieferung hineingebunden ist. Der Papst »ist durch die göttliche Offenbarung und durch die Wahrheiten, die jede Offenbarung enthält, gebunden und begrenzt. Er ist gebunden und begrenzt durch die Glaubensbekenntnisse, die schon in Kraft sind, und durch die vorhergegangenen Lehrentscheidungen der Kirche. Er ist gebunden und begrenzt durch das göttliche Gesetz und durch die Verfassung der Kirche. Und endlich ist er gebunden und begrenzt durch jene göttlich geoffenbarte Lehre, die bestätigt, daß es neben der religiösen Gesellschaft eine bürgerliche Gesellschaft, neben der kirchlichen Hierarchie die Gewalt menschlicher Behörden gibt, die auf ihrem Gebiet mit voller Souveränität ausgestattet sind ...« Die uralte Vollmacht der Unfehlbarkeit der Kirche, die jetzt auf der Ebene der Lehramtsspitze zusätzlich definiert worden sei, werde wie bisher so auch in Zukunft »verhältnismäßig selten zur Anwendung« kommen. Man müsse als Theologe bei der Auslegung dieses Glaubenssatzes und aller anderen nach dem *Minimalismusprinzip* vorgehen und Glaubensdefinitionen zum Schutz der Wahrheit des Evangeliums, und nicht als Quellen zur Schaffung neuer Glaubenswahrheiten interpretieren.
Noch einmal kam Newman am Schluß seines Briefes auf die Gefahr zu sprechen, die in den Übertreibungen der ultramontanen Ausleger des Dogmas zum Ausdruck gekommen war, die sowohl der gesunden Lehre als auch dem Herzensfrieden der Gläubigen einen Bärendienst erwiesen hatten. »Ich möchte bemerken, während ich *einen* Papst von göttlichem Recht anerkenne, anerkenne ich

keinen zweiten, und ich halte es für eine Anmaßung, zu böswillig, als daß man sich mit Recht dabei aufhalten bräuchte, wenn Einzelpersonen in der Diskussion über religiöse Inhalte ihr eigenes privates Urteil ins Spiel bringen, nicht allein zum Zweck, um ihre Meinung überschwenglich darzustellen, sondern auch um das private Urteil anderer mit dem Bann zu belegen.«

Die *Reaktionen auf Newmans Buch* an den Herzog von Norfolk waren von großer Intensität und Freundlichkeit. William Ewart Gladstone antwortete mit seinem Dank an Newman für die »geniale und edle Art, in der Sie mit mir umgegangen sind... Ihr Geist hat selbst die peinlichen Themen mit einem goldenen Glanz umkleidet.« Was immer Newman in die Hand nehme, gewinne Bedeutsamkeit, und er sei mit dieser Abhandlung noch über die unvergeßlichen »klassischen Werke der englischen Theologie«, wie sie seine »Pfarr- und Volkspredigten« und seine Geschichte der »Arianer des 4. Jahrhunderts« darstellen, hinausgewachsen.

Innerhalb von wenigen Wochen war die Kampagne der Presse gegen die Papstkirche beendet und hatte sich der Ton in der Öffentlichkeit geändert. Da ging auch Manning auf Reaktionen aus Rom nicht ein, wo man sich unter anderem daran gestoßen hatte, daß Newman zwar »von der reinen und klaren Atmosphäre um den Gipfel des Felsen des Heiligen Petrus« geschrieben hatte, aber auch »von viel römischer Malaria an seinem Fuß«. David Moriarty, der Bischof von Kerry in Irland, sandte seinen Dank »für den Gnadenstoß, den Sie der Partei derer gaben, die nur Katholiken sein ließen, wer mit der Dublin-Review und dem Tablet übereinstimmt«. Eine Vielzahl von Äußerungen aus Kreisen von Bischöfen und Priestern ging im Oratorium ein. Kardinal Cullen von Dublin verwies in einem Hirtenbrief die Gläubigen auf die Schrift Newmans und nannte ihn dabei »den großen, frommen und gelehrten Rektor der katholischen Universität, den Irland immer verehren wird«.

Die ihm von der Vorsehung zugedachte Aufgabe war Newman nach langer Zeit der Suche und Entstehung erneut zuteil geworden. Zur Unterstützung und Bestätigung der von ihm vorgetragenen theologischen Darstellung des Dogmas von der Unfehlbarkeit ließ Newman das Buch Bischof Josef Fesslers über »Die wahre und falsche Unfehlbarkeit der Päpste« (Wien 1871) übersetzen und herausgeben. Fessler war der Generalsekretär des Ersten Vatikanischen Konzils gewesen und seine Darstellung einer gemäßigten Auslegung des Dogmas wurde von Pius IX. selbst empfohlen. Ambrose St. John war es, der dieses Buch unter Einsatz vieler Nachtstunden übersetzte. Im nachhinein konnte Newman sagen, er habe sich dabei überarbeitet. Am 24. Mai 1875 starb Ambrose St. John völlig unerwartet mit erst 60 Jahren. Für Newman war dies ein unersetzlicher Verlust; denn er war der Letzte derer gewesen, die schon in Littlemore mit ihm zusammen gewesen waren. An fast allen Unternehmungen der über 30jährigen Strecke des gemeinsamen Lebens im Oratorium hatte er Anteil genommen. Die Flut der Kondolenzschreiben machte Newman die Beliebtheit von Father Ambrose schmerzlich bewußt; sie waren für ihn ebenso Anlaß zu Trost wie zu Trauer. Beim Totengottesdienst sei die Kirche voller Leute gewesen. Einer der Teilnehmer, ein Schüler der St. Philip-Grammar-School, war der damals neunjährige Denis Sheil (1866–1962), der später selbst Mitglied des Oratoriums wurde. Da er das hohe Alter von 96 Jahren erreichte, bildete er in vielem das lebendige Verbindungsglied von der damaligen Zeit zu uns Newman-Forschern heute. Er berichtete, daß Newman am Ende des Gottesdienstes bei den letzten Segensgebeten vor dem Sarg von Father Ambrose die Fassung verloren und geweint habe. Da sei ein Geräusch durch die Gemeinde gegangen, was er als Junge zunächst für ein Kichern hielt, bis er merkte, daß die Leute alle weinten.

Im März desselben Jahres 1875 war Henry Edward Manning zum Kardinal ernannt worden. Newman gratulierte ihm: »Ich bitte Sie, die Glückwünsche von mir und diesem ganzen Haus zu Ihrer jüngsten Beförderung entgegenzunehmen. Es muß für Sie eine große Belohnung bedeuten, dieses Zeichen des Vertrauens, das der oberste Pontifex in Sie setzt, zu erhalten... Was die protestantische Welt angeht, so ist es verblüffend, den Kontrast zu beobachten zwischen den Umständen, unter denen Sie bekleidet mit dieser besonderen Würde heimkehren, und den Gefühlen, die in England vor 25 Jahren anläßlich der gleichen Erhebung Ihres Vorgängers Kardinal Wiseman ausgelöst wurden...« – Manning antwortete: »Ich kam heute morgen um sieben Uhr zu Hause an (von Rom) und fand Ihren Brief unter vielen anderen. Aber ich beantworte ihn zuerst, um Ihnen zu versichern, wie sehr ich die Freundlichkeit spüre, die Sie veranlaßte zu schreiben... Sie haben den Punkt berührt, der in den letzten Wochen in meinem Geist gewesen ist. Ich hatte so große Angst, daß etwas das Wohlwollen stören könnte, das in behutsamer Weise in der öffentlichen Meinung zu uns gewachsen war, so daß ich dem Heiligen Vater schrieb und sagte, daß ich in einem solchen Fall nicht urteilen oder entscheiden könne.«

Für Newman, den genialen und sensiblen Denker und Kronzeugen der Gewissenskraft seiner Zeit hatte die Kirche Pius' IX. keine solche Führungsposition zu vergeben. Aber hatte sie das überhaupt für einen der Großen von damals: für Antonio Rosmini (1797–1855), den philosophischen Theologen und Ordensgründer, für Johann Baptist Hirscher (1788–1864), den pastoral denkenden Katechetiker und Moraltheologen der Tübinger Schule, der (1848) synodales Zusammengehen der Laien mit den Bischöfen vorgeschlagen hatte, für Ignaz von Döllinger, den bedeutendsten Kirchenhistoriker seines Jahrhunderts u. a. m.? Einfache und kraftvolle Pragmatiker wie H. E. Manning und Paul Cullen kamen da besser zum Zug. Allerdings blieb auf diese Weise die Förderung von Führungsqualitäten in der Kirche für die Auseinandersetzung mit der Zukunft auf der Strecke. Es ist bezeichnend, daß erst unter Leo XIII. sowohl die für die Theologiegeschichte grundlegende Enzyklika über Thomas von Aquin »Aeterni Patris« vom August 1879 als auch die für die sozialen Mißstände des 19. und 20. Jahrhunderts maßgebliche Sozialenzyklika »Rerum Novarum« vom Mai 1891 erschienen. Newmans eigener Kommentar zu der Tatsache, daß seine weitschauenden Fähigkeiten von den maßgeblichen Leitern der Kirche eher abgelehnt als eingesetzt wurden: »Wenn die Dinge scheinbar ungeschickt angefaßt werden, ist es meine Aufgabe, nicht Kritik zu üben, sondern Gott zu glauben. Der 131. Psalm ist es, der für mich paßt...: »Herr, mein Herz ist nicht stolz... Ich gehe nicht mit Dingen um, die mir zu wunderbar und zu hoch sind... Wie ein kleines Kind bei der Mutter ist meine Seele still in Dir.«

In den Jahren 1876/77 war Newman mit der Neuherausgabe seiner Werke beschäftigt, besonders mit dem »Prophetischen Amt der Kirche«, zu dem er ein umfangreiches Vorwort verfaßte, das in sich selbst eine bedeutende Abhandlung über das Verhältnis von Lehramt und Theologie darstellt. – Ansonsten ging sein Leben zwischen pastoralen Pflichten, dem Abnehmen von Examina in der Oratoriumsschule und dem Kontakt mit zahlreichen Korrespondenten und Besuchern seinen stillen Gang. In einer Tagebuchaufzeichnung bringt er seine Verwunderung darüber zum Ausdruck, wie ungerecht ihm mitgespielt wurde, als sich seine Absichten nirgendwo verwirklichen ließen, obwohl sie nicht zur Erfüllung seines persönlichen Ehrgeizes, sondern zur Überwindung kirchlicher Mißstände gedient hatten. »Ich fühlte das sehr deutlich; ich war empört, daß man nach all meinen sorgfältigen und nicht erfolglosen Versuchen, die katholische Sache an meinem Platz und nach Maßgabe meiner Kräfte zu fördern, über mein allererstes Versehen (im ›Rambler‹), wenn es überhaupt eines war, herfallen mußte; dagegen hat man meine früheren Dienste weder freundlich vermerkt, als sie geleistet wurden, noch jetzt als mildernde Umstände gelten lassen... Ich habe tatsächlich von Anfang an geahnt, daß ich für das, was ich tue, keinen Dank ernten würde...«

Im Rückblick auf die Aufzeichnungen, die er in seinem Tagebuch sozusagen als Gespräch seiner Seele mit Gott und als Selbstgespräch vorgenommen hatte, verabschiedete und distanzierte er sich von ihnen: »Ich bin unzufrieden mit dem ganzen Inhalt dieses Tagebuches. Mehr oder weniger ist es eine einzige Klage vom einen Ende bis zum andern. Aber es zeigt, welches meine wahre Geistesverfassung war und mein Kreuz.
Oh, welch leichtes Kreuz – wenn man bedenkt, was andere für Kreuze haben!... Ich habe in hohen Kreisen keine Anerkennung gefunden, das ist wahr. Doch welch herzliche und freundliche Briefe habe ich persönlich erhalten! Und wie viele! Und wieviel Anerkennung in der Öffentlichkeit! Wie undankbar bin oder wäre ich, wenn mich solche Briefe und solche Zeugnisse nicht zufriedenstellen könnten!«
Aus diesem Jahr 1876 stammt eine testamentarische Notiz Newmans vom 23. Juli. »Geschrieben im Angesicht des Todes«. Schon im März 1864, kurz bevor er die Antwort von Charles Kingsley erhielt und seinen Plan der »Apologia« entwarf, hatte Newman die Erfahrung des nahenden Todes, ohne daß man weiß, in welcher Weise und wodurch. Man fand nach seinem Tod die Aufzeichnung darüber unter seinen Papieren. »Am 13. März 1864, Passionssonntag, 7 Uhr morgens: ich schreibe im Angesicht und in der Erwartung des Todes. Vermutlich ahnt dies niemand im Hause, noch sonst jemand außer den Ärzten. – Ich schreibe unverzüglich, denn nach meinem körperlichen und geistigen Empfinden ist es mir jetzt gerade so, als ob mir überhaupt nichts fehle; aber ich weiß nicht, wie lange dieser vollkommene Besitz meines Wohlbefindens und meiner Kraft dauern wird. –
Ich sterbe im Glauben an die Eine Heilige Katholische und Apostolische Kirche. Ich hoffe, sterben zu können wohl vorbereitet und gestärkt durch den Empfang der ihr von unserem Herrn und Heiland Jesus Christus anvertrauten Sakramente und in der Gemeinschaft der Heiligen, die Er bei seiner Himmelfahrt eingesetzt hat und die kein Ende haben wird. Ich hoffe zu sterben in der Kirche, die unser Herr auf den Heiligen Petrus gegründet hat und die bis zu seiner Wiederkunft dauern soll...
Und ich bete zu Gott, daß er uns alle im Himmel zu den Füßen der Heiligen wieder vereine. Nach seinem Vorbild, der so eifrig den Verirrten nachgeht, bitte ich ihn inständig, sich jener zu erbarmen, die außerhalb der wahren Kirche leben, und sie zu ihr zurückzuführen, ehe sie sterben. J. H. N.«
Jetzt, im Sommer 1876, ein Jahr nach St. Johns Tod, schrieb Newman für Father William Neville (1824–1905), der als sein per-

sönlicher Sekretär an die Stelle von Ambrose getreten war, Anweisungen für seinen Tod. »Ich wünsche von ganzem Herzen, im Grabe von Father Ambrose St. John begraben zu werden; das ist mein letzter, unwiderruflicher Wille.
Wenn eine Tafel im Kreuzgang aufgestellt wird, so wie die drei, die schon dort sind, hätte ich gern die folgende Inschrift, falls das Latein gut ist und sonst kein Einwand erhoben wird: Johannes Henricus Newman. Ex umbris et imaginibus in veritatem (aus Schatten und Bildern in die Wahrheit). Die ... A. S. 18 ... Requiescat in pace.« Fünf Jahre später angesichts seines 80. Geburtstags, im Februar 1881, wurde diese Anordnung von ihm »bestätigt und bekräftigt und aufs neue angeordnet«.
Newman war mit seinen 75 Jahren in einem Alter, in dem er jederzeit des Endes seines Lebens gewärtig sein mußte und wollte. Er hatte die großen Zusammenhänge seines Lebens in der »Apologia« zur Darstellung gebracht. Er arbeitete an der Gesamtausgabe seiner Werke. Der Bogen seines Lebens schien sich ohne weitere Ereignisse dem Ende zuzuneigen. »Gott wird vorsorgen« (Deus providebit), das war der häufige geistliche Kommentar in seinem Leben.

VII. KAPITEL
SPÄTE EHRUNG (1877–1890)

»Aus Schatten und Bildern in die Wahrheit.«

Innerhalb weniger Monate, zwischen Dezember 1877 und März 1879, änderte sich der Status der öffentlichen Anerkennung Newmans grundlegend. Das gilt im Hinblick auf seine Einschätzung in der akademischen Welt Englands, aus der er 1845 mit dem Verzicht auf das Fellow-Amt in Oriel seinen Abschied genommen hatte, als er vor Weihnachten 1877 durch die Fellows von Trinity College die Mitgliedschaft eines Honorary Fellow (Ehrenfellowschaft) angeboten bekam; und das gilt in bezug auf seine Anerkennung durch die katholische Weltkirche, als Leo XIII. im März 1879 Newman mitteilen ließ, er werde ihn in das Kardinalskollegium aufnehmen.

Fellow von Trinity

Am 14. Dezember 1877 erreichte Newman ein Schreiben des Präsidenten von Trinity College, Samuel Taylor Wayte, in dem es hieß: »Ich bin beauftragt, Ihnen zu sagen, daß es der Wunsch dieses College ist, Sie mit der Stellung eines Ehren-Fellows des College zu erfreuen, wenn Sie sie annehmen. Ich möchte dazu erwähnen, daß Sie in diesem Falle der erste wären, bei dem das College von der Vollmacht Gebrauch macht, die ihm 1857 verliehen worden ist, und daß man zur Zeit nicht erwägt, einen anderen Ehrenfellow zu erwählen.« Spontan antwortete Newman noch am selben Tag, an dem er den Brief erhalten hatte, dem Präsidenten in einem privaten Schreiben, daß er »keine Ehrung persönlicher empfinden könne«; und »Trinity-College ist und war immer in meinen Gedanken. Bilder seiner Gebäude befinden sich an der Seite meines Bettes und bringen mir morgens und abends die Tage meiner Studienzeit vor Augen…« Doch habe er zuerst einige Bedenken abzuklären, bevor er die ihm zugedachte Ehre annehmen könne. Unter anderem mußte er nach der Regel des Oratoriums seine Mitbrüder fragen, und er wandte sich auch an seinen Bischof Bernard Ullathorne. Er wolle hören, ob es Schwierigkeiten gäbe, so fragte er den Bischof, wenn er sich in einem College und an einer Universität zum Fellow ernennen lasse, wo nach dem Willen der katholischen Bischöfe

Englands junge Katholiken sich nicht immatrikulieren dürfen. Dabei ließ Newman keinen Zweifel, daß er dieses Ansinnen der College-Leitung von Trinity als »eine sehr große Ehrung, vielleicht die größte, die ich je erhalten habe«, betrachte. Der Stellenwert von Trinity-College in seiner Lebensgeschichte mit Gott und den Menschen kam ihm vor Augen, als er dem Bischof schrieb: »Trinity College war der eine und einzige Platz meiner Zuneigung in Oxford; und noch einmal zu sehen, bevor ich von dieser Welt genommen werde, was ich nie dachte, wiederzusehen –: den Platz, wo ich den Kampf des Lebens begonnen habe mit meinem guten Engel an meiner Seite, das ist eine Aussicht, die für mich fast zu viel zu ertragen ist.« Der Bischof sah die Sache großzügig und nüchtern. Er beglückwünschte Newman nicht nur von Herzen; sondern meinte auch, daß die Leute von Trinity »sich selbst am meisten ehren, indem sie Ihren Namen neu mit dem Trinity College verbinden«. Ansonsten konnte er keinen Einwand sehen, den man berechtigterweise gegen Newmans Annahme der Ehrung erheben könne, auch wenn es immer Leute gebe, die die unschuldigsten Dinge mißverstünden. So stimmte Newman der Ehrenpromotion zu. Noch vor Weihnachten sandte er ein offizielles Dankschreiben an den Präsidenten des College, in dem es unter anderem heißt: »Ich nehme mit ganzem Herzen eine Ehrung an, die für mich eine ebenso große Überraschung wie Freude darstellt.«
Als dann im Februar 1878 die Zeitungen darüber berichteten und er seinem Besuch zu einem Festbankett im Trinity unmittelbar entgegensah, löste das Ganze in ihm große Aufregung und Beunruhigung aus. Beim Festessen im großen Saal des College, der »Hall«, hielt Newman eine einfache Tischrede, in der er unter anderem auf seinen alten Tutor, Thomas Short, zu sprechen kam. Er hatte ihn, den inzwischen 87jährigen und halb erblindeten Greis, im selben Zimmer besuchen können, in dem er einst als Student von ihm aufgemuntert und angespornt worden war. »Er war mein Sekundant gewesen, als ich in Oriel zur Bewerbung um die Fellow-Stelle antrat.« Und Newman erzählte die Geschichte von jener Mahlzeit mit den Lammkoteletten, die Short mit ihm geteilt hatte, als er gerade ein Tief hatte und in Oriel aufgeben wollte. –
Eine Mischung von Freude und Wehmut sei von Newman ausgegangen, so beobachtete ihn James Bryce, einer der Teilnehmer an der Feierlichkeit. Newman selbst empfand die Fellows als »eine erfreuliche Gruppe von Leuten, sehr freundlich zu mir, aber ich glaube sehr weit von der Kirche entfernt.« Auch im gerade neu gebauten Keble-College wurde Newman freundlich empfangen und herumgeführt. Er hatte noch Zeit, Edward B. Pusey zu besuchen,

»den ich seit 1865 nicht gesehen habe und der viel älter ausschaut«.
Im April des Jahres wurden in der »Times« Reden von verschiedenen Anlässen in Oxford veröffentlicht, in denen Newmans Bedeutung für die Universität hervorgehoben wurde. Der Senior-Proctor Henry George Woods brachte Newmans Rückkehr zu seiner alten Wirkungsstätte »nach den rauhen Stürmen des Lebens als freundlichen Traum« in Erinnerung. William Ewart Gladstone hatte bei seiner Rede zur Eröffnung der Bibliothek im Keble-College unter dem Beifall der Festgäste gesagt: Der Geschichtsschreiber der Oxford-Bewegung werde berichten müssen, »daß Dr. Newman über einen Zeitraum von etwa einem Jahrzehnt nach 1833 einen großen Einfluß, einen absorbierenden Einfluß auf die größten Geister... dieser Universität ausgeübt hat, für den es vielleicht keine Parallele in der akademischen Geschichte Europas gibt, es sei denn, daß man bis ins 12. Jahrhundert oder an die Universität von Paris zurückgeht. Wir wissen, daß sein Einfluß getragen war von der außerordentlichen Lauterkeit seines Charakters und von der Heiligkeit seines Lebens...«
Im selben Monat April 1878 war auch ein deutscher Kirchenhistoriker und entfernter Freund von Ignaz von Döllinger am Oratorium in Birmingham eingekehrt. Franz Xaver Kraus, Mitglied der theologischen Fakultät der Freiburger Universität, wurde von Newman mit großer Liebenswürdigkeit empfangen und zum Abendessen im Oratorium eingeladen. In seinem Tagebuch hielt er einige seiner Eindrücke fest; so Newmans Bemerkung, daß der neue Papst Leo XIII., der im Februar auf Pius IX. gefolgt war, sein Amt nicht absolutistisch verstehe, sondern sich in seiner ersten Ansprache des Rates und der Hilfe der Kardinäle versichert habe. »Mit innigster Teilnahme erkundigte sich Newman nach Döllinger...« Besonders hebt Kraus in seinem Tagebucheintrag die Ausstrahlung Newmans hervor: »Newmans Persönlichkeit machte einen sehr nachhaltigen Eindruck auf mich. Wie ist da alles fertig, alles aufgegangen in Denken und Erfüllung der Pflicht! Diese ehrwürdigen Züge, wie aus Bronze gegossen, so unendlich ernst und doch so mild, dies herrliche Auge schnitt mir in die Seele und frug mich: Warum gibst du, mein Sohn, dein Herz nicht ganz deinem Gott? Noch heute bin ich erschüttert durch diesen Anblick.«
Ansonsten war Newman in dieser Zeit mit der *Ausbildung der Novizen* des Oratoriums befaßt, denen er theologische Grundlagen »über die Glaubenslehre« vermittelte. Neuerdings waren fünf Novizen in die Kommunität des Oratoriums eingetreten. In einer Ansprache aus Anlaß der Feier des 30jährigen Bestehens zu Maria

Lichtmeß 1878 stellte Newman den Zusammenhang her zwischen der Generation derer, die aus Maryvale gekommen waren, und den Neulingen. Jetzt sei man erstmals in einem normalen Zustand in der Kongregation des Oratoriums, betonte er. Denn die Aufeinanderfolge der Generationen sei das Prinzip und Gesetz für ihre Existenz. Er zeichnete bei dieser Gelegenheit die Umrisse der Oratorianer-Gemeinschaft, wie er sie in ihrer Regel begründet sah. »Es gibt keine wirkliche Sukzession (Nachfolge) ohne Fortsetzung dessen, was vorher gewesen war; es gibt keine Identität (der Gemeinschaft), wenn ihre Elemente ganz verschieden und widersprüchlich sind. Aus diesem Grund habe ich nie ein großes Oratorium gewollt, habe es nie gemocht. Zwölf aktiv tätige Priester waren die Grenze meines Ehrgeizes. Man kann nicht viele Menschen zu gleicher Zeit lieben; man kann nicht viele wirklich zu Freunden haben. Ein Oratorium ist eine Familie und ein Heim, ein häuslicher Kreis, wie das Wort besagt: eingebunden und abgerundet. Eine Familie kann man zählen; nur da finden sich die ›bekannten Gesichter‹, wie die Regel besagt. Eine große Gruppe kann kaum anders als von ihrer Zahl her auseinanderfallen... Wir sollten in Angelegenheiten, die die Gemeinschaft betreffen, danach streben, aus *einem* Geist zu handeln; wenn möglich die Bildung von Mehrheiten vermeiden und zu denen, die die Minderheit bilden, behutsam sein...«
Im Sommer ging Newman nicht außer Haus zu Besuchsreisen bei Freunden oder Verwandten wie im Jahr zuvor. Er begann Ende August mit der Revision seiner Übersetzungen des Heiligen Athanasius und begleitete eine Auswahlausgabe von 50 Predigten, die William J. Copeland in der Anordnung des Kirchenjahres herausgab.

Kardinal der Heiligen Römischen Kirche (1879/80)

Der Wunsch und die Initiative, Newman durch die Erhebung zum Kardinalat in einzigartiger Weise auszuzeichnen, scheint von zwei Seiten zu gleicher Zeit ausgegangen zu sein: von katholischen Laien in England und vom neuen Papst in Rom, Leo XIII. Die beiden führenden Köpfe unter der katholischen Laienschaft Englands, der Herzog von Norfolk und der Marquis von Ripon, der spätere Vizekönig von Indien, wandten sich im Sommer 1878 in dieser Angelegenheit an Kardinal H. E. Manning. Zuvor schon hatte sich der Herzog bei seinem Cousin, dem englischen Kurienkardinal Edward Henry Howard (1829–1892), erkundigt, als dieser im Juli 1878 in London zu Besuch weilte. Ihm gaben sie auch einen Brief an den Kardinal-Staatssekretär Lorenzo Nina (1812–1885) mit, den Manning nach dem Gespräch mit den beiden Laienvertretern entworfen hatte. Darin wurde unter anderem über Newman gesagt: »Die Hochschätzung seiner Fähigkeiten, seiner Gelehrsamkeit und seines von einzigartiger Frömmigkeit und Integrität gekennzeichneten Lebens wird von der nichtkatholischen Bevölkerung dieses Landes fast ebenso geteilt wie von den Mitgliedern der katholischen Kirche. Für den neuen Aufstieg und die Wiedererwekkung des katholischen Glaubens in England wird sein Name in der Geschichte in der Weise herausragend stehen.«

Doch der Herzog von Norfolk kam noch vor seinem Verwandten bereits Anfang Dezember zu einer päpstlichen Audienz nach Rom und trug die Anliegen der englischen Katholiken dem Papst persönlich vor. Die Einstellung Leos XIII. wird aus einem Gespräch deutlich, das Lord Selborne (Roundell Palmer 1812–95) im Oktober 1887 mit dem Papst hatte. Als die Rede auf Newman kam, habe der Papst wörtlich gesagt: »Mein Kardinal: Es war nicht leicht... Sie sagten, er sei zu liberal, aber ich hatte beschlossen, indem ich Newman ehren würde, die Kirche zu ehren. Ich hatte immer eine Verehrung für ihn. Ich bin stolz, daß ich einen solchen Mann ehren konnte.«

In der Tat fragte der Staatssekretär des Papstes im Januar streng vertraulich bei Manning an, ob Newman die Erhebung zum Kardinal annehmen würde. Diese Anfrage wurde Newman selbst durch Bischof Ullathorne übermittelt. Newman war am entscheidenden Tag krank und mußte einen der Patres des Oratoriums zu Ullathorne nach Oscott schicken, um den geheimnisvollen Brief in Empfang zu nehmen. Dann war er mit der Anfrage allein. Im nachhinein berichtet er einem Bekannten, es sei »die durchdringendste Prüfung..., vielleicht die größte, die ich in meinem Leben hatte«, gewesen. Denn Newman mußte damit rechnen, bei der Annahme dieser einzigartigen Ehrung durch den Papst als Kurienkardinal nach Rom berufen zu werden. Das war für ihn in der jetzigen Situation des Oratoriums, wo er für die Anleitung der Novizen unentbehrlich war, und bei seiner seit Jahren delikaten Gesundheitssituation mehr als schwierig. Zudem wußte er nicht, ob er sich mit seinen bald 80 Jahren noch an ein anderes Klima gewöhnen könnte. Gewiß gab es in der Geschichte der Kirche die ganz seltenen Ausnahmen, daß ein Kardinal, der kein residierender Bischof war, nicht zu einem Amt an der römischen Kurie berufen wurde, sondern an Ort und Stelle weiterarbeiten durfte. Aber Newman hielt es für undenkbar, von sich aus dem Papst, den er persönlich ja noch gar nicht kannte, Vorschläge zu unterbreiten, wie das Angebot des Kardinalats in seinem Falle zu gestalten sei. So formulierte er seine lateinische Antwort als Dank für die große Würde und übergab den Brief auf dem Dienstweg zunächst Bischof Ullathorne, mit dem er über die Sache vertraulich sprechen durfte. Er hoffe, der Papst halte ihn nicht für unhöflich, wenn er zu seinem Bischof, der ihn ja gut kenne, sage – so leitete Newman mit der gebotenen Feierlichkeit der Sprache seinen Brief ein –, »daß ich die große Ehre, die der Heilige Vater in seiner wunderbaren Güte mir in meiner Mittelmäßigkeit zu verleihen gedenkt, als etwas betrachte, was meine Begriffe weit übersteigt – eine Ehrung, die so herausragend und unvergleichlich ist, daß seine Heiligkeit keine größere zu vergeben hat«. Daß die ihm zugedachte Ehrung »plane supra captum«, d.h. »einfachhin über sein Begreifen« und seine Fähigkeiten gehe, begründete Newman unter anderem mit dem Hinweis, »auf meine schwache Gesundheit, meine nahezu 80 Jahre, meinen zurückgezogenen Lebenswandel seit meiner Jugend, meine Unkenntnis fremder Sprachen und meine mangelnde Geschäftserfahrung«. Darum bittet er den Papst, ihn »sterben zu lassen, wo ich so lange gelebt habe. Da ich von jetzt an weiß, daß seine Heiligkeit freundlich über mich denkt, was kann ich mehr wünschen?«

Ullathorne, der inzwischen Newmans Gründlichkeit der Gedanken und Lauterkeit der Gefühle kannte, fügte nach dem Gespräch zu Newmans Brief ein eigenes Schreiben an Manning hinzu, das die Situation und Einstellung Newmans genau erläuterte. Darin heißt es unter anderem: »Dr. Newman hat einen viel zu demütigen und feinen Geist, als daß er im Traum daran denken würde, etwas zu sagen, was wie ein Hinweis darauf aussehen könnte, er sei mit dem Papst auf gleicher Ebene... Ich bin durchaus zuversichtlich, daß seiner dankbaren Annahme (des Kardinalats) nichts im Wege steht, außer... daß er sein Oratorium in einer kritischen Phase seiner Existenz verlassen müßte... Ich kann mir jedoch selbst nicht denken, daß dies die Absicht des Heiligen Vaters ist...«

Manning nahm Ullathornes Brief offensichtlich nicht zur Kenntnis; denn auf dem Weg nach Rom, wohin er im Februar 1879 für einige Wochen reiste, schrieb er aus Paris dem Herzog von Norfolk: »Dr. Newman hat aus vielen Gründen das Anerbieten abgelehnt: Alter, Gesundheit, Gewohnheiten etc. etc.« Er habe den Brief Newmans bereits nach Rom gesandt. Außerdem hatte er Newmans Angelegenheit in London nicht geheim gehalten; denn am 18. Februar veröffentlichte die »Times«, Newman sei vom Papst der Kardinalspurpur angeboten worden, aber er habe ihn abgelehnt.

»Kann es wirklich wahr sein«, ließ ein Londoner Priester und Freund Newmans, Henry Coleridge, fragen und als Quelle Man-

nings Generalvikar angeben, »daß Sie endgültig den Kardinalshut abgelehnt haben, der von so vielen englischen Katholiken für Sie als Wiedergutmachung und Anerkennung ... gewünscht wurde?«
Newman war in einer höchst peinlichen Lage. Er stand von Rom her unter dem Gebot der Schweigepflicht und Vertraulichkeit; zugleich aber mußte er befürchten, daß die Pressestimmen dem Papst zu Ohren kommen könnten und somit die offenkundig falsche Interpretation bestätigen würden, die seinem ehrfürchtig an den Papst gerichteten Schreiben »von irgend jemand zuteil geworden sein mußte, da er selbst ja nichts tat, um die Berichte und Gerüchte zu korrigieren.« Zahlreiche Freunde richteten Anfragen an ihn; doch er antwortete immer im Konjunktiv, um sein Schweigen nicht zu brechen, aber sie andererseits auch nicht hinters Licht zu führen. »Ich hatte immer gedacht, solche Mitteilungen seien heilig und es sei höchst ungesittet und (sozusagen) nicht die Art eines Gentleman zu sagen: ›Ich hatte ein Angebot, und ich habe es abgelehnt.‹ – Aber wie auch immer, was ist von denen zu halten, die statt den Papst selbst seinen eigenen Brief lesen zu lassen (in dem angenommenen Fall) . . , ihn auf halbem Wege abfangen, ihm ihre eigene Interpretation zuteil werden lassen und diese Interpretation in die Welt setzen?«
Es sah so aus, als würde Newman noch einmal – und das bei dieser so unvergleichlichen Chance seines Lebens – das Opfer von Indiskretionen und Mißverständnissen. Doch dieses Mal gab es Freunde, die sich der Sache tatkräftig annahmen. Kaum hatten der Herzog von Norfolk und der Bischof von Birmingham erfahren, wo die Ursache für das Mißverständnis lag, taten sie alles, um den verfahrenen Zug wieder in die richtige Richtung zu bringen. Ullathorne schrieb direkt an den Kardinalstaatssekretär Nina. »Als ich herausfand, daß man in London berichtete und glaubte, Newman sei vor dieser sehr großen Ehrung zurückgewichen und habe sie abgelehnt, begann ich zu befürchten, daß mein Brief, der die Sache erklärt, nicht nach Rom weitergeleitet worden ist.« Norfolk wandte sich ebenfalls nach Rom, direkt an Manning. »Ich hoffe sehr ernstlich, daß Sie in der Lage sind, dieser Sache von Father Newman einen zufriedenstellenden Verlauf zu geben. Es scheint jetzt allgemein bekannt zu werden, daß die Antwort, die nach Rom ging, keine eindeutige Weigerung war, und ich fürchte, man wird sagen, daß das Angebot in einer Weise gemacht worden war, daß es unannehmbar war... Was ich sehr hoffe, daß der Papst versteht, ist die Tatsache, daß nicht Father Newman es war, der etwas an die Öffentlichkeit kommen ließ, was zu diesen falschen Berichten führte.« Manning zeigte sich untröstlich: »Ein Mißgeschick scheint

über uns zu hängen«, schrieb er und berichtete: »Wir erklärten (dem Papst), daß Dr. Newman sich aus Feingefühl zurückhielt zu sagen, was er meinte.«

Der Papst gab Newman die Gewähr, daß er als Kardinal im Oratorium in England bleiben dürfe. Wobei der Papst wie anscheinend alle in Rom von dem dauernden Mißverständnis ausging, Newmans Oratorium sei in London; dieses Mißverständnis zeigt sich auch in den feierlichsten Schreiben der römischen Kurie und wurde erst nach dem öffentlichen Konsistorium ausgeräumt. – Nach dreieinhalb bangen Wochen kam nun das offizielle Schreiben des päpstlichen Staatssekretariats vom 15. März an Newman: »Da der Heilige Vater das Genie und die Gelehrsamkeit hoch schätzt, die Sie auszeichnen, sowie Ihre Frömmigkeit, den Eifer in der Ausübung des heiligen Dienstes, Ihre Ergebenheit und Zuneigung dem Heiligen Stuhl gegenüber und die besonderen Dienste, die Sie seit langer Zeit der Religion erwiesen haben, hat er entschieden, Ihnen einen öffentlichen und feierlichen Beweis seiner Hochachtung und seiner Güte zu geben. Deshalb würdigt er Sie, Sie zu den Ehren des Heiligen Purpur zu erheben...«

Newman bedankte sich nun bei den Kardinälen Manning und Nina. Und während er auf die Bekanntgabe des Termins für das nächste Konsistorium wartete, bei dem er in den Senat der Kirche Jesu Christi aufgenommen werden würde, kamen unzählige Glückwunschschreiben, die er jetzt ohne Umschweife beantwortete. Nun konnte er zum Ausdruck bringen, was für ihn entscheidend bei dieser Veränderung seiner Position innerhalb der Kirche war. »Natürlich ist es eine große Freude, all jene verschiedenen Verdachtsmomente über die Richtigkeit meiner Lehre... auf einen Schlag und ein für allemal weggewischt zu sehen.« – »Diese Änderung der Rechten des Höchsten (Ps 77,11)! All die Geschichten, die verbreitet wurden darüber, daß ich ein halber Katholik sei, ein liberaler Katholik, unter einer Wolke, nicht vertrauenswürdig, sind nun zu Ende. Der arme Ward kann mich nicht mehr einen Häretiker nennen und (zu Henry Wilberforce) nicht mehr sagen, es wäre ihm lieber, jemand würde nicht bekehrt als durch mich... Eine gütige Vorsehung gab mir die Chance, mich in meiner Apologia früheren Verleumdungen gegenüber zu reinigen, und ich wagte nicht, das zurückzuweisen. Und jetzt gab ER mir ein Mittel ohne irgendein Zutun von mir, mich in bezug auf andere Verleumdungen, die gegen mich gerichtet waren, ins Recht zu setzen – wie hätte ich eine so große liebende Freundlichkeit vernachlässigen dürfen?«

Auf die Glückwünsche des Domkapitels von London antwortete Newman: »Wie kann ich ein Lob zurückweisen, das so erfreuend ist? Wie kann ich annehmen, was nach meiner Kenntnis meiner selbst jenseits dessen ist, was ich von Rechts wegen beanspruchen darf?« Von Irland kam ein langer Brief, in dem Newmans Verdienste um die katholische Universität gewürdigt wurden, und das Eingeständnis: Newman allein wisse, »wieviel er von uns allen zu leiden hatte... während jener Jahre, als er bestrebt war, die Erneuerung der Bildung dieses Landes zu bewerkstelligen... Jene Bescheidenheit und edle Art, die ihm alle Herzen gewann, hinderte uns, unsere eigenen Fehler mit entsprechender Konsequenz einzuschätzen.«

Mitte April reiste Newman nach Rom. Aber das Wetter war so naßkalt in Italien, daß er mit einer Erkältung dort ankam. Seine erste Begegnung mit Leo XIII. war am 27. April. Er berichtete seinen Mitbrüdern nach Birmingham: »Der Heilige Vater empfing mich mit der größten Herzlichkeit – er hielt meine Hand in der seinen. Er fragte mich: ›Beabsichtigst Du, weiterhin Vorsteher im Haus von Birmingham zu bleiben?‹ Ich antwortete: ›Das hängt vom Heiligen Vater ab.‹ Dann sagte er: ›Gut, dann ist es mein Wunsch, daß Du weiterhin der Vorsteher bleibst‹, und er fuhr fort, ausführlich darüber zu sprechen, und sagte, daß es einen Präzedenzfall dafür bei einem der Kardinäle Gregors XVI. gebe. – Er stellte mir verschiedene Fragen – ob wir ein gutes Haus hätten? Wie unsere Kirche sei? Wieviele wir seien? Welchen Alters? Als ich sagte, wir hätten einige durch den Tod verloren, legte er mir seine Hand auf den Kopf und sagte: ›Weine nicht‹... Als ich mich verabschiedete, nahm er ein Exemplar meiner vier lateinischen Abhandlungen in der römischen Ausgabe entgegen. – Ich habe wirklich seinen Mund nicht für groß gehalten, bis er lächelte, und dann stellten sich die Mundenden auf, aber nicht ungefällig; er hat einen klaren weißen Teint, seine Augen sind etwas blutunterlaufen – aber das kann auch zufällig an dem Tag gewesen sein. Er spricht sehr langsam und klar und mit einer italienischen Art.«

Am 13. Mai war das geheime *Konsistorium,* zu dem Newman wie üblich vom Papst am Vortag eine Einladungskarte übersandt wurde. Newman nahm sie in den Gemächern von Kardinal E. H. Howard entgegen. Zu diesem feierlichen Akt hatten sich zahlreiche in Rom ansässige Engländer eingefunden. Newman hielt eine programmatische Rede (Biglietto-Rede), in der er auch das zentrale Anliegen seines Lebenswerkes zusammenfaßte. Einleitend sagte er, er habe in seinem langen Leben viele Prüfungen auferlegt bekommen, habe sie durchgestanden und habe sich in der letzten Zeit auf sein Ende vorbereitet. Jedenfalls habe er nie erwartet, noch Kardinal zu werden. Er habe auch keine besonderen Vollkommenheiten aufzuweisen, die ihn für diesen Stand geeignet machen würden. »Aber was ich getrost für all das von mir Geschriebene beanspruchen kann, ist folgendes: eine ehrliche Absicht, ein Verzicht auf jeglichen persönlichen Nutzen, einen Willen zum Gehorsam, eine Bereitschaft, mich berichtigen zu lassen, einen Abscheu vor Irrtum, einen Wunsch, der Heiligen Kirche zu dienen, und – durch Gottes Barmherzigkeit – ein gewisses Maß an Erfolg. Und ich freue mich, sagen zu können, daß ich mich von Anfang an einem großen Übel entgegengestellt habe. Über dreißig, vierzig, fünfzig Jahre lang habe ich mich unter vollem Einsatz meiner Kräfte dem Geist des Liberalismus in der Religion widersetzt. Niemals zuvor hatte die Heilige Kirche Streiter gegen ihn so bitter nötig wie jetzt, wo er wie ein Fallstrick als ein die ganze Erde umspannender Irrtum wirkt. Und bei diesem hohen Anlaß, bei dem es für jemanden, der sich an meiner Stelle befindet, natürlich ist, auf die Welt und auf die Heilige Kirche als einem Teil davon und auf deren Zukunft zu schauen, wird man es hoffentlich nicht für fehl am Platze halten, wenn ich den Protest gegen diesen Geist erneuere, den ich bereits so häufig erhoben habe. Liberalismus in der Religion ist die Lehre, daß es in der Religion keine positive Wahrheit gibt, sondern daß ein Bekenntnis so gut ist wie das andere, und dies ist die Lehre, die Tag für Tag an Einfluß und Macht gewinnt. Sie ist unvereinbar mit einer Anerkennung irgendeiner Religion als *wahr.* Sie lehrt, alles müsse toleriert werden, denn alles sei schließlich eine Sache der persönlichen Ansicht... Wenn jemand jeden Morgen eine neue Religion anlegt, was geht das Dich an? Es sei genauso ungeziemend, sich über die Religion eines Menschen Gedanken zu machen, wie darüber, woher er sein Einkommen bezieht oder wie er seine Familie leitet. Religion sei in keiner Weise das Band, das die Gesellschaft zusammenhält...« Newman sprach von den großen pragmatischen Prinzipien, die heutzutage den Platz der Religion einnehmen würden. Eine säkularisierte Erziehung setze auf Gerechtigkeit, Güte und Wahrheit. »Was Religion anbetrifft, so ist sie ein privater Luxus geworden, den man sich leisten kann, wenn man will, für den man aber natürlich bezahlen muß und den man anderen nicht aufzwingen darf... Man sollte keinen Augenblick meinen, ich hätte etwa Angst vor dieser Lage. Ich bedaure sie zutiefst, weil ich voraussehe, daß sie das Verderben so mancher Seele sein kann. Doch habe ich keine Angst, sie könne dem Wort Gottes, der Heiligen Kirche, unserem Allmächtigen König, dem Löwen des Stammes Juda, dem Treuen und Wahrhaftigen oder seinem Stellvertreter auf Erden irgendeinen ernsthaften Schaden zufügen. Das Christentum befand sich schon zu oft in einer vermeintlich tödlichen Gefahr, als daß wir nun eine neue Prüfung für es zu befürchten hätten ... In der Regel hat die Kirche nichts anderes zu tun als in Zuversicht und Frieden weiter die eigenen ihr zukommenden Pflichten zu erfüllen: stillzuhalten und auf die Erlösung Gottes zu blicken. ›Die Stillen werden das Land besitzen und sich der Fülle des Friedens erfreuen‹ (Ps 37, 11).«

Trotz seiner von der Krankheit geschwächten Konstitution war Newman, wenn es darauf ankam, voll den Situationen gewachsen. Seine große fragile Gestalt strahlte den Charme seiner geübten asketischen Lebenshaltung aus und verfehlte die Wirkung auf das Publikum nicht, wie sich in den Zeitungsberichten zeigte. Beim Empfang zu Ehren Newmans im englischen Kolleg in Rom am folgenden Tag, dem 14. Mai, kam auch sein Kardinalswappen unter den ausgestellten Geschenken zur Geltung. »Cor ad cor loquitur« – »Das Herz spricht zum Herzen«, hatte er sich als Motto gewählt. Das Wappenbild mit drei roten Herzen und einem gewellten Querbalken stammte aus der Familie seines Vaters von 1663. Den Ursprung des Textes hatte Newman vergessen und deswegen von Rom nach Hause geschrieben, ob man in der Heiligen Schrift oder in der Nachfolge Christi des Thomas a Kempis die Formulierung finde. In Wirklichkeit kommt sie aus den Werken des Heiligen Franz von Sales, die Newman gut kannte: »Man hat gut reden, aber nur das Herz spricht zum Herzen und die Sprache spricht nur zu den Ohren.«

Vom öffentlichen Konsistorium am 15. Mai, bei dem der Kardinalshut überreicht wurde, berichtet Francis Bacchus (1860–1937), ein Student vom englischen Kolleg, als Augenzeuge: »Newman lächelte ganz fröhlich, als er herumging«, er umarmte den Papst und die anderen Kardinäle. »Er schaute am ehrwürdigsten aus unter den Kardinälen, und mir schien, er zog mehr Aufmerksamkeit auf sich als die anderen neuen. Ich hörte, wie man in all den verschiedenen Sprachen auf ihn hinwies.«

Als Titelkirche wurde Newman S. Georgio in Velabro angeboten, ein für einen englischen Kardinal passendes Patronat. Später schrieb er darüber: »Ich wünschte, ich hätte die notwendigen tausend Pfund, um die kleine Basilika zu restaurieren in einen Zustand, der dem heiligen Patron Englands geziemender wäre.« – Zur Jahrhundertfeier seines Kardinalats 1979 wurde sie gründlich restauriert.

Die Heimreise, die Newman am 4. Juni antrat, wurde durch einen längeren Krankheitsaufenthalt in Livorno (Leghorn) zur Geduldsprobe. Newmans Gesundheitszustand war so besorgniserregend, daß er für die Wochen der Rückreise durchgehend ärztliche Begleitung nötig hatte. Von Livorno aus ging es in Etappen der Riviera entlang nach Hause. Newmans eigener Plan, Ignaz von Döllinger in München einen Freundschaftsbesuch zu machen – was angesichts seiner neuen kirchlichen Position zweifellos eine Geste von kirchengeschichtlicher Tragweite gewesen wäre –, mußte ebenso aufgegeben werden wie seine Absicht, Maria Rosina Giberne, jetzt Schwester Pia im Orden der von Franz von Sales gegründeten Schwestern von der Heimsuchung Marias in Autun (Burgund), zu besuchen.

Newman war froh, in Folkeston englischen Boden unter den Füßen zu haben und erholte sich von seinen kontinentalen Strapazen in Brighton. Zum Entzücken seines früheren Oxforder Kaplans John Bloxam (1807–1891), der seine Pfarrei in der Nähe in Upper Beeding hatte, stattete er diesem einen Besuch ab.

Am 1. Juli zog Newman in die überfüllte Kirche der Oratorianer zu Birmingham ein. Mitbrüder und Gemeinde bereiteten ihm einen herzlichen Empfang. »Es ist ein solches Glück heimzukommen«, sagte er, als er schließlich in vollem Ornat auf dem Thronsessel vor seiner Gemeinde saß, den Kopf in seine Hand gestützt. Er sprach darüber, daß er manchmal das Gefühl gehabt habe, es nicht mehr zu erleben. Er zeichnete das Leben Jesu in Nazaret und das Leben im Oratorium des heiligen Philipp als Stätten des Daheimseins und der familiären Existenz nach und sprach über den vor ihm liegenden Weg zur ewigen Heimat bei Gott. Er dankte dem Papst für seine Güte und Freundlichkeit und der Gemeinde für ihre Gebete und Glückwünsche. Mit den Wünschen, »daß der Heilige Geist Gottes auf dieser großen Stadt, auf ihrem Bischof, auf allen ihren Einwohnern, Männern und Frauen und Kindern« ruhen möge, gab er ihnen seinen apostolischen Segen. – »Er schaut von seiner Krankheit her schmal und schwach aus«, schrieb Henry Bellasis, einer der ganz jungen Oratorianer, »aber das macht die Großartigkeit seiner Erscheinung nur noch intensiver.«

Die Zeitungen berichteten über das große Ereignis von Edgbaston als dem »Schauspiel eines ehrwürdigen alten Mannes, dessen individueller Wert mehr geachtet wurde als seine kirchliche Würde«.

Newman erholte sich nur langsam, aber er beantwortete in den folgenden Monaten zahllose Briefe und Grußadressen und unterhielt einen regen Besucherverkehr. Im Juli ehrten ihn die Schüler der St. Philip-Grammar-School mit ihren Darbietungen, im August wurden ihm die Glückwünsche verschiedener katholischer Vereinigungen Englands überbracht, und er antwortete jeweils in der ihm eigenen differenzierten, herzlichen und doch allem Lob gegenüber distanzierten Art. William Neville, sein Sekretär, sammelte seine

Ansprachen und gab sie später heraus. Der Marquis von Ripon, der beim Empfang am 15. August dabeigewesen war, hielt in seinem Tagebuch fest: »Wie immer war seine Bescheidenheit das beeindruckendste Merkmal –, die Art, wie er das Lob für seine Person zur Seite rückte..., indem er es einmal auf den Heiligen Vater lenkte, ein anderes Mal auf das Kardinalat, dann es auch direkt zurückwies, ein anderes Mal es in Tadel verwandelte, wie als er sagte: ›Vielseitig sein heißt oberflächlich sein‹, war wunderschön; und seine Beschreibung der Kirche als ›das ökumenische Reich‹ war packend...«
Im November fuhr Newman nach Oxford, brachte persönlich seine Keble-Briefe mit, die er dem dortigen Keble College stiftete, besuchte E. B. Pusey und den einen oder anderen Bekannten. Manche traf er nicht zu Hause an, so etwa Octavius Ogle (1829–1894). Da ihm erst im nachhinein einfiel, er habe sich nicht nach dessen Frau erkundigt, entschuldigte er sich in einem Brief. »Hohes Alter ist voller Absurditäten – und (gerade wie ich Treppen hinunterpurzle) so bin ich fähig, alle Arten von Fehlern zu begehen«. Ogle war aufs tiefste gerührt von Newmans Aufmerksamkeit für die einfachsten Dinge. In seinem Antwortbrief sagte er: »Ich frage mich, ob Sie wissen, wie sehr Sie von England geliebt werden. Ich frage mich, ob irgendein Mensch zumindest in unserer Zeit überhaupt von England so geliebt worden ist –, von allen religiös Gesinnten in England. Und selbst die Gegner bekommen im Blick auf Sie sanfte Gefühle. Und ich frage mich, ob diese unvergleichliche Liebe nicht genützt werden könnte und sollte als ein Mittel, alle gläubigen Engländer in eine Herde zusammenzufassen...«
Vor Weihnachten 1879 schenkten ihm W. C. Copeland, R. W. Church, Lord Blachford und andere seiner Freunde eine Kutsche zum Ausfahren.

Newman hatte in den ersten Monaten 1880 sich bei Stürzen zweimal Rippenbrüche zugezogen. So konnten die Tage der öffentlichen *Empfänge im Norfolk-Haus in London* erst in der zweiten Maiwoche stattfinden. Newman hielt am 12. Mai vor der »Katholischen Union« bei ihrer Halbjahresversammlung eine weithin in der Presse beachtete Ansprache »Über die Bekehrung Englands zum katholischen Glauben«. Er entschärfte dabei eingangs das mögliche Mißverständnis einer politischen Deutung dieser Thematik. Er sehe sich vielmehr in der Tradition der katholischen englischen Märtyrer des 16. Jahrhunderts, die für ihre Landsleute gebetet hätten. Er setze nicht auf eine wunderbare plötzliche Verwandlung der herrschenden Verhältnisse, sondern empfehle, für das Gebet konkrete und naheliegende Ziele auszuwählen. »Und das wäre, wenn es sehr genau formuliert werden soll, nicht die Bekehrung Englands zur katholischen Kirche, sondern das Wachstum der katholischen Kirche in England.« Katholiken würden durch ihr Beten nichts Plötzliches, nichts Gewaltsames, nichts offensichtlich Mirakulöses erwarten, nichts, das mit dem freien Willen der Landsleute unvereinbar wäre, »nichts, das nicht mit dem majestätischen Gang des langsamen aber sicheren Triumphes der Wahrheit und des Rechts in dieser turbulenten Welt einherginge... Sie würden beten für die Bekehrung von Einzelpersonen, und zwar für eine große Zahl von ihnen und aus allen Schichten und Klassen und besonders für jene, die in ihrem Glauben und ihrer Hingabe der katholischen Kirche am nächsten seien..., sowie für eine Minderung all der Vorurteile über uns in der öffentlichen Meinung..., für eine wachsende Zahl unter den gebildeten Klassen.« So berichteten es wörtlich die Zeitungen.

Während des darauffolgenden Wochenendes stattete Newman dem *Trinity College in Oxford* einen offiziellen Besuch ab und blieb dort bis Dienstag. Die »Hall« wurde in einen gesellschaftsfähigen Empfangssalon verwandelt, ein Festbankett fand zu Newmans Ehre statt, und der Park des College erstrahlte am Abend in Festbeleuchtung. Sonntags predigte Newman in der neu erbauten Aloysius-Kirche, wo jetzt die Jesuiten mit Henry J. Coleridge (1822–1883) die Seelsorge hatten. Er predigte am Vormittag über den Dreieinigen Gott und am Nachmittag über den Guten Hirten. Als knüpfe er an seine frühere Oxforder Tradition an, verwies Newman in der Darstellung der Unerforschlichkeit des christlichen Gottesbildes darauf, daß es einerseits ganz leicht sei, Gott als Vater, Gott als Sohn, Gott als Heiligen Geist im Glauben zu erfassen. Aber es sei ebenso schwierig, diese einfachen Aussagen in Eins zusammengefaßt als den Einen wahren Gott zu erfassen. Das sei schon die Schwierigkeit des Arius gewesen, eines Menschen, der bestimmte Wahrheiten auf seine persönliche Weise zu vereinigen gesucht habe, deren Zusammenhang menschliches Denken übersteige.

Im Herbst des Jahres 1880 machte sich Newman wieder an die weitere Vorbereitung der Neuausgabe von »Ausgewählten Abhandlungen des Heiligen Athanasius in der Kontroverse mit den Arianern«. Er setzte die Arbeit fort, die durch »den unerwarteten Zwischenfall« – er meinte damit seine Kardinalserhebung – unterbrochen worden war, was »der Sache sehr zum Schaden war«.

So blieb Newmans Befassung mit der Lehre über die wahre Wesenheit von Jesus Christus als Menschensohn und Gottessohn, wie sie besonders Athanasius im Kampf gegen Arius herausgestellt hatte, gewissermaßen sein lebensumfassendes Thema. Denn die Glaubensauseinandersetzungen des 4. Jahrhunderts waren schon Gegenstand seines ersten Buches über »Die Arianer des 4. Jahrhunderts« (1833) und die vierte Auflage der »Ausgewählten Abhandlungen des Heiligen Athanasius« erschienen 1887. Zu Athanasius, dem großen Kirchenvater des 4. Jahrhunderts, hatte Newman nicht nur das Verhältnis eines ehrfürchtigen Abstands, wenn er ihn als Märtyrer für die Glaubenswahrheit in seinen vielfachen Verbannungen sah, »herumgejagt von Stätte zu Stätte«, sondern auch das einer gewissen Verwandtschaft, »insofern als dieser große Theologe nur schrieb, wie er es tat, wenn er einen Ruf zum Schreiben hatte« (Vorwort zur 3. Auflage).

Im Februar 1881 feierte Newman seinen *80. Geburtstag.* In einem Antwortbrief auf die Geburtstagswünsche, die ihm ein Bischof gesandt hatte, schrieb er: »Ein langes Leben ist wie eine lange Leiter, die gefährlich unter den Füßen des Menschen, der darauf hinaufsteigt, schwingt und federt, je höher er geht, und wenn einer Gebete um Beharrlichkeit nötig hat, dann ist es ein Mann mit achtzig!«

Im Sommer 1881 war Newman wieder wie im Vorjahr eine Woche zu Besuch in London. Er saß bei John Everett Millais (1829–1896), einem der Mitbegründer der Präraphaeliten zum Porträt; und der Künstler war von seinem Werk selbst so angetan, daß er fand, es werde seinen Namen der Nachwelt überliefern. – Dieses Mal wohnte Newman auf Einladung seiner Mitbrüder im Brompton-Oratorium. Er brachte ihnen mehrere Bände seiner Bücher als Geschenk mit und schrieb eine lateinische Widmung zum Dank für ihre Gastfreundschaft: »Meinen Gastgebern, den Patres des Londoner Oratoriums, die mich in diesen Tagen ebenso mit Liebe wie mit Sorgfalt aufgenommen haben.« So hatte er bei dieser Gelegenheit einen alten Ort kleinlicher Streitereien und großer Gerüchte, die ihm nicht selten das Leben vergällt hatten, durch eine großzügige Geste in persönlicher Begegnung von Mensch zu Mensch geklärt und befriedet. Auch dem Hause Kardinal Mannings hatte er einen Besuch abgestattet, wie er an Schwester Pia schreibt.

Die Wahrheit der Heiligen Schrift und die Entwicklung des Irrtums: Letzte Sorgen und Themen (1882–1890)

Newman war im Innersten seines Herzens ein Gottesgelehrter, auch wenn er persönlich bestritt, ein Theologe zu sein, wie er sich die Kompetenz eines Theologen mit der genauen Kenntnis aller Zweige der Tradition vorstellte. Aber wer die feierliche Aufnahme in das Kardinalskollegium der katholischen Kirche als eine Unterbrechung seiner historischen Studien über die Christologie erfährt, bezeugt eine einzigartige Liebe zur Entwicklung der Gedankenwelt über die Offenbarung Gottes in der Menschheitsgeschichte und Kirchengeschichte. – Dazu paßt eine Begebenheit, die nicht unerwähnt bleiben darf: die Abfassung eines über viele Seiten reichenden Briefes an seinen alten Freund William Froude, einen Bruder Richard Hurrell Froudes. Newman widmete die Tage zwischen seinem ersten Besuch bei Leo XIII. am 27. 4. und dem geheimen Konsistorium am 12. 5. der Auseinandersetzung mit der Thematik von Glaubensgewißheit und Zweifel. Dem Ingenieur und Skeptiker William Froude, dem er den konkreten Impuls zur Abfassung des Essays über die Zustimmungslehre (»Grammar of Assent«) verdankte, setzte er jetzt auseinander, daß er als Theologe der Tatsachenerfahrung mindestens eine genauso große Bedeutung für das Wissen zumesse wie Froude. Ja er gehe darüber hinaus, insofern er die konkreten Dinge für nicht beweisbar halte, d. h. nur in Aussagen repräsentierbar. Für Froude liege die Gewißheit in Sätzen, für ihn selbst hingegen sei sie ein möglicher Geisteszustand des Menschen. Wie wolle man je durch Sätze beweisen, daß England eine Insel ist? Und obgleich es dafür keine demonstrative Beweismöglichkeit gebe, gehe doch zu Recht jeder von der Gewißheit aus, daß dem so sei. Nicht geringer sei die Gewißheit für die Wahrheit des Christentums. Sicher kommt bei letzterem die Qualität der moralischen Gewißheit hinzu: wieviel Glaubwürdigkeit man einem Zeugen einräumen kann für das, was er über Gott und die Welt zu sagen hat. Aber auch dieser Vorgang läßt sich plausibel machen: Hätte nicht Othello durch einen starken Willensakt seine Zweifel überwinden können und infolgedessen auch müssen? »Ich glaube, daß der moralische Lenker der Welt den Anstrengungen der Natur (des Menschen), die religiöse Wahrheit zu finden, mit übernatürlicher Kraft zu Hilfe kommt, was er den Erforschern der naturwissenschaftlichen Theorien nicht gewährt. Daß die Vernunft, die in jedem Forschungsbereich notwendig ist, um Wissen zu erlangen, im Bereich der Religion von Ihm geführt und erleuchtet wird, um zu richtigen

Ergebnissen zu gelangen, während sie im Bereich der Kunst und Wissenschaft keine übernatürliche Förderung erfährt. Und die Bedingung zur Erlangung solcher Hilfe ist der Glaube, das Sich-Verlassen auf Ihn und die Geisteshaltung des Gebets. Dieses Sich-auf-Gott-Verlassen ist nach meinem Verständnis ebenso wirklich eine Eigenschaft des Geistes und ein primäres Element des Verpflichtungssinnes wie Gerechtigkeit oder Wohlwollen.« Newman läßt seinem Freund deutlich werden, daß der Sinn für Verantwortung und Verpflichtung, also der *Gewissenssinn* des Menschen, die Befähigung enthält, sich auf Gott hin zu ver-lassen, und die Befähigung, Gut und Böse zu unterscheiden: den Sinn für Gerechtigkeit! Ethisches sieht Newman hier im analogen Zusammenhang mit dem Religiösen und in einem analogen Zusammenhang mit dem (Natur-)Wissenschaftlichen; und für jeden dieser Bereiche ist die Vernunft auf ihre Weise das Instrument. In der Kontroverse mit A. M. Fairbairn wird Newman einige Jahre später noch einmal und abschließend die Thematik »Glaube und Vernunft« behandeln. – Der Brief an William Froude erreichte den Adressaten nicht mehr; er war zu eben der Zeit der Abfassung gestorben. Newman aber benützte die erste Gelegenheit bei seiner Rückkehr nach England, um dessen Witwe seine Mittrauer zum Ausdruck zu bringen und ihr Trost zu spenden.

Für Newman, der 1846/47 den Mangel an guter Theologie und Philosophie in Rom beklagt hatte, muß es eine große Freude gewesen sein zu erleben, daß der neue Papst noch im ersten Jahr seiner Amtstätigkeit eine Enzyklika über die *Bedeutung der großen Philosophie und Theologie des Thomas von Aquin* für die katholische Kirche der Gegenwart schrieb: »Aeterni patris« vom 4. August 1879. »Alle guten Katholiken müssen es als eine erstrangige Notwendigkeit empfinden«, so schrieb er an Leo XIII., »daß die Tätigkeit der Vernunft, ohne die die Kirche ihre übernatürliche Sendung nicht erfüllen kann, sowohl auf umfassende wie wahre Prinzipien zu begründen ist; daß die geistigen Erzeugnisse ihrer Theologen, der Kontrovers-Theologen wie der Pfarrer, auf der Philosophie der katholischen Tradition beruhen sollen.«

In den letzten Jahren seines wissenschaftlichen Arbeitens bis 1887 widmete sich Newman außer der Christologie vor allem zwei akuten Problemkreisen: der Inspiration als Garantiemerkmal für die göttliche Herkunft der Heiligen Schrift (1884) und der Bedeutsamkeit des richtigen theologischen Denkens in der Kontroverse über die Entwicklung des Irrtums (1885).

Doch die Befassung mit geisteswissenschaftlichen Problemen schloß nicht aus, daß sich Newman auch brennenden politischen

Tagesfragen zuwandte, wie etwa der Situation in Irland, auf die ihn E. Gladstone, der Premierminister, hingewiesen hatte, der der Ansicht war, katholische Priester würden sich in Irland am Aufruhr gegen die englische Regierung beteiligen. Zuerst informierte sich Newman, bevor er seine Diagnose in einer entsprechenden Antwort vortrug. »Es ist eine wahrscheinliche Meinung«, nach den üblichen Merkmalen moraltheologischer Art, »nach der deshalb ein einzelner handeln darf, daß das irische Volk... die Souveränität Englands... nie anerkannt hat... und daher ist es keine Sünde, ein im allgemeinen sogenannter Rebell zu sein.« Newman zieht mit prophetischer Geistesschärfe eine Zukunftsbilanz: »Was die Zukunft angeht: Es scheint, als ob letzten Endes ein Gericht für seine jahrhundertealte Eingebildetheit und Selbstsicherheit über England komme.«

Im Winter 1881/82 hatte sich Newman an die Durchsicht hinterlassener Manuskripte seines Oxforder Freundes William Palmer von Magdalen-College (1811–1879) gemacht, die ihm testamentarisch nach dessen Tod in Rom vermacht worden waren. Den besonderen Beitrag Palmers zur Oxford-Bewegung hatte Newman immer darin gesehen, daß er bei der russisch-orthodoxen Kirche die Bestätigung gesucht hatte für die Zugehörigkeit der Anglikaner zur allgemeinen wahren Kirche Jesu Christi. Zu diesem Zweck war Palmer 1840/41 nach Rußland gereist und hatte sich um Interkommunion mit den dortigen Theologen bemüht. Er hatte keinen Erfolg mit seiner Mission, trat 1855 zur römisch-katholischen Kirche über und wohnte von da an in Rom. Jetzt sah Newman seine Aufgabe darin, Palmers *»Notizen eines Besuchs bei der russischen Kirche«* (Notes of a Visit to the Russian Church, 1882) herauszugeben. Die Texte dokumentierten einen wesentlichen Versuch, das katholische Element in der anglikanischen Kirche vor der Jahrhundertwende zu stärken. Sie waren aber auch von bleibendem Wert »wegen des lebendigen Bildes, das sie uns... von der russischen Kirche entwerfen«. Sie stellen einen frühen Beitrag zur Geschichte der christlichen Ökumene dar.

Was bedeutet die Inspiration der Heiligen Schrift?

Vom Sommer des Jahres 1882 an befaßte sich Newman mit dem Problem der Inspiration der Heiligen Schrift. Eine erste Darstellung, die er veröffentlichte, war kritisiert worden, weshalb er weitere Arbeiten zunächst in der Korrespondenz mit Bischof George E. Errington (1804–1886) von London und Bischof William J. H.

Clifford von Clifton (1823–1893) vorklärte, ehe er sie als Artikel »Über die Inspiration der Heiligen Schrift« 1884 in einer Zeitschrift veröffentlichte. Später erschienen diese Texte in einem Privatdruck als »Stray Essays« (1890). – Newman ging es vor allem darum, dem gebildeten Gläubigen Zweck und Ziel der Inspiration zu erschließen. Zunächst gehört die Inspiration in den Zusammenhang der Wahrheitsgarantie für die Offenbarung. Darum verweist Newman auf zwei flankierende Glaubenssätze, die das Verhältnis von Bibel und Kirche kennzeichnen: 1. Die Heilige Schrift ist in allen Angelegenheiten des Glaubens und der Sitte göttlich inspiriert. 2. Die unfehlbare Auslegung der Inhalte von Glauben und Sitte in der Heiligen Schrift ist der Kirche anvertraut; denn die Bibel ist das Buch der Kirche.

Dort, wo das kirchliche Lehramt keine verbindliche Interpretation (Auslegung) gegeben hat, sind die Gläubigen bzw. Theologen nicht festgelegt, sofern es sich um Textstellen mit mehreren Interpretationsmöglichkeiten handelt. Außerdem gibt es ja durchaus Aussagen mit verschiedenem Verbindlichkeitscharakter, je nach dem Sinn und Zweck des Textes. Wenn es zum Beispiel um Angaben historischer oder chronologischer oder naturwissenschaftlicher Art geht, so bleibt die Frage zu prüfen, wieweit damit der Glaube berührt wird. Auch darüber, so sagt Newman ganz im Sinne der lehramtlichen Aussagen, befindet die Kirche, soweit sie das zum Schutz von Glaubensaussagen braucht. Andererseits aber können solche historischen oder auf den Bereich der Naturwissenschaft bezogenen Aussagen auch beiläufiger Art sein und für den Glaubensgehalt keine Rolle spielen (obiter dicta: nebenbei Gesagtes), wie zum Beispiel daß Nabuchodonosor König von Ninive gewesen sei. Auch die Frage, ob die Verfassernamen immer stimmen, berührt nicht den Wahrheitsgehalt und damit die Inspiriertheit des Textes usw.

Newman nahm viele Erkenntnisse vorweg, die im Zweiten Vatikanischen Konzil über die Verbindlichkeit verschiedener Textsorten formuliert wurden. Da Newman die fundamentale Bedeutung der Heiligen Schrift kannte und in seinem Leben oft zum Tragen gebracht hatte, beklagte er »die Unkenntnis der Heiligen Schrift bei unseren Leuten. Sie ist für sie ein unbekanntes Land... Im Katechismus unserer Bischöfe gibt es keinen Bezug zur Heiligen Schrift als einem Buch, das Gott uns gegeben hat, inspiriert, ein Führer – und ein Tröster. Ein Hinweis ist die Ausnahme – nämlich ›wir sollen häufig gute Bücher lesen, wie das Heilige Evangelium, Heiligenbiographien und andere geistliche Werke‹.«

Der junge Baron Friedrich von Hügel (1852–1925), der Newman

selbst im Jahre 1876 persönlich aufgesucht hatte, um ihn kennenzulernen, dankte ihm für die Klärungen in der Inspirationsfrage der Schrift. Und er berichtet Newman auch, wie er am Institut Catholique in Paris dazugekommen sei, wie drei der markanten Gelehrten ihrer Tage, d'Hulst, de Broglie und Duchesne »Ihren Artikel diskutiert haben, seinen Ergebnissen zustimmten und festhielten, daß ihr Gegenstand die brennende religiöse Frage der Stunde sei und daß unsere Apologeten dann nicht mehr ihren eigentlichen Effekt verfehlen würden, wenn die Konzessionen, die Sie machen, in vollem Maße angewandt und offen ausgedrückt würden«.

Noch einmal: Glaube und Vernunft

Ein letztes Mal ließ sich Newman 1885 in eine Kontroverse ein. Damals war seine geistige Arbeitskraft schon deutlich von den Kennzeichen rascher Ermüdung markiert. Aber was er dachte, war klar und in der gewohnten Differenziertheit. Davon berichtet Wilfrid Ward (1856–1916), der Sohn von Newmans großem Kontrahenten William George Ward, der im Januar 1885 mehrere Gespräche mit dem Kardinal führte, bei denen es um seine Vorlesungen am Ushaw College in Durham über modernen Unglauben ging.
Newman sei ohne Stock, aber mit Mühe gegangen, berichtet Ward. Er habe ihn sogleich nach seinem Gepäck und nach seinen Plänen gefragt und ihn im Oratorium unterbringen wollen, ja ihn zum Bleiben für mehrere Tage eingeladen. Er habe intensiv mit ihm darüber gesprochen, in welcher Weise die Gefahr des Unglaubens gläubigen jungen Menschen um die zwanzig methodisch zu vermitteln wäre, und bejahte Wards Vorhaben, mit plausiblen Thesen über den Atheismus zu beginnen. Auf diese Weise würden die Theologie-Studenten auf die wirklichen Ansichten in der Welt vorbereitet, in der sie ihre künftigen Aufgaben wahrzunehmen hätten. – Nach einem ersten ausgedehnten Gespräch sei Newman sehr ermüdet gewesen und habe dann den unglücklich-traurigen Ausdruck im Gesicht gehabt, der auf manchen der Fotos zu sehen ist. Das zweite Gespräch am nächsten Vormittag begann Newman in voller Frische und versicherte, er habe über die gesamte Thematik noch nachgedacht und wolle Ward einige seiner Erkenntnisse mitteilen, solange sein Gedächtnis ausgeruht sei.
Im Verlauf dieses Jahres wurde Newman von Andrew Martin Fairbairn (1838–1912), dem Direktor des Airedale Theological College in Bradford, in einem Artikel angegriffen. Fairbairn behauptete,

Newman habe bei seinem Ansatz des Denkens den Glaubensakt aus dem Bereich der Vernunft herausgenommen und in die Tätigkeit des Gewissens und der Vorstellungskraft (Imagination) verlagert. Er beschuldigte Newman des Skeptizismus, weil er der Vernunft nicht zutraue, Gottesbeweise zu tragen; er halte sie für unfähig, die großen Geheimnisse der christlichen Botschaft wie die Dreieinigkeit Gottes oder die Menschwerdung und andere mehr zu erfassen. – Newman antwortete im Herbst des Jahres und sandte später eine Nachschrift auf Fairbairns Antwort im März des folgenden Jahres an ihn persönlich. (Sein Beitrag ist heute in den »Theological Papers« von 1976 veröffentlicht.)
Zu Beginn seiner Antwort stellte Newman klar, daß er weniger der Angriffe Fairbairns wegen antworten wolle als vielmehr, um unter den Gläubigen die Verwirrung, die von solchen Anklagen möglicherweise ausgehen könnte, zu verhindern, aber auch mögliche Mißverständnisse seinen eigenen Werken gegenüber abzuklären. Er verstand deshalb seine Überlegungen in dieser Kontroverse eher grundsätzlich-darstellend als polemisch. – Newmans Ausführungen bilden die abschließende und abgeklärte Stellungnahme zu einer seiner lebenslangen Thematiken: *Glaube und Vernunft.* Dabei erscheint sein Stil so präzis und dynamisch wie eh und je, ohne eine Spur erlöschenden Glanzes.
Einerseits warnt Newman vor einer isolierten Bewertung der Vernunft und vor ihrer Überschätzung. Sie sei das sichere *Werkzeug* des schlußfolgernden Denkens; aber sie habe immer Voraussetzungen. Solche Voraussetzungen des logischen Denkens sind nach Newman erstens die *Annahmen,* von denen jeder Mensch ausgeht (assumptions), ebenso wie zweitens der *moralische Sinn* (moral sense), der ebenfalls eine individuelle Ausprägung hat; denn der Unterschied zwischen dem, was ein Verbrecher und dem, was ein Heiliger für möglich halten, könnte kaum größer sein. Sind diese beiden Voraussetzungen des Vernunftgebrauchs bei einem Menschen für religiöse Inhalte offen und günstig, so gibt es für die Vernunft dieses Menschen keine Probleme der Existenz Gottes, der Offenbarung, der Möglichkeit von Geheimnissen Gottes und ihnen selbst zuzustimmen. Aber im Blick auf das Entwicklungsgefälle der Menschheit im ausgehenden 19. Jahrhundert sah Newman viele Gründe dafür, das Gegenteil befürchten zu sollen. Wenn nämlich die »Gesellschaft« die immer wichtiger werdende Bestimmungsgröße für die Meinungsbildung des einzelnen in der Zukunft werde, wenn mit anderen Worten die einzelnen in Kommunikation miteinander die Voraussetzungen des Denkens teilen würden – und das heißt doch wohl Gesellschaft in ihrer Auswirkung –, dann herrsche

die Gefahr vor, daß der Unglaube großen Einfluß unter der Menschheit gewinne. Weshalb? Die Annahmen des wissenschaftlichen bzw. naturwissenschaftlichen Denkens würden immer stärker zu den allgemeinen Annahmen eines jeden einzelnen, von denen das Denken seiner Vernunft ausgeht. Immer weniger werde es eine offene Annahmesituation für das vernünftige Denken geben. Wörtlich baut Newman seine Gedankenführung so auf: »Wenn, wie ich glaube, die ›Welt‹, die von den Aposteln so streng als falscher Prophet bezeichnet wird, mit dem identisch ist, was wir heute menschliche Gesellschaft nennen, dann hat es seit der Entstehung des Christentums noch nie eine Zeit gegeben, in der sie zusammen mit den überreichen zeitlichen Vorteilen, die sie uns vermittelt, soviel Gelegenheit hatte, ein schlimmer Feind der Religion und der religiösen Wahrheit zu sein, wie wohl in den Jahren, die nun für die Menschheit anbrechen. Ich sage das, weil diese Gesellschaft weit und breit soviel besser gebildet und unterrichtet ist als je zuvor und wegen ihrer Pluralität und fast Allgegenwart. Ihre Entdeckungen auf dem Feld der Naturwissenschaft, ihre ständige Kommunikation von Ort zu Ort sind eine Quelle für ihren Stolz und ihren Enthusiasmus. Sie hat über Zeit und Raum triumphiert. Wissen hat sich ausdrücklich als Macht erwiesen. Kein Problem des Universums, sei es materiell, moralisch oder religiös, ist zu groß für ihr ehrgeiziges Streben und ihren festen Willen, es zu meistern. Es gibt nur ein einziges Hindernis auf ihrem Weg: den Bereich der Religion. Aber darf die Religion da auf Erfolg hoffen? Schon gibt sie nach, so denken viele, angesichts des Anbruchs einer neuen Ära in der Geschichte der Menschheit, wie sie jedenfalls die Welt sieht.«

Newman warnt davor, die Vernunftgemäßheit des Denkens von den Ausgangsannahmen abzukoppeln und ihm lediglich zu trauen, weil es eben vernünftiges Denken ist. Aber mit der Warnung wollte er sich andererseits gleichwohl *nicht unter die Skeptiker* verrechnen lassen. Er schlägt einen allgemein akzeptierten Definitionsbegriff vor. Was ist ein Skeptiker, so fragt er und antwortet: »Skeptizismus ist das System, das behauptet, es sei keine Gewißheit erreichbar, und zwar wie in anderen Bereichen, so auch in Fragen religiöser Wahrheit und religiösen Irrtums.« – Newman wendet diese Definition auf seine Weise des Denkens an und fragt: »Wie habe ich mir diesen Vorwurf zugezogen? Im Gegenteil, ich habe nicht nur meinen Glauben an religiöse Wahrheiten mit so starken Worten versichert, daß sie manchmal getadelt wurden, sondern ich habe auch auf der Gewißheit solcher Wahrheiten bestanden wie, daß die Gewißheit einen Platz unter den Grundbestandteilen menschlichen

Denkens hat. Zu diesem Zweck habe ich sie analysiert, abgegrenzt und Zeugnisse dafür herangezogen, indem ich mich unmittelbar dazu bekannte. Und ich bin in einer Weise darauf eingegangen, die mit der Annahme völlig unvereinbar ist, ich hätte mich nie gefragt, ob ich nicht vielleicht selbst in irgendeinem Sinne ein Skeptiker sei oder nicht. Mir scheint der Vorwurf des Skeptizismus, der gegen mich erhoben wurde – in England und anderswo –, ist ein ganz leeres Wort, das nur zu polemischen Zwecken gebraucht werden kann...« Newman konnte die öffentliche Kontroverse alsbald abbrechen. Freunde von ihm hatten sich eingeschaltet, um in weiteren Beiträgen die Klärung und Verteidigung seiner Positionen gegenüber den Mißverständnissen und mißverständlichen Darstellungen Fairbairns zu übernehmen.

Die Gefahr, in vielfältiger Hinsicht mißverstanden zu werden, war für Newman öfter in seinem Leben zur Wirklichkeit geworden. Die Angst davor hätte ihn traumatisch beeinflussen und mißtrauisch machen können. Aber sein unbeugsames Vertrauen in die Kraft der Wahrheit, d. h. in die liebende Sorge der Vorsehung Gottes, bewahrte ihn vor jeder Ängstlichkeit. Gleichwohl war er realistisch genug, seinen Freunden Aufzeichnungen und Dokumente zur eventuellen Klärung von Kontroversen nach seinem Tod zu hinterlassen.

Eine wichtige Initiative ergriff Newman, als er seine Schwägerin Anne Mozley (1809–1891) einlud, seine Briefe und Tagebücher aus der anglikanischen Zeit in einer Auswahl herauszugeben. Anne war die Schwester der beiden Mozley-Schwäger und wie diese in der anglikanischen Kirche geblieben. Als Modellfall für solche Herausgeberarbeit hatte Newman das Verfahren vor Augen, das J. Keble und er bei der Edition von Richard Hurrell Froudes Remains 1838 befolgt hatten. Anne Mozley nannte als ihr Arbeitsmotto: »Alles soll so wahr und so einfach sein, wie ich es machen kann.« Newman stimmte dem zu und drängte darauf, daß sie ganz unabhängig entscheiden solle. Er versorgte sie mit allen Unterlagen, wollte aber das Ergebnis ihrer Arbeit nicht sehen; es sollte erst nach seinem Tod veröffentlicht werden. Doch bot er ihr als Berater seine Freunde Frederic Rogers, jetzt Lord Blachford, und Richard William Church an. Letzterer war um die gleiche Zeit mit der Abfassung seiner Geschichte über »Die Oxford-Bewegung« (1891) beschäftigt, von der er Newman noch einige der Entwürfe 1885/86 zur Kritik sandte. Anne Mozleys zweibändige Ausgabe der »Briefe und Korrespondenz von John Henry Newman während seines Lebens in der englischen Kirche« (1891) wurde wenige Monate vor ihrem Tod veröffentlicht.

Nach einer Krankheit im September 1886 war Newmans physischer Gesamtzustand schwächer geworden. An Lord Blachford schrieb er in jenem Oktober: »Wenn man sich nicht unterhalten, nicht korrespondieren oder lesen darf, bleibt einem nichts übrig als zu denken. Dies – um die Wahrheit zu sagen – wollen meine medizinischen Berater nicht, daß ich tue... Sie sprechen, als ob der nächste Pulsschlag den Pfad... zum Tod öffnen würde, und in der Tat ist es wahrscheinlich, daß ich plötzlich in eine Erschöpfung und einen Zustand fataler Unordnung verfallen werde.«
Schon seit einiger Zeit und besonders in Tagen der Krankheit diktierte Newman seine Briefe. Im letzten längeren Brief, der eigenhändig geschrieben ist, im Januar 1887, wird noch einmal die thematische Hauptsorge seiner späten Lebensjahre hervorgehoben, aber mit einer Hoffnung. »In diesen Tagen des religiösen Indifferentismus und Unglaubens ist es seit langem meine Hoffnung und mein Trost, daran zu denken, daß ein stiller und verborgener Prozeß in den Herzen vieler vor sich geht, der – obgleich er seine Grenzen und seine Tragweite nicht in dieser oder der nächsten Generation erreichen wird – ein eindeutiges Werk der göttlichen Vorsehung ist im Blick auf einen Zustand von Religion, wie ihn die Welt noch nie gesehen hat. Er wird sich nicht in einem Jahrtausendreich entfalten, aber in einer öffentlichen Meinung, stark genug für die kraftvolle Ausbreitung und Erhöhung und damit für den Einfluß und das Gedeihen der göttlichen Wahrheit über die ganze Welt hin.« Zu Beginn des Briefes hatte Newman über die Ungelenkheit seiner Finger und sein mangelndes Sehvermögen geklagt; und er mußte auch den Brief vorzeitig abbrechen. »Ich bin zu müde, um weiterzumachen.« Die Spannung zwischen der schweren Last des hohen Alters und dem ungetrübten Glanz des Glaubens und der Hoffnung, die ihn beseelten, bleibt der unauslöschliche Eindruck, den seine Persönlichkeit der Menschheitsgeschichte hinterläßt.
Im August 1887 schrieb er an Richard William Church: »Niemand außer mir selbst weiß, wie wacklig ich bin und mit welchen Schwierigkeiten, ja Schmerzen, ich einige wenige Schritte gehe, wie Mangel an Kraft und an Gedächtnis mich in der Unterhaltung behindern.« – Aber er war weder zu alt noch zu steif, um vor seinem alten Bischof Bernard Ullathorne niederzuknien und ihn bei dessen letztem Besuch um seinen Segen zu bitten. Ullathorne berichtet, daß er sich gegen dieses Ansinnen, einen Kardinal zu segnen, gesträubt habe, aber er sei vor Newmans eindeutiger Geste nicht da-

vongekommen. »In diesem Mann steckt ein Heiliger«, kommentierte er.
Im Jahre 1889 starben sein Bischof Bernard Ullathorne und sein Freund Lord Blachford. An Letzteren schrieb er auf die Benachrichtigung hin, daß er im Sterben liege, zum Abschied: »Ich danke Dir dafür, daß Du meiner gedenkst in all Deiner Sorge um jemanden, der Dir noch teurer ist, als ein lebenslanger Freund.« In diesem Sinn sandte er deshalb auch nach dem Tod des Freundes einen Trostbrief an dessen Gemahlin.
Am Weihnachtsfest 1889 konnte Newman zum letzten Mal die Heilige Eucharistie feiern. Seine erste Eucharistiefeier als katholischer Priester auf englischem Boden war ebenfalls an Weihnachten gewesen (1847).
Newman starb im August 1890. Noch am 9. August besuchte ihn seine Nichte Grace Langford, das einzige Kind seiner Schwester Harriett. Newman hatte sie zuletzt als vierjährige erlebt, weil Harriett 1843, als er sich immer mehr dem katholischen Gedankengut näherte, den Kontakt zu ihm abgebrochen hatte. Grace war nach ihrer Hochzeit mit ihrem Mann nach Australien ausgewandert und nun im Sommer 1890 zu Besuch bei Verwandten in England. Diese hatten für die Visite bei Newman angefragt, und er hatte seine Nichte in einem kurzen spontanen und herzlichen Brief zum Kommen eingeladen. »Er war sehr freundlich«, schreibt Grace Langford in ihren Erinnerungen, »hielt die ganze Zeit über meine Hand in der seinen … Er erzählte mir, daß er mich eines Tages in der Sternwarte in Oxford gesehen habe, als ich 3 Jahre alt war … Zum Schluß gab er mir, wie allen Besuchern, den Segen«.

Newmans Tod und der Glanz seines Ruhms

Zwei Tage später, am 11. August 1890, starb John Henry Newman am Abend an einer Lungenentzündung. Er wurde in der Oratoriumskirche von Birmingham aufgebahrt. Einer aus der endlosen Kette der Besucher, die von dem toten Kardinal Abschied nahmen, war der Außenminister und spätere Premier Lord Archibald Rosebery (1847–1929), dessen Aufzeichnungen uns überliefert sind. »Der Kardinal, gerade so wie die Reliquien eines Heiligen über einem Hochaltar, wächsern, fern, ausgemergelt, mit einer Mitra, reich bestickten Handschuhen, darüber der Ring (den ich küßte), kostbare Schuhe, mit dem Kardinalshut zu Füßen. – Und das war das Ende des jungen Calvinisten, des Oxford-Gelehrten, des asketischen Pfarrers von St. Marien. Es scheint, als ob eine ganze Abrundung menschlichen Denkens und Lebens in der erhabenen Ruhe konzentriert seien. Das war mein überwältigender Gedanke. Das ›freundliche Licht‹ hatte Newman geführt und gelenkt zu diesem seltsamen, brillanten, unvergleichlichen Ende.«

Bei der Beerdigung säumten Tausende von Menschen die Straße auf dem einige Meilen langen Weg hinaus nach Rednal in die Lickey Hills südlich der Stadt. Dort wurde er im Grab seines Freundes Ambrose St. John beigesetzt, und beider Name steht heute auf dem einfachen vermoosten irischen Grabkreuz. Bischof W. J. Clifford von Clifton, der ihm einst als Theologiestudent bei der ersten Heiligen Messe in Rom ministriert hatte, hielt den Totengottesdienst und die Predigt. Er rühmte den unerschrockenen Verteidiger des Glaubens, der den größten Wandel in dem, was in England als katholische Kirche galt, vollbracht habe. »Mehr als durch seine Gelehrsamkeit hat er durch seine liebenswürdige und edle Art gewirkt, durch seine Geduld und Sympathie, durch sein Wissen, wie man die Schwächen anderer erträgt und wie man nicht nur mit dem Geist der Menschen umgeht, sondern auch mit ihrem Herzen.«

In der Durchgangshalle zur Kirche der Oratorianer wurde die Marmorplatte befestigt, auf der es heißt: »Johannes Henricus Cardinalis Newman, 1801–1890: Ex umbris et imaginibus in veritatem« (aus Schatten und Bildern in die Wahrheit).

Beim Totengottesdienst der Londoner Oratorianer predigte Kardinal Manning. Er sagte: »Es ist zu früh, das Werk abzuschätzen, das im Stillen durch das Leben Kardinal Newmans gewirkt worden ist. Kein Lebender hat einen solchen Wandel im religiösen Denken Englands herbeigeführt wie er. Sein Tod bringt ein Kapitel zum Abschluß, das im religiösen Leben dieses Jahrhunderts einzigartig dasteht. Zum größten Teil wurde es im Schweigen geschaffen, denn die zurückgezogene Art dieses Mannes und die wachsende Last seines Alters ließen ihn in der letzten Zeit nur noch wenig durch Reden in Erscheinung treten. Nichtsdestoweniger waren seine Worte früher ›wie ein Hammer, der Felsen in Stücke schlägt, und wie ein Lichtstrom, der brausend dahinfährt‹ (Jer 23,29). Es ist kühn, aber zu Recht behauptet worden, er sei in gewissem Sinne der Begründer der Kirche von England, wie wir sie heute sehen. Was die Kirche von England ohne die Traktarianer-Bewegung wäre, können wir nur schwach ahnen. Newman war die lebenspendende Seele, der inspirierende Geist der Bewegung ... – Er lehrte uns, daß Schönheit und Wahrheit unzertrennlich sind ...

Das englische Volk hat diese Gedanken aus seinen transparenten Worten gelesen und hat die Schönheit der ewigen Wahrheit darin gesehen, wie sie in seinem Geist aufbricht ...

Weit über die Macht aller seiner Bücher hinaus ging das Beispiel seines demütigen und weltlosen Lebens. Er war stets der gleiche, mit Gott vereint, und verausgabte sich in vielfältiger Nächstenliebe an alle, die ihn suchten. Er war der Mittelpunkt unzähliger Seelen, die er als ihr Lehrer, ihr Führer und ihr Tröster lange Jahre hindurch – und besonders während der mehr als vierzig Jahre seines Lebens als Katholik – faszinierte. Er war ihnen Quell des Lichtes und der Kraft, der aus dem Übernatürlichen gespeist wurde. Ein edles und schönes Leben ist die am stärksten und eindringlichsten wirkende Predigt und wir alle haben ihre Kraft gespürt... Die Geschichte unseres Landes wird später den Namen John Henry Newmans unter die größten seines Volkes zählen, als Bekenner des Glaubens, als großen Lehrer der Menschheit, als Prediger der Gerechtigkeit, der Frömmigkeit und des Mitgefühls... Jemand hat gesagt: ›Ob Rom ihn heilig spricht oder nicht, er wird in den Gedanken der frommen Leute vieler Glaubensbekenntnisse in England als Heiliger gelten‹.«

NACHWORT, DAS AUCH EIN VORWORT SEIN KÖNNTE

Die Lebensgeschichte des Menschen John Henry Newman ist von derart herausragender Schönheit, daß ich mir nicht vorstellen kann, jemand werde davon nicht fasziniert. Die neun Jahrzehnte seiner aktiven Gestaltung des eigenen Lebens, der Mitgestaltung am Leben anderer Menschen und an den Lebensstrukturen der Kirche von England und der römisch-katholischen Kirche bezeugen die große Kraft und den Einfluß, die von ihm ausgegangen sind. In der Zwischenzeit ist daraus auch eine breite Wirkungsgeschichte geworden. Sie reicht über das eigene 19. Jahrhundert hinaus und hat in maßgeblicher Weise unsere Theologie, unsere Kirchengeschichte und Konzilsgeschichte im 20. Jahrhundert beeinflußt. Wenn das Verstehen des Glaubens in der Geschichte der Menschen, die Verantwortung jedes Laien für seine Kirche, die Sinnsuche aus individuellem Lebensgespür, der Zusammenhang aller Zweige der Forschung auch in Zukunft eine Bedeutung in der Menschheit haben werden, dann wird Newmans Leben und Werk für das 21. und 22. Jahrhundert usw. von Bedeutung bleiben.

Was macht die Besonderheit und Schönheit seines Lebens aus? Die Frage wird jeder für sich mit jeweils anderen Inhalten beantworten. Aber vier Elemente wird wohl jeder dabei ins Spiel bringen:

1. Newmans Leben weist eine seltene *Kontinuität* auf. Er ist nicht in Sackgassen gelaufen, sondern hat sich zuvor die Konsequenzen überlegt und im vorhinein in sein Handeln einbezogen. Deshalb scheint er nicht nur konzentriert, bedachtsam, sorgfältig zu leben und mit anderen umzugehen, sondern er tat es wirklich.

2. Bei aller theoretischen Veranlagung im Sinne eines hohen Reflexionsniveaus und eines weiten, durchdringenden Blicks für die Welt und ihre Probleme war er doch zuerst und zuletzt auf *konkretes Handeln* aus. Alles was er tat, bezog sich auf das wirkliche Leben, auf das Schritt-für-Schritt der Werktage, das Bedenken der alltäglichen Vorgänge, auf Benachrichtigungen und Kontakte, bis hin zur Sorge um die Unterbringung von Gästen oder das Abstauben der Bücher in der riesigen Bibliothek.

3. Die ausnahmslos entscheidende Rolle in diesem Leben aber spielt die *Gottbezogenheit*, seine Religiosität. Das ganze Leben ist zuerst im Handeln, aber auch genauso im Denken auf Gott bezogen. Das Ganze des menschlichen Daseins wird in diesem Licht gesehen, bedacht und ausgefaltet.

4. Der *positive Ausgang* des Lebens gibt ihm insgesamt einen wun-

derbaren Glanz. Dabei empfindet man Kardinalat und Ehren-Fellowschaft als ebenso positiv wie das Wiedergelingen von zerbrochenen Beziehungen, wie es mit den alten Freunden und Bekannten aus der Oxforder Zeit nach der jahrzehntelangen Unterbrechung um des Glaubens willen stattgefunden hat.

Oder wem würde nicht auffallen, daß selbst in solchen Details wie dem plötzlichen Tod seiner Schwester Harriett mitten in der Mühe um die Universitätsgründung in Dublin und dem Auftauchen ihrer Tochter Grace wenige Tage vor seinem eigenen Tod in geheimnisvoller Weise eine »Entsprechung« liegt? So gibt es ungewöhnlich viele Beispiele der Newmanschen Biographie, die dem Leser noch nach hunderten von Jahren die Begründetheit seines Vertrauens in Gottes Vorsehung eindrucksvoll darstellen.

Wenn das überhaupt von einem Menschen in der Nachfolge Jesu gesagt werden kann, dann ist es von Newmans Leben zu sagen: Es ist als individuelle Heilsgeschichte in der großen Heilsgeschichte Gottes mit den Menschen erkennbar.

Hinzu kommt, daß dieses Leben außergewöhnlich gut dokumentiert ist: in 31 Bänden von Briefen und Tagebüchern, in über 40 Bänden theologischer und spiritueller Literatur. Von wie wenigen anderen Menschen in der Weltgeschichte läßt sich eine solch breit angelegte Quellendokumentation finden? Und von wie wenigen gilt andererseits, wie eingangs gesagt, daß man alles lesen kann, was sie geschrieben haben, und alles kennen kann, was sie getan haben – ohne einen bitteren Geschmack, ohne Bedauern, sondern nur in Ergriffenheit, Erbauung und Ermutigung zum Selber-Leben? Kritiklos braucht man Newman aber nicht gegenüberzutreten, dazu ist er selbst eine viel zu kraftvolle und kritische wie selbstkritische Persönlichkeit gewesen. Unentwegt hat er alte Entwürfe durch neue und bessere ersetzt, hat er an seiner eigenen sittlichen Beschaffenheit gearbeitet, hat er vor allem seine Hoffnung auf Gott immer neu intensiviert.

Newman nimmt einen mit; denn er redet einem zu Herzen (cor ad cor loquitur).

Newman nimmt einen mit auf einen Weg, der durch Leiden und Tod zur Herrlichkeit der Auferstehung führt: aus Schatten und Bildern in die Wahrheit (ex umbris et imaginibus in veritatem).

CHRONOLOGIE DES LEBENS JOHN HENRY NEWMANS

21. Februar 1801	In London als erstes von sechs Kindern geboren.
August–Dezember 1816	Erste Bekehrung.
14. Dezember 1816	Immatrikulation im Trinity College, Oxford.
12. April 1822	Wahl zum Fellow des Oriel College, Oxford.
13. Juni 1824	Weihe zum (anglikanischen) Diakon.
4. Juli 1824	Beginn seines Wirkens als Seelsorger in St. Clement, Oxford.
29. September 1824	Tod seines Vaters.
26. März 1825	Ernennung zum Vice-Principal von St. Alban's Hall.
29. Mai 1825	Weihe zum Priester der anglikanischen Kirche.
5. Januar 1828	Tod seiner jüngsten Schwester Mary.
2. Februar 1828	Pfarrer von St. Mary the Virgin's, der Universitätskirche Oxfords.
1832/33	Mittelmeerreise mit Richard Hurrell Froude.
April 1833	Schwere Erkrankung auf Sizilien.
16. Juni 1833	»Lead Kindly Light« (während der Seereise von Palermo nach Marseille).
14. Juli 1833	John Kebles Predigt »On National Apostasy«.
9. September 1833	Veröffentlichung des ersten »Tracts for the Times«.
28. Februar 1836	Tod seines Freundes Richard Hurrell Froude.
17. Mai 1836	Tod seiner Mutter.
1838–1841	Herausgeber von »British Critic«.
Sommer 1839	Newmans erste Zweifel am Anglikanismus.
25. Januar 1841	Veröffentlichung des (letzten) Traktates (90).
Sommer 1843	Zweifel an der Legitimität der anglikanischen Kirche.
18. September 1843	Rücktritt vom Pfarramt von St. Mary's.
25. September 1843	Letzte Predigt: »Der Abschied von Freunden« (in Littlemore).
1845	Arbeit am »Essay on the Development of Christian Doctrine«.
3. Oktober 1845	Rücktritt als Fellow des Oriel College.
9. Oktober 1845	Aufnahme Newmans in die römisch-katholische Kirche durch den italienischen Passionistenpater Domenico Barberi.
22. Februar 1846	Umzug von Littlemore nach Maryvale (Old Oscott).
September 1846– Dezember 1847	Zu theologischen Studien in Rom.
30. Mai 1847	Weihe zum katholischen Priester (in Rom).
1. Februar 1848	Gründung des ersten Oratoriums in Maryvale.
2. Februar 1849	Umzug des Oratoriums in die Alcester Street, Birmingham.

Juni 1849	Gründung des Brompton Oratoriums in London.
5. November 1851	Beginn des Achilli-Prozesses.
12. November 1851	Ernennung zum ersten Rektor der Katholischen Universität Irlands durch Pius IX.
Februar 1852	Umzug des Birminghamer Oratoriums in den Stadtteil Edgbaston.
10. Mai 1852	Universitätsvorträge in Dublin.
13. Juli 1852	Newmans Predigt »The Second Spring« bei der Ersten Synode der katholischen Bischöfe nach der Wiederherstellung der Hierarchie in England (Oscott College).
März 1857	Resignation als Rektor der Universität Dublin.
August 1857	Beauftragung mit der Herausgabe einer neuen Bibelübersetzung durch Kardinal Wiseman.
21. März 1859	Redakteur der Zeitschrift »Rambler«. Nach seinem Artikel »On Consulting the Faithful in Matters of Doctrine« in der Juli-Nr. zwangsläufige Wiederaufgabe der Redaktion. –
2. Mai 1859	Gründung der St. Philip Grammar School beim Oratorium in Edgbaston.
Januar 1864	Angriff Charles Kingsleys auf die Wahrhaftigkeit Newmans und des katholischen Klerus.
April–Juni 1864	»Apologia pro vita sua« als Newmans Antwort.
Mai–Juni 1865	»The Dream of Gerontius.«
Januar 1866	»A Letter to Pusey on Occasion of his recent Eirenicon.«
15. März 1870	»An Essay in Aid of a Grammar of Assent.«
14. Januar 1875	»A Letter to the Duke of Norfolk« als Antwort auf Gladstones Angriff anläßlich des Unfehlbarkeitsdogmas.
24. Mai 1875	Tod des Freundes Ambrose St. John.
1877	Ernennung zum Honorary Fellow des Trinity College, Oxford.
15. Mai 1879	Aufnahme in das Kardinalskollegium während des öffentlichen Konsistoriums im Vatikan.
11. August 1890	Tod Newmans.

DEUTSCHE AUSGABEN DER WERKE NEWMANS

Ausgewählte Werke, hrsg. von Matthias Laros und Werner Becker, Matthias-Grünewald-Verlag, Mainz:

Band 1: Apologia pro Vita sua. Geschichte meiner religiösen Überzeugungen

Band 2/3: Briefe und Tagebuchaufzeichnungen aus der katholischen Zeit seines Lebens

Band 4: Polemische Schriften. Abhandlungen zu Fragen der Zeit und der Glaubenslehre

Band 5: Vom Wesen der Universität

Band 6: Zur Philosophie und Theologie des Glaubens. Oxforder Universitätspredigten

Band 7: Entwurf einer Zustimmungslehre

Band 8: Über die Entwicklung der Glaubenslehre

Band 9: Johannes Artz, Newman-Lexikon

Predigtausgabe, hrsg. von der Newman-Arbeitsgemeinschaft der Benediktiner von Weingarten, Schwabenverlag, Ostfildern:

Pfarr- und Volkspredigten, 8 Bände

Predigten zu Tagesfragen (Band 9)

Predigten zu verschiedenen Anlässen (Band 10)

Predigten vor Katholiken und Andersgläubigen (Band 11)

Selbstbiographie nach seinen Tagebüchern, hrsg. von Henry Tristram, Schwabenverlag, Ostfildern

Betrachtungen und Gebete, Kösel-Verlag, München

Historische Skizzen, Kösel-Verlag, München

Newman: Ausgewählte Texte in einem Band:

Leben als Ringen um die Wahrheit. Ein Newman-Lesebuch, hrsg. von Günter Biemer und James Derek Holmes, Matthias-Grünewald-Verlag, Mainz

Gott – das Licht des Lebens. Gebete und Meditationen, hrsg. von Günter Biemer und James Derek Holmes, Matthias-Grünewald-Verlag, Mainz

Über Kardinal Newman informieren:

Cardinal-Newman-Studien, hrsg. von Werner Becker und Heinrich Fries, Band I–XI, Nürnberg 1948–1980, Glock & Lutz-Verlag, Sigmaringerdorf Band XII und XIII, hrsg. von Günter Biemer und Heinrich Fries, 1988–1989, regio-Verlag Glock & Lutz, Sigmaringerdorf

Ein vollständiges Verzeichnis der Werke Newmans findet sich im o.g. Newman-Lesebuch »Leben als Ringen um die Wahrheit«.

VERZEICHNIS DER NAMEN UND PERSONEN

39,-

39,-